중등 교육과정,
그 역사와 철학

John White 저 | 이지헌 · 김희봉 공역

The Invention of the Secondary Curriculum

학지사

이 역서는 런던 대학교 교육대학원 교육철학 명예교수인 존 화이트
(John White)의 『The Invention of the Secondary Curriculum』
(2011)을 옮긴 것이다. 이 책은 오늘날 세계적으로 널리 퍼져 있는 교
과 중심의 중등학교 교육과정이 언제부터 태동하였고 또 어떤 과정을
거쳐서 오늘날까지 발전했는지를 역사적으로 설명하고, 그런 교육과
정이 21세기에도 여전히 타당한 것인지에 대해 철학적으로 비판하고
있다. 이 책이 영국교육학회의 2011년도 베스트 북으로 선정되어 우
수상을 받았다는 점은 이것이 영국 교육학계에서 널리 인정을 받을 정
도로 학문적 성과가 높은 저서임을 말해 준다. 우리가 보아도 이 책은
중등학교 교육과정에 대해 역사적·철학적 접근을 동시에 시도하고
있다는 점에서 쉽게 찾아보기 힘든 아주 독특한 책이다. 이 점을 감안
하여 우리는 이 역서의 제목을 『중등 교육과정, 그 역사와 철학』이라
고 바꿨다.

화이트 교수가 이 책에서 기본적으로 주장하고자 하는 바는 무엇인가? 그의 주장은 다음 네 가지로 요약할 수 있다. 첫째, 오늘날 많은 나라의 중등학교에서 널리 통용되고 있는 교육과정은 교과 중심의 전통적인 학문적 교육과정이다. 둘째, 이런 교육과정은 지난 백 년 동안 여러 가지 면에서, 특히 학문과 거리가 먼 학생들에게 부적절한 것이라는 비판을 받았다. 셋째, 지식(이해)의 형식(유형)에 기반을 둔 광범한 학문적 교육과정을 내재적으로 혹은 외재적으로 정당화하려는 작업이 지난 1960년대와 1970년대에 걸쳐서 영국의 허스트, 피터스, 디어든, (과거의) 화이트와 같은 교육철학자들에 의해서 시도되었으나 모두 실패했다. 넷째, 화이트는 철학적 정당화에서 역사적 설명으로 방향을 전환했다. 그는 교과 중심의 학문적 교육과정을 옹호할 수 있는 타당한 이유를 철학적으로 찾을 수 없었기 때문에 사람들이 그런 교육과정에 의존하게 된 이유를 역사적으로 탐색하고자 방향 전환을 시도했다. 요약하면, 16세기에 라틴어 고전학습이 장악하고 있었던 교육현실에 대항하여 라무스와 그의 후계자들이 교육혁명을 일으켰고, 그 부산물이 바로 교과 중심의 학문적 교육과정인데, 이것이 오늘날 잘못된 교육현실을 지배하고 있는 것이므로 이에 대항하여 새로운 변화를 근본적으로 모색할 필요가 있다는 것이다.

화이트의 역사적 · 철학적 접근이 주는 시사점은 무엇인가? 리차드 올드리치(Aldrich, 2015, p. 15)가 그 점을 잘 지적해 준다. 현재를 어떻게 보는가에 따라서 과거에 대해 던지는 질문이 달라진다. 바꾸어 말한다면, 오늘날 학교교육을 지배하고 있는 교과 중심의 교육과정에 대해서 우리가 비판적 입장을 취한다면 우리가 흔히 알고 있는 근대 학교

교육의 역사도 상당히 다르게 이해될 것이라는 뜻이다.

화이트의 이 책은 교육과정, 교육사, 교육철학의 경계를 넘나드는 저서다. 그는 지난 50년 동안 현실 사회의 교육문제를 가지고 철학적으로 고심하는 모습을 보여 준 대표적인 교육철학자다. '한국 교육현실을 혁신시킬 수 있는 새로운 교육과정'이라는 주제를 중심으로 교육학의 여러 전공 영역이 대화를 나눌 수 있게 하는 데 이 역서가 기여할수 있을 것으로 우리는 희망한다.

화이트의 『중등 교육과정, 그 역사와 철학』은 『교육목적론』(2002), 『잘삶의 탐색』(2014)에 이어 우리가 세 번째로 번역한 그의 책이다. 이지헌은 제1장에서 제5장까지, 김희봉은 제6장에서 결론까지 분담하여 번역했다. 한국어판 서문을 보내 주신 존 화이트 선생님 그리고 이 책의 출판을 맡아 주신 학지사의 김진환 사장님께 감사드린다. 번역과연관된 자료를 찾아 준 전남대학교 도서관의 김정은 선생, 잦은 교정요구를 들어준 학지사 편집부의 오수영 선생에게도 고마운 마음을 전한다. 최선을 다한 번역에 오류가 없기를 간절히 바랄 뿐이다.

2016. 6.

이지헌 · 김희봉

Aldrich, R. (2016). From philosophy to history: Some turning points. In J. Suissa, C. Winstanley, & R. Marples (Eds.), *Education, Philosophy and Well-being: New Perspectives on the Work of John White* (pp. 14-25). London: Routledge.

총서 편집자 서문

　근대의 민주주의적 산업사회에서 정책결정자, 공직자 그리고 일반
시민의 관심을 끌었던 교육문제는 많다. 하지만 그중에서도 중등학교
의 역할만큼 큰 논란거리는 없다. 여러 국가의 다양한 상황에서 논란
을 일으키는 중등교육의 핵심 문제를 탐구하는 학자들에게 논의의 장
을 제공하고자 〈변화하는 세계 속의 중등교육〉 총서가 펠그레이브 맥
밀란(palgrave macmillan) 출판사에서 발간되고 있다.[1] 우리는 이 총서
가 그런 논란거리를 끌어들이고 이를 해결하는 데 좋은 기회를 마련
해 주고 있다고 믿는다.

　에밀 뒤르켐(Emile Durkeim)이 한 세기 전에 말했듯이, 중등교육을
총체적으로 연구하는 것은 그것을 구성하는 여러 교과나 그 교수법을
구체적으로 연구하는 것보다 더 중요하다. 그렇게 연구해야 중등교육

----

1 펠그레이브 맥밀란 출판사에서는 현재 총 17종의 총서를 발간하였으며, 『The
Invention of the Secondary Curriculum』은 그 총서 중 하나다. (총서 중 현재는 이 책
만 국내에 번역 · 출간되었다.)

의 목적과 목표가 늘 안목에서 벗어나지 않을 수 있다고 뒤르켐은 주장했다. 그렇지 못한 까닭에 중등교육은 커다란 난관에 봉착하고 말았다. 첫째, 중등교육은 "소멸되어 가는 과거와 확정되지 못한 미래" 사이에서 '지적으로 방황하는' 상태에 빠졌고, 결과적으로 "과거에 그것이 가졌던 활기와 활력을 상실하고" 있다는 말이다(Durkeim, 1938/1977, p. 8).[2] 둘째, 중등교육 제도는 "그것을 성장시켰고 또 현재적 의미를 부여해 준 토양이었던, 그리고 이를 도외시할 경우에는 아주 빈약하고 왜곡된 상태로 검토될 수밖에 없는"(p. 10) 과거와의 관계 속에서 제대로 이해되지 못하고 말았다. 셋째, 개혁 정책을 실천해야 할 책임을 가진 중등학교 교사들이 그런 문제점들의 성격, 그리고 그런 문제점들을 촉발시킨 이슈를 이해하기가 어렵게 되었다.

21세기 초에도 뒤르켐의 비판은 여전히 공감을 불러일으킨다. 끊임없는 정책 변화의 물결 속에 허우적거리는 중등교육의 지적 방황은 과거보다 더욱 심각해졌다. 현재와 과거의 연관성을 추적하거나 풀어내기가 갈수록 어려워지고 말았다. 뿐만 아니라 정책의 결정자와 실천가 사이의 거리가 지금처럼 심각한 적이 거의 없었던 것 같다. 뒤르켐의 정신을 이어받아 중등교육의 근본 딜레마를 논하고, 또 그 해결에 기여하는 것이야말로 최근에 출간된 몇 가지 총서의 핵심 과업이었다.

이 책에서 존 화이트는 16세기 말에서 21세기 초까지 중등학교 교육과정이 진화해 온 역사를 제시한다. 화이트는 잉글랜드에서 발생한 사

---

2 Durkeim, E. (1938/1977). *The Evolution of Educational Thought: Lectures on the formation and development of secondary education in France*. London: Routledge and Kegan Paul.

건들에 초점을 두고 있지만, 유럽과 미국에서 발생한 사건까지 고찰한다. 그는 대학 수준과 그 하위 수준에서 나타난 발전 과정을 살펴봄으로써, 라틴어 텍스트를 배타적으로 강조했던 교육과정이 어떻게 해서 서로 분할된 일련의 교과들이 포함된 교육과정으로 바뀌었는가를 상세하게 진술한다.

화이트의 설명에서 중심을 차지하는 것은 프랑스의 철학자인 페트루스 라무스(Petrus Ramus)의 업적이다. 화이트에 따르면, 라무스는 전통적인 학문적 교육과정이 발전할 수 있는 기반을 닦아 놓은 사람이다. 라무스가 개발한 교수법은, 라틴어의 고전 텍스트의 독해를 중시했던 공부가 분할된 학교 교과들의 공부로 전환될 수 있게 만들었다. 이런 형태의 교수법을 개발함으로써 라무스는 고전 중심의 학부 과정을 따를 시간과 돈이 없었던 비특권층 학생들을 위해 더 효율적인 교육체제를 만들어 가고 있었다. 라무스의 체제는 코메니우스와 같은 옹호자들에 의해 계속 추구되었다. 이 방법이 또 다른 교수법 개척자들(대부분은 칼뱅주의자이고, 다른 급진적 프로테스탄트도 있었음)에 의해 사용됨으로써 전통적인 학문적 교육과정이 만들어졌다. 화이트의 책은 대체로 잉글랜드의 내란 시기에서 시작하여, 왕정공백과 왕정복고 기간을 거친 후 19, 20세기에 이르는 기간에 그와 같은 학문적 교육과정이 발전한 과정을 역사적으로 설명하고 있다. 화이트는 20세기를 논의하면서 그런 교육과정의 역사적 발전을 종합적인 중등교육 및 국가교육과정에 관한 논쟁과 같은 현대적 이슈와 연관시킨다.

화이트의 저서의 중요한 특징 중 하나는, 그의 초기 저술이 대체로 그렇듯, 역사와 철학을 연결시킨다는 점이다. 화이트는 그런 전통적인 학문적 교육과정이 어떻게 진화해 왔는가에 관한 설명을 독자들에게 제공하는 데 그치지 않고, 교육과정의 특수한 조직 양식에 대한 찬반 양론을 제시하기도 한다. 결과적으로 이 책에서 화이트는 교수법 개혁자들이 중등 교육과정을 위해 제시했던 여러 가지 대안적 비전들을 밝혀 주고 있다. 결론이 담긴 마지막 장에서 화이트는 일원화된 목적들에 의해서 이끌어지는 교육과정을 옹호하고, 교육목적들을 결정할 책임이 누구에게 있는가를 밝혀내고, 학교가 어떤 목적들을 실현하는 데 노력해야 하는가를 언급한다.

이 책에서 화이트가 답하고자 고심한 핵심 질문은, 제각기 특수한 프로그램으로 조직되어 서로 구분되고 분할된 교과들로 구성되어 있는 중등 교육과정이 과연 정당한 것인가 하는 점이다. 화이트는 자신의 설명을 전개하는 과정에서 그동안 교육과정의 역사를 연구했던 수많은 동료 학자들과는 전혀 다른 방향으로 글쓰기를 시도한다. 이 분야의 지배적인 글쓰기 방식은 특정 교과의 발전 과정에 대한 연구, 교육과정 정책의 발달에 대한 검토, 혹은 특정 국가에서 나타난 교육과정의 변화 고찰 등이었다. 화이트가 설명하는 역사는 그 범위가 더 넓고, 수많은 교과에 영향을 미친, 그리고 그가 전통적인 학문적 교육과정이라고 말하는 특수한 조직 형태의 발달을 고찰한다.

화이트의 저서의 중요성은 그것이 다루는 범위에서 찾아볼 수 있다. 이 책은, 근대적인 중등 교육과정의 발달을 16세기 초의 기원과 연결함으로써 국민 대중을 위한 학교교육 시대의 특징이 되어 버린 교육과정의 형식들을 살펴볼 수 있는 비교적 장기적인 설명 틀을 제공해 준다. 화이트의 업적은 교육과정을 조직하는 한 가지 패턴인 전통적인 학문적 교육과정에 대해서, 현재와 그 역사적 기원 간의 연관성을 확실히 밝혀 주었다는 데 있다. 이 점이 오늘날 특별히 중요한 이유는 잉글랜드, 미국 혹은 그 밖의 산업국가의 상황을 살펴볼 때, 중등교육에서 학문적 교과의 역할이 아직도 중시되고 있기 때문이다. 화이트의 저서는 우리가 편집한 총서의 12번째 책이다. 이미 출간된 다른 총서와는 다르게, 화이트의 이 저서는 철학적 분석과 역사적 분석 간의 의미 있는 연관성을 밝혀 줌으로써 중등교육의 발전에 대한 우리의 이해를 증진시켜 준다. 이후에 발간될 다른 총서들의 방향을 내다보면서 이 책의 귀중한 통찰을 계속 이어갈 저서가 계속 나타나기를 우리는 기대한다.

총서 공동 편집자
Barry M. Franklin · Gary McCulloch

내가 2011년에 발간한 『The Invention of the Secondary Curriculum』을 이지헌, 김희봉 교수가 함께 한국어로 번역하게 되어 기쁘다. 이지헌 교수는 런던 대학교 교육전문대학원 박사과정에서 나의 지도를 받고 교육철학을 공부했기 때문에 서로 교분을 쌓은 지  어느덧 30여 년이 흘렀다. 힘든 번역 작업을 마친 두 사람에게 진심으로 감사한다.

최근에 나는 그들에게 두 번의 신세를 진 셈이다. 그들은 내가 2011년에 출간했던 책, 『잘삶의 탐색(Exploring Well-being in Schools)』(2014)을 번역했다. 그들 덕분에 한국 독자들은 두 책에 담겨 있는 아이디어에 쉽게 접근할 수 있게 되었다.

두 책이 다루고 있는 핵심적인 교육문제는 영국과 마찬가지로 한국과도 관련성이 있을 것이다. '학교는 무엇을 위해 존재하는가?' 이 문제에 대해서 두 책은 상이한 방식으로 접근하고 있다. 실제로 교육정책을 결정하는 사람들은 '학교교육의 목적을 어디에 두어야 하며, 그런 목적이 교육과정에 어떻게 반영되어야 하는가?'에 대해 신중하게 생각하지 않는다. 그보다는 그저 관례적으로 전통적인 패턴을 따르는 것을 선호한다. 나는 이 점을 안타깝게 생각한다. 따라서 나는 주로 현대 자유민주주의 사회에서 교육목적들의 기반이 될 가치를 연구하는 데 집중하였다. 최근의 연구 성과는 『잘삶의 탐색』(2011/2014) 그리고 이보다 약간 더 실천 중심적인 『An Aims-based Curriculum: The significance of human flourishing for schools』(Michael Reiss와 공저, 2013)에 담겨 있다.

학교교육을 책임져야 할 사람들은 처음에 원리에서부터 출발하는 경우가 드물다. 그들은 거의 모두 관례적인 방식을 따를 뿐이다. 그러나 만약 학교교육이 대중화되지 않았던 200년 전으로 거슬러 올라가 본다면, 우리는 이런 관례적인 패턴과 크게 다른 변종들을 지구상의 여러 곳에서 찾아볼 수 있다. 예를 들어, 영국의 특권층과 더 연관되었던 문법학교나 '사립학교'에서는, 그리스어가 포함되는 경우도 있지만 주로 라틴어와 라틴어 텍스트에 기반을 둔 고전적 교육과정을 채택하였다. 이런 고전적 교육은 수백 년 동안 기준이 되었고, 이 시기에 대다수의 영국학교 교장들은 그것을 당연하게 생각했었다. 나는 한국교육사를 잘 알지는 못하지만, 19세기 초에 조선의 상류계급의 교육은 서양의 '고전'이 아닌 유교의 전통에 기반을 두었을 것으로 생각해도 크게 틀리지 않을 것이다.

오늘날의 상황은 얼마나 달라졌는가! 한국과 영국을 포함한 세계 곳

곳에서는, 점차적으로 단일한 유형의 교육과정으로 수렴됨으로써, 이런 교육과정을 모든 학교가 따라야 한다는 기대를 갖게 되었다. 따로 따로 가르치는 교과들을 백과전서식으로 모아 놓은 교육과정이 오늘날 전통이 되어 버렸고, 대다수 사람들은 그것을 당연한 것처럼 간주하게 되었다. 여기서는 국어, 수학, 자연과학, 외국어, 역사와 지리(혹은 사회교과) 등과 같은 지식중심 교과들이 우위를 차지하고, 미술, 음악, 시민교육, 체육 등은 흔히 그보다 열등한 교과로 포함되어 있다.

영국과 한국에서 사람들은 이런 교과 중심 교육과정의 이면에 깔려 있는 폭넓은 배경을 잘 알고 있을 것이다. 그것은 외부의 시험에 종속된 학교 체제다. 이런 체제에서 학생들은 좋은 시험 성적을 얻고, 원하는 좋은 대학에 입학하고, 보수가 좋은 직장과 안락한 삶을 누리기 위해 자신의 정신적·신체적 건강을 해치면서까지 부지런히 공부하도록 강요받고 있다. 시험에 사로잡혀 있기 때문에, 지식중심 교과들이 학교교육과정에서 우위를 차지하고 있다는 것은 놀랄 일이 못된다. 왜냐하면 지식 항목들의 숙달이 미적 안목이나 시민적 관심과 같은 것보다 더 쉽게 평가될 수 있는 것이기 때문이다.

영국이나 한국이나 마찬가지로, 기득권층에 속하는 가정에서는 자기 아이들이 시험을 더 잘 보게 하려고 사립학교나 사교육에 상당한 교육비를 투입하고 있음을 우리는 잘 알고 있다. 그 밖의 다른 나라들에서도, 이런 이유 때문에 교육적으로 그리고 경제적으로 더 성공한 사람들과 그렇지 못한 다른 사람들 사이에 사회적 격차가 더욱 벌어지고 있다.

분할된 유형의 지식들을 중심으로 만들어진, 전통적인 교과 중심 교육과정은 19세기 중엽 이후 잉글랜드의 중등학교에서 분명히 나타났다. 1988년 이후 잉글랜드에서는 국가교육과정(National Curriculum)이 도입됨으로써 그런 교육과정은 중등교육뿐만 아니라 초등교육까지도 지배하게 되었다. 1988년도의 변화에서 충격적인 점은, 전통적인 교과들이 아주 상세하게 구체화되어 있는 반면에 그런 교육과정의 원리, 즉 목적들에 관한 진술은 두어 줄로 나타나 있어서 거의 없는 것이나 다름없었다는 것이다. 이는 마치 이런 유형의 교육과정이 바람직한 것이라는 점을 너무 당연시했던 것으로 보인다.

이는 나로 하여금 두 가지 방향으로 생각하게 만들었다. 첫째, 교육과정을 그런 방식으로 조직해야 할 타당한 이유가 있는가에 대해서 나는 철학적으로 탐구하였다. 과학, 수학, 역사, 모국어 등에 대한 이해는 누구에게나 어느 정도는 필요한 것이라는 점에 대해서 나는 누구보다도 먼저 동의한다. 그러나 이런 교과들에서 어떤 내용을 가르쳐야 하는가에 대해서는 관례를 따를 것이 아니라 옹호받을 수 있는 교육목적을 따라야 한다고 나는 생각한다. 예를 들어, 역사교육의 기반을 자기 나라의 과거 영광을 지각하도록 하는 데 둔다는 것은 정당화될 수 없다.

역사, 과학, 수학 등을 학문 통합적인 방식으로 가르치는 경우도 있어야 하는데 어째서 분할된 교과로만 가르쳐야 하는 것인가? 또한 어째서 그런 교과들은 예술 추구, 인간관계 문제, 민주적 공동체로서 함께 살아가는 일보다 항상 더 우위를 차지해야 하는가? 여기에는 결코 타당한 이유가 없다. 늘 그렇듯, 이런 의문은 우리를 다음과 같은 문제로 되돌아가게 만든다. 학교는 무엇을 위한 것이어야 하는가?

둘째, 나는 철학을 공부하기 전에 역사학을 전공했다. 전통적인 교육과정에 대해서 내가 의문을 느꼈던 점은, 어떻게 해서 그리고 왜 그런 교육과정이 처음부터 발전했고, 그것이 어떤 과정을 거쳐서 영국이나 서구의 여러 나라에서 지배적인 것이 되었으며, 그 영향력이 어떻게 해서 세계적으로 확대되었는가 하는 것이었다. 이런 이유 때문에 나는 이 책을 쓰게 되었다.

이 연구를 처음 시작했을 때 나는, 16세기 중엽 파리 대학교에서 벌어졌던 사건들로까지 거슬러 올라가게 될 것이라든가, 그리고 전통적 교육과정의 기원이 여러 세대 이전에 서구에서 발전된 인쇄술과 밀접하게 연관될 것이라고는 전혀 예상하지 못했다. 그뿐만 아니라 나는 종교가, 특히 당시에 나타났던 프로테스탄티즘이 교육과정의 초기 역사에서 중요한 역할을 했을 것이라고는 전혀 예상하지 못했다.

이런 문제들은 여기서 더 이상 언급하지 않겠다. 왜냐하면 이 책의 제1장에서 충분히 다루고 있을 뿐만 아니라, 다음 장에서도 상세히 논하고 있기 때문이다. 다만 전통적인, 교과중심적인 교육과정이 19세기 초반 이전에는 북아메리카나 북유럽 밖에서는 알려지지 않았다는 점만을 덧붙인다. 이 책의 제5장에서 설명하고 있듯이, 전통적인 교육과정은 1830년 이후에 처음으로 아시아에 소개되었던 것 같다. 이 무렵 스코틀랜드 장로교의 선교사가 인도의 캘커타에 세웠던 학교에서 전통적인 교육과정을 도입했다. 거기에는 힌두교에 대항하여 기독교를 부흥시키려고 했던 이유도 깔려 있었다. 1870년대에 일본에서 이런 새로운 교육과정이 학교교육의 토대가 되었다. 나는 한국에서 이런 전통적인 교육과정이 언제, 어떻게 해서 받아들여졌는지를 알지 못하지만, 이에 관한 연구 성과에 대해서 들어볼 수 있기를 간절히 바란다.

이 책의 마지막 부분에서 나는 역사에서 철학으로 전환하고 있다. 나는 철학을 논하는 부분에서 현대 자유민주주의와 부합되는 포괄적인 목적들을 기반으로 삼아 교육과정을 다시 설계할 것을 옹호하고 있으며, 그리고 목적들을 기반으로 삼아 교육과정에 접근한다는 것이 어떻게 가능한 일인지를 간략하게 서술하고 있다.

학교는 사람들을 시험에 합격시키고, 사회적 위계에 따라 분류하는 도구가 아니라, 모든 학생이 자신과 타인을 위해서 가치 있는 활동과 관계에 온 마음으로 즐겁게 몰두할 수 있는 곳이다. 이와 같은 이해가 확산될 수 있도록 한국과 영국의 교육개혁자들은 전 세계의 여러 동료들과 협력할 수 있을 것이다. 이것이 나의 소망이다.

이와 같은 아이디어가 한국의 독자들 사이에서 폭넓게 이야기될 수 있도록 계기를 만들어 준 이지헌, 김희봉 교수와 학지사 관계자들에게 깊은 감사의 마음을 전한다.

2016. 1. 15.

존 화이트(John White)

차 례

제1장
서 론

그것은 대부분의 아이들에게는 불필요한 교육과정 ⋯ 시험의 압박에 쫓기는, 서로 분할된 다수의 교과로 구성된 교육과정이며, 아이들이 현대 세계의 시민이 되도록 준비시키는 데 아무 쓸모가 없다 ⋯ 외국어는 시간 부족 때문에 아예 빠질 것이고, 수학은 대다수 아이들에게 너무 어려운 수준에서 가르치고, 그리고 과학은 전문성보다 시민성을 장려해야 한다.[1]

시릴 노우드(Cyril Norwood)

노우드가 이런 말을 한 때가 1937년이었다. 이때 그는 잉글랜드의 한 중등학교 교장이었다. 그것은 중등교육에 대한 그의 유명한 1943년도 노우드 보고서(Norwood Report)가 나오기 이전이었다. 이 보고서는 제2차 세계대전 이후에 도입된, 흔히 말하는 3부제(tripartite) 학교체제를 주도했다.

노우드가 말하는 교육과정은 그가 언급한 교과 외에도 영어, 역사,

지리와 같은 여러 학문적 교과를 중심으로 구성된 것이었다. 잉글랜드의 모든 공립학교는 오늘날 비슷한 교육과정을 갖고 있다. 전 세계 수많은 나라들의 교육체제도 그렇다. 그것은 오늘날 우리가 흔히 말하는 '전통적인 학문적 교육과정'이다.

오늘날 그런 교육과정에는, 예컨대 음악, 미술과 디자인, 체육, 시민성과 같은 다른 교과도 들어 있지만, 이보다는 앞서 언급한 지식 중심의 교과들이 교육과정의 핵심을 차지하고, 일반적으로 더 높은 지위를 부여받고 있다.[2]

전통적 교육과정에 대한 불만은 노우드에게서만 나타난 것이 아니었다. 노우드의 짧은 문장 속에는 교과들의 분할, 전문적인 학습 지향성, 공적 시험의 지배를 받는 교육과정, 시민적 목적들의 경시, 다수의 학생과의 부적합성 등의 비판이 압축되어 있다. 이런 비판은 미국의 존 듀이(John Dewey)부터 오늘날 동남아시아의 저명한 교육학자들에 이르기까지 백여 년 동안 자주 나타난 것이었다. 그런 교육과정이 아이들에게 심리적 스트레스를 주고, 고등교육과 좋은 직업의 통로가 되어 버린 시험을 잘 치를 영리한 아이들에게 유리한 것이고, 그리고 개인의 잘삶과 좋은 시민이라는 목적을 경시하거나 도외시한다는 우려는 잉글랜드에서만 나타난 것이 아니다.[3]

이 책에서 나는 이런 교육과정이 어디서 생겨났으며, 어떻게 해서 현재처럼 확고부동한 것처럼 간주하는 현상이 나타났는가를 살펴보고자 한다. 이런 현상을 낳은 역사적 동인들은 여럿일 수밖에 없다는 점을 나는 매우 강조할 것이고, 내가 그런 역사적 동인들을 모두 파악했다고 주장하지는 않을 것이다. 실제로 나의 의도는 이런 주장까지 펼치는 데 있지 않다. 나의 의도는 전통적인 교육과정이 우리에게 전해져 내려온 주요 과정으로 보이는 한 가지 경로만을 탐색하는 것이다.

이 이야기는 실제로 16세기 후반으로까지 멀리 거슬러 올라간다. 당시에 북유럽의 개척적인 교사들은, 대학 수준이나 그 하위 수준에서 고전적인, 특히 라틴어로 쓰인 텍스트의 독해만을 강조하던 것에서 탈피하여, 분할된 지식 분야들을 중심으로 구축된 교육과정을 지향했고, 혼란을 자주 일으키기만 했던 당시의 전통에서 벗어나 더 단순하고 체계적인 방식으로 가르치기 시작했다.

어떻게 해서 이처럼 새로운 종류의 교수-학습이 17세기의 칼뱅주의자들이나 다른 급진적 프로테스탄트 사회에서 받아들여졌으며, 어떻게 해서 상이한 학문 영역별로 그리고 각 학문영역 내에서 교육과정 지식을 체계화시키는 방법론적 작업을 통해 완전한 백과전서적 프로젝트로 발전되었는가를 나는 설명해 볼 것이다.

'전통적인 학문적 교육과정'이라고 내가 말하는 것의 특별한 근원에 관한 이야기는, 17세기라는 역사적 시점에서 출발하지만, 상이한 지역에 따라 별도의 설명으로 나눌 수밖에 없다. 독일, 미국, 네덜란드, 영국은 모두 나름의 역사를 갖고 있으며, 이런 교육과정의 버전들은 이미 여러 차례 나타났다. 이 책에서는 다른 국가들의 발전 양상도 언급하겠지만 주로 영국, 특히 잉글랜드에 초점을 둔다.

이런 서사는 내란과 왕정공백 기간의 청교도 집단들, 그리고 1660년 왕정복고 이후 비국교도 후예들의 교육 사상과 실천으로 이어지고 다시 18세기로 계속된다. 18세기와 그다음 세기를 거치면서 백과전서적 교육(encyclopedic education)이라는 원래의 프로젝트는 세속화되고 완화되었으며, 대영제국이 산업국가로 변모하는 시기에는 또 다른 흐름들이 나타나서 그 프로젝트와 뒤섞이면서 근대적 교육과정으로 이어졌다. 이런 점을 인정하면서, 나는 19세기와 20세기를 거치면서도 살아남은 오랜 프로그램의 특성들을 계속 추적한다. 바로 이 시기에 종합적인 범위의 학문적 교과들을 기반으로 삼은 교육과정이, 중등학교 이후의 대학 수준의 교육기관과의 전통적인 연관관계가 단절되면서, 중등학교의 표준 과정으로 자리를 잡기 시작했다.

이 책의 끝부분으로 갈수록, 역사적 설명에다 그것을 제공한 이론적 아이디어에 관한 철학적 비판이 추가되는 부분이 자주 나타난다. 그리고 마지막 장에서 나는 철학적 주제를 다시 끌어들임으로써, 전통적인 교육과정에서 확인된 결함을 감안할 때, 우리가 희망할 수 있는 대안적인 교육의 비전이 어떤 것인가를 밝히고자 한다.

사실상 이 책의 태동은 역사보다는 철학에서 비롯되었다. 내가 오랫동안 고민해 왔던 문제는 "학교는 무엇을 위해 존재해야 하는가?" 였다. 그리고 그 해답을 찾는 과정에서 수많은 길을 탐색했지만 1930년대에 노우드가 논했고, 내가 1940년대에 잉글랜드에서 배웠으며, 1960년대에 내가 교사로서 가르쳤던, 그리고 2010년 이후에도 여전히 우리에게 남아 있는 그런 종류의 교육과정에 대한 나의 의문은 더욱 커졌다. 그것은 여러 학년에 걸쳐 있고, 주로 영어, 수학, 과학, 역사, 외국어, 지리, 미술, 음악, 체육 등으로 구성되는 필수적이고 교과 기반적인 교육과정이다. 여기서 마지막 세 과목은 학문적인 교과에 비해 지위가 더 낮은 것으로 취급받고 있다.

중학생 시절에 나는 대수학을 정말 잘했고, 열심히 공부해서 학교졸업시험에서 최고성적을 받았다. 그것이 1949년의 일이었다. 그 이후로 나는 수학을 더 이상 공부하지 않았다. 60년 동안 나에게는 그럴 필요가 전혀 없었다. 그 교과를 공부했던 몇 년의 시간은, 나의 논리적 능력이 다듬어지는 데 도움을 주었다는 점에서 가치가 있었던 것일까? 그게 아니라면, 더 가치 있는 어떤 것을 위해 투입했어야 할 시간이 낭비되고 만 것이었을까?

더 일반적으로 말해서, 수많은 개별 교과에서 특수한 지식 획득에 중점을 두는 교육과정을 정당화시켜 주는 것은 과연 무엇인가? 그런 방식으로 조직됨으로써, 이런 저런 교과를 매 시간 배우도록 의무화함으로써, 아이들의 교과 지식이 조금씩 늘어나게 되겠지만, 이 때문에 아이들이 진심으로 몰두하는 활동을 오랜 시간 동안 지속적으로 추구하는 것을 불가능하게 만들어 버리는 이유는 무엇인가?

철학은 이런 체제에 대한 정당화를 나에게 제공해 주지 못했다. 철학은 그런 체제를 지지하는 데 흔히 동원되었던 다양한 논변들을 내가 평가해 보는 데에 도움을 주기는 했다. 그러나 그런 논변들이 타당하지 못한 것 같다는 결론에 늘 도달하고 말았다.[4]

정당화가 실패하면 설명으로 전환하자! 이것이 나로 하여금 철학에서 역사로 전환하도록 만들었다. 만일 광범한 목적이나 가치 차원에서 그런 교육과정의 좋은, 타당한 이유들을 내가 전혀 찾을 수 없다면, 우리가 그런 교육과정에 의지하도록 만들었던 이유들을 최소한 경험적으로나마 탐색할 수 있을 것이다. 그래서 나는 이 책에서 역사적 탐구를 시도하게 되었다.

이 책은 교육과정의 역사에 관한 저서로서는 특별한 것이다. 교육과정의 역사에 관한 저서들 중에는 개별 교과에 대한 설명을 제공하는 것도 있고(예: Watson, 1909; Goodson, 1985; Popkewitz, 1987), 교육과정 정책의 일반적 변화를 조사한 것도 있다. 후자의 경우 1988년도 잉글랜드 국가교육과정의 도입과 같은 특수한 정책의 발전에 초점을 두거나

(예: Chitty, 2008), 혹은 19, 20세기의 영국이나 미국이라는 특정 국가에서 일정 기간에 나타난 주요 변화에 초점을 둔 것도 있다(예: Gorden & Lawton, 1978; Kliebard, 1986; Tanner & Tanner, 1990). 이 책은 이런 저술들에 비해 훨씬 긴 시간을 다룬다. 즉, 16세기에서 시작하여 21세기에서 끝난다. 이 책의 연구 대상은 개별 교과도 아니고 일반 정책도 아니다. 나의 연구 대상은 우리가 요즈음 '전통적인'이라고 일컫는 교육과정의 한 가지 양식이다. 이 책은 사상의 역사와 제도 변화의 역사를 별도로 다루지 않고 양자를 혼합시킨 것이다. 그리고 이 책의 끝부분은 내가 앞서 말한 것처럼, 역사를 벗어나 정책 비판으로 그리고 교육과정 개혁을 위한 철학적 제안으로 나아간다.

나는 다시 강조한다. 나는 이 책이 영국에서 근대적 교육과정의 기원을 밝혀 주는 미시적이고 거시적인 **모든** 요인들을 종합적으로 그려낸 것이라고 주장하지 않는다. 그보다는, 17세기와 그 이후에, 급진적 프로테스탄트의 이념과 실천에서 파생되는 **한 가지** 주요 영향이라고 간주되는 것에 집중하고 있다.

* * *

그런 이념과 실천은 느닷없이 생겨났던 것이 결코 아니다. 그 기원은 16세기 후반에 발생한, 원래는 프로테스탄티즘과 연관이 없었던 어떤 교수법 혁명(pedagogical revolution)이다. 놀랍게도, 그 주요 특징 중에서 많은 것들이 오늘날 우리가 가르치고 있는 전통적인 교육과정, 그리고 이와 관련된 학교교육에서도 여전히 찾아볼 수 있다.

다음의 6개 장으로 펼쳐지는 이 책의 핵심은, 오늘날 우리에게 그토록 친숙한 교육과정이 어떻게 해서, 그런 초기의 출발에서 발전되었는가에 관해서 여러 세기에 걸친 이야기를 전개하는 것이다. 그런 다음에 나는 마지막 철학적 장에서, 오늘날 그것을 대체할 수 있는 것이 무엇인가를 살펴볼 것이다.

제2장: 1550~1630년

일찍이 1551년 파리의 어느 대학에서 6~15세의 소년들이 힘겨운 교육과정에 따라 공부하고 있었다. 그것은 여러 개로 분할된 지식들에 기반을 둔 교육과정이었다. 각각의 지식은 그 주요 특성(일반적인 것에서부터 특수한 것까지)에 관한 충실한 설명을 제공해 줄 수 있도록 제각기 체계적으로 배열되어 있었다. 아이들은 강의를 듣고 나서 교과서를 기반으로 개인 공부를 한 다음에, 그 결과를 검사받기 위해서 열심히 공부했다.

이것은 당시에는 혁명적인 형태의 교수법이었다. 이 교수법의 창안자는 피에르 드 라 라미(Pierre de la Ramée)라는 파리 대학교 교수였다. 그는 라무스(Ramus)로 더 잘 알려져 있다. 라무스는 제2장에서 등장한다. 제2장에서 나는 당시의 일반적인 고등교육보다 더 효율적이고, 더 이해하기 쉽고, 더 유용하고, 기간이 더 짧고, 더 저렴한 형태의 고등교육에 대한 라무스의 관심을 살펴볼 것이다. 라무스의 학생 집단은 특권층이나 귀족 출신이 아니었기 때문에 당시에 표준이었던 오랜 시간의 학부과정[5]을 이수하는 데 드는 시간과 경비를 감당할 수가 없었다. 따라서 그들은 아리스토텔레스에 관한 혼란스러운 주석을 가지고 씨름하는 것보다 더 도움을 줄 수 있는 것들을 원했다. 물론 그들은 남자였다.

라무스가 대안으로 찾아낸 교수법은 명확하게 분할될 수 있는 지식의 형식들 안에서 지식의 항목을 논리적으로 조직화하는 새로운 '방법(method)'을 중심으로 구성되었다. 라무스는 새로운 인쇄기술을 활용함으로써 그의 수많은 교과서에서 각 교과의 주요 특성을 한 페이지로 보여 줄 수 있었다. 이것은, 나무 모양의 그림으로서, 대체로 이분법에 의거하여 해당 교과의 가장 추상적인 특성부터 가장 구체적인 특성까지 밝혀 주었다.

지식의 유형과 그 세부 내용을 분류하려고 했던 라무스의 관심은 교수법과 연관된 것이었다. 그런 관심은 1573년 그가 사망한 이후에 3세대에 걸쳐 3명의 학자들에 의해서 계승되었다. 이들은 독일의 북서부에 있었던 헤르본 아카데미(Herborn Academy) 출신으로, 바르톨로뮤 케커만(Bartholomäus Keckermann, ca. 1572~1609), 요한 하인리히 알스테드(Johann Heinrich Alsted, 1588~1638) 그리고 저명한 교육이론가인 얀 코메니우스(Jan Comenius, 1592~1670)다. 이들에 의해서 라무스의 프로젝트는 모든 지식의 종합적 분류화라는 방향으로 진행되었고, 알스테드의 『백과전서(Encyclopaedia)』(1630)와 코메니우스의 '범지론(pansophism)'에서 절정을 이루었다. 또한 헤르본 학자들은 교수법의 측면에서도 라무스를 계승했다. 이들은 '강의-개인공부-피드백' 방식을 좋아했고, 교과 주제의 시각적 제시와 체계화된 교과서 혹은 '요약집(compendia)'에서 효율적 학습의 지름길을 찾고자 했다. 이와 같은 백과전서적 프로젝트와 교수법 적용은 칼뱅주의와 긴밀하게 연관된 것이었다. 칼뱅주의는 세 명의 학자들이 모두 믿었던 것으로,

포스트라무스주의적(post-Ramist) 아이디어와 밀접하게 연관됨으로써 교육계에서 일반화되었다.[6]

교육에 대한 포스트라무스주의적 접근방식은 독일 북서부의 칼뱅주의 학교나 아카데미에서 유행했다. 그것은 주로 실제적·직업적 이유 때문이었다. 상업도시, 그리고 행정가들이 필요했던 지방 공국에서는 그처럼 잘 구조화되고 폭넓은 기반을 가진 교육이 당시에 유행했던 고전적 모델보다 더 인기가 많았다. 또한 이런 현실적 이유와 뗄 수 없는 또 다른 이유가 있었다. 백과전서적 교육과정이 종교적으로도 중요했던 이유는 모든 것을 알고 있는 신의 형상대로 인간이 창조되었다는 믿음 때문이었다.

제3장: 1630~1700년

그 모든 것이 영국 교육과정의 역사에서 중요하다는 점은 제3장에서 밝혀질 것이다. 이 이야기는 1630년부터 17세기 말까지 이어진다. 17세기 초 영국에서는 찰스 1세(King Charles I)의 권위주의적 통치에 대한 청교도들의 불만이 고조되었고(뉴잉글랜드로의 이주가 발생했고), 1642년부터 1651년까지 청교도가 장악했던 의회와 왕 사이에 내란이 일어났으며, 1649년 찰스 1세가 처형된 후 올리버 크롬웰(Oliver Cromwell)이 청교도 국가의 지도자로서 9년 동안 권력을 장악하였다.

1630년 이후 교육과정의 발전은 천년왕국에 대한 믿음에서 파생된 것이었다. 그것은 유럽 대륙의 코메니우스를 비롯해서 열렬한 칼뱅주의자들 사이에 퍼졌던 것으로, 그리스도의 지배가 지상에 임박했다는 믿음이었다. 당시의 독일은 가톨릭과 프로테스탄트 간의 30년 전쟁으로 황폐한 상태에 있었다. 이와 달리, 잉글랜드는 군주제에 대한 청교도들의 저항이 고조된 곳이었기 때문에 유럽 대륙의 칼뱅주의자들 사이에서 '지상의 마지막 시대'의 장소로 간주되었다. 이런 생각은, 헤르본 아카데미의 학자였던 바르톨로뮤 케커만의 제자들과 그를 추종했던 교사들로부터 북부 독일에서 교육을 받았던, 다음의 세 사람으로 하여금 잉글랜드에서 포스트라무스주의의 노선을 이어받은 급진적 교육 개혁을 실천하는 데 협력하도록 동기를 부여해 주었다. 그중 가장 지도적인 인물은 사무엘 하트립(Samuel Hartlib)이었다. 그는 내란 시기와 왕정공백 기간에 청교도적 교육정책의 중심에 있었다. 다른 두 사람은 잉글랜드 사람인 존 듀어리(John Dury) 그리고 얀 코메니우스(Jan Comenius)였다. 코메니우스는 1641~1642년에 잉글랜드 의회의 초청을 받고 잉글랜드에 갔었다. 듀어리와 코메니우스가 적극적인 협력자로서 다른 사람들과 함께 가담했던 '하트립 서클(Hartlib circle)'은 광범한 교육혁신 프로그램을 주도하였다. 이 프로그램은 초등학교에서부터 새로운 대학의 창설에 이르기까지 모든 수준에 관한 것이었는데, 거의 대부분이 문서상의 혁신으로 끝나고 말았다.

　1660년의 왕정복고는 청교도주의에 대한 반격을 개시했다. 잉글랜드 교회에 대한 충성을 거부했던 '비국교도'에 대해 가혹한 조치가 내려지면서 이들은 옥스퍼드 대학교와 케임브리지 대학교에서 쫓겨나고 말았다. 이들은 자기 아들이 성직이나 세속적 직업으로 나아갈 수 있도록 교육시키기 위해 자체적으로 아카데미를 설립했다. 이 아카데미에서는 옥스퍼드나 케임브리지에서 행해지고 있던 고전 중심의 교육을 배척했고, 그 대신 일반 교육을 제공했다. 레이몬드 윌리엄스

(Raymond Williams)에 따르면, 이런 일반적 교육과정에서 "최초로 근대적인 형태의 교육과정이 갖추어지기 시작했고, 수학, 지리, 근대 외국어, 특히 자연과학이 포함되었다."[7]

나는 윌리엄스처럼 강한 명제를 주장하지 않을 것이다. 그 대신 나는, 비국교도의 아카데미가 현재의 영국 교육과정의 중요한 원천들 중에서 하나지만 그것만이 유일한 원천은 아니라고 주장할 것이다. 17세기 이후로 영국에는 급진적 청교도주의자들이 만든 다른 교육기관이 있었는데 이것도 일정한 역할을 수행하였다. 또한 프러시아를 포함한 유럽의 다른 지역 및 아메리카에서 청교도주의자들이 세웠던 학교나 대학도 일정한 역할을 수행하였다.

그리고 나는 전통적 교육과정의 유일한 기원을 급진적 청교도주의에서 찾을 수 있다고 생각하지 않는다. 이미 강조했듯이 역사적 인과 관계는 복잡한 것이다. 1988년 이후로 우리가 가르치고 있는 교육과정의 유형이 어떻게 해서 잉글랜드에서 자리 잡게 되었는가를 살펴본다면 그 답은 단선적인 것이 아니고, 복잡하고 복선적인 것으로 드러날 것이다.

윌리엄스가 탐구하지 **못했던**, 그리고 내가 아는 한 그 누구도 상세하게 탐구하지 못했던 점이 있다. 그것은, 비국교도의 아카데미가 **어떻게 해서** 잉글랜드의 교육과정에 기여한 여러 가지 원천 중 하나가 되었는가라는 점이다. 내가 제안하려고 하는 견해에 따르면,[8] 그런 아카데미에 미쳤던 주된 영향은 하트립 및 그의 동료들이 이어받은 포스트라무스주의 교수법, 그리고 그 당시 잉글랜드에 퍼져 있었던 라무스주의적 가르침의 다른 부분이었다.

나는 이런 생각을 제3장에서 자세히 밝혀내려고 노력할 것이다. 이를 위해 나는 초기의 여러 아카데미에서 사용되었던 교육과정과 교수법뿐만 아니라 거기서 가르쳤던 교사들도 살펴볼 것이다. 나는 이 두 가지 측면에서 포스트라무스주의 전통과의 연계성이 확실하다는 점을 밝혀낼 것이다. 우리가 찾을 수 있는 증거에 따르면, 초창기의 대다수 아카데미에서는 다양한 지식의 형식(forms of knowledge)을 중심으로 만들어진 광범한 교육과정을 가르쳤고, '강의-개인공부-피드백'이라는 모형을 자주 따랐다. 이는 헤르본 아카데미뿐만 아니라, 앞서 제2장에서 지적한 것처럼, 라무스 자신이 파리에 세웠던 학교에서도 찾아볼 수 있는 것이다. 그뿐만 아니라 초창기의 여러 아카데미의 교사들은 일찍이 17세기 이후로 옥스퍼드와 케임브리지의 초기 대학교들에 남아 있던 포스트라무스주의 전통뿐만 아니라 하트립의 교육개혁 프로그램과도 연관성을 갖고 있다는 증거가 있다. 또한 초기 아카데미의 일부 교사들은 대서양을 건너 매사추세츠에 새로 설립된 하버드 칼리지도 연관성을 갖고 있었다. 당시의 하버드 칼리지는 라무스주의와 포스트라무스주의 사상의 중심지였다. 왜냐하면 라무스의 전통이 남아 있는 곳에서 성장했던 학자들이 옥스퍼드와 케임브리지에서 쫓겨난 이후에 하버드로 이주했기 때문이다.

이 작은 책에서 나는, 4세기 이상의 기간을 다루면서, 역사적 이야기를 전할 뿐만 아니라 그 기간에 나타난 철학적 논의도 제시하고 있기 때문에 단기적인 사건들까지 세세하게 논의하기는 거의 불가능하다. 한 가지 중요한 예외가 있는데, 그것은 초기 아카데미와 그 교사들에 관한 부분이다. 그 이유는 역사적 이야기 속에서 여전히 공백으로 남아 있는 부분이 있기 때문이다. 이 책의 서론인 제1장의 끝부분에 가면 알게 될 것인데, 오늘날 라무스와 포스트라무스주의 사상에 대한 연구가 축적되면서, 교육과정과 교수법에 대한 새로운 접근방법의 출현에 있어서 라무스의 사상이 차지하는 의의가 밝혀지고 있다. 영국에 한정시켜서 더 구체적으로 말한다면, 수많은 비국교도 아카데미 그리고 이와 연관된 18세기의 교육기관에서 제공했던 '근대적' 교육에 관해서, 그리고 19세기의 근대적 교육과정의 급속한 성장에 관해서 수많은 연구물이 나타났다. 그렇지만 포스트라무스주의와 이런 연구 성과를 서로 연결시켜 보려는 시도는 거의 없었다. 비록 일부 학자들이 '라무스주의와 포스트라무스주의의 교수법'과 '잉글랜드의 현행 교육체제의 특성' 간에 유사점이 있을 것이라는 놀라운 생각을 제시했지만(p. 55 이후 참조), 포스트라무스주의 사상이 어떻게 해서 비국교도의 교육기관이나 이와 연관된 교육기관의 교육과정과 교수법이 발전하는 데에 아주 직접적인 영향을 미치게 되었는가에 대한 연구는 영국에서 찾아보기가 어렵다. 이런 공백이 바로 내가 탐구하고자 하는 부분이다. 나는, 제3장에서 최초의 비국교도 아카데미의 기원을 충실하게 설명하려고 하는데, 이것이 상당히 성공적인 설명일 것이라고 믿는다.

바로 그런 이유 때문에 제3장의 글쓰기 스타일은 다른 장들에 비해서 차이가 날 수밖에 없다. 나는 특정 아카데미에서 제공되었던 교육, 그리고 초기 교사들의 지적·정치적 배경을 자세히 논의하지 않을 수 없다. 이 부분이 독자들에게, 특히 그 이전까지는 거시적인 서사를 듣고 있었던 독자들에게는 상당한 어려움을 줄 것으로 짐작된다. 그렇지만 다른 뾰족한 해결책을 찾을 수 없었다. 궁여지책으로 대부분의 증거를 본문에 넣지 않고 각주에 집어 넣었다. 독자들이 쉽게 읽을 수 있도록 애썼지만, 아무래도 제3장은 다른 장에 비해 읽기가 힘들 것이란 생각이 든다.

제4장: 18세기

제4장에서는 18세기의 영국에 관한 이야기를 계속 이어간다. 물론 미국에 관한 이야기도 여기에 들어 있긴 하지만, 제5장에서 제대로 다룰 것이다. 18세기의 중후반은 비국교도 아카데미의 전성기였다. 이는 두 가지 점에서 아주 분명히 드러났다. 첫째로, 노샘프턴 아카데미(Northhampton Academy), 워링턴 아카데미(Warrington Academy), 혹은 다른 지역의 자유로운 아카데미가 평민 비국교도나 그 밖의 다른 사람들을 성공적으로 교육시켰다는 점이다. 그것이 옥스퍼드와 케임브리지의 교육보다 더 낫다는 소문이 자주 생겨났다. 둘째로, 그런 아카데미가 정치, 과학, 교육의 개혁에 영향을 미쳤다는 점이다. 물론 그런 아카데미가 활동했던 시대는 코메니우스 혹은 다른 포스트라무스주의 인물들이 살았던 시대와는 달랐다. 이때는 과학혁명이 무르익었던 시대였다. 그 이전 세기에 뜨겁게 타올랐던 종교적 열정은, 아카데미의 교사들 사이에서조차 가라앉기 시작했고, 유니테리어니즘(Unitarianism)이나 다른 형태의 합리주의로 전환되는 경우가 많았다. 비국교도들 중에서 비교적 부유한 사람들이 사회의 주류 세력으로 편입되었다. 왜냐하면 대영제국의 성장 시기와 산업혁명의 초기 단계에서 상업과 제조업이 성공하였기 때문이다.

그러나 포스트라무스주의 사상의 유산은 여전히 분명하게 남아 있었다. 이 점은 세 사람의 계보에서 알 수 있다. 세 사람이란 저명한 화학자로 알려진, 워링턴 아카데미의 조셉 프리스틀리(Joseph Priestley), 노샘프턴 아카데미의 필립 도드리지(Philip Doddridge), 1670년 라스멜 아카데미(Rathmell Academy)의 창설자이며 제3장에서 언급한 초기 아카데미의 교사였던 리차드 프랭크랜드(Richard Frankland)다. 다시 말해서, 포스트라무스주의의 유산은 이 세 아카데미에서 가르쳤던 백과전서적인 교육과정에서, 그리고 도드리지와 프리스틀리의 저술에서 분명히 나타나는 포스트라무스주의 교수법, 즉 '필수적인 광범위한 강의-개인공부-(교사 앞에서 행해진) 피드백'이라는 치밀하게 조직된 체계에 기반을 둔 교수법에서 분명히 나타났다.[9]

이런 아카데미의 교육 방식은 18세기에도 지속되었다. 이런 현상의 이면에는, 17세기와 마찬가지로, 직업적 이유와 종교적 이유가 결부되어 있었다. 18세기 말엽에 이르러서는 사회적 지위라는 이유도 뚜렷이 나타났다. 이즈음 부유했던 비국교도들이 자기 아들을 위해 선호했던 교육은 워링턴과 같은 자유로운 아카데미의 폭넓은 교육, 즉 신사가 되는 데 적합한 교육이었다.[10]

제4장의 후반부에서 나는 니콜라스 한스(Nicholas Hans, 1951)의 명제를 논할 것이다. 그것은 비국교도 아카데미들이 영국의 근대적 학교 교육과정의 형성에 공헌했던 점이 과장되고 있다는 명제다. 왜냐하면 그런 아카데미들뿐만 아니라, 사립 아카데미(private academies)를 비롯한 수많은 18세기 교육기관에서도 고전과 함께 과학, 역사, 지리 및 다른 교과를 가르쳤다고 보기 때문이다. 그런데 한스의 설명에는 문제가 있다. 특히 그는 중요한 사실을 간과하고 있다. 즉, 사립 아카데미에서는 **여러 해에 걸쳐 제공되는 필수적인 일반 과정**(compulsory, general course, lasting over several years)을 제공했던 것으로 드러나지 않는다. 그러나 이런 일반 과정은 비국교도 아카데미에서 표준으로 통용된 것이었고, 내용상의 차이는 있겠지만 오늘날 우리의 학교에서도 찾아볼

수 있는 것이다.

그러나 나는 레이몬드 윌리엄스의 명제와 관련해서 다음과 같이 말했었다. 나는 비국교도 아카데미가 영국의 '전통적' 교육과정의 유일한 원천은 아니라는 점에 동의한다. 그런데 우리가 고려해야 할 점이 또 있다. 그것은, 스코틀랜드의 대학과 아카데미가 공헌했던 점이다. 이곳의 대학과 아카데미는 16세기부터 라무스주의나 라무스와 연관성을 갖고 있었다. 스코틀랜드의 대학과 아카데미는 18세기에 이르러 잉글랜드의 비국교도 아카데미들과 밀접한 관계를 갖고 있었다. 스코틀랜드의 대학과 아카데미에서는 여러 학년에 걸쳐 제공되는 백과전서적인, 필수적 교육과정을 옹호하였다. 잉글랜드의 비국교도 아카데미에서도 마찬가지였다. 잉글랜드에서는 특히 1779년에 비국교도가 교장이 되도록 허용한 법이 생긴 이후에 비국교도 학교나 이와 연관된 학교가 상당한 영향을 미쳤다. 앞으로 언급할 것이지만, 17세기에 뉴잉글랜드(미국)와 프러시아에서 뿌리를 뻗었던 포스트라무스주의 교육의 사상과 실천은 19세기 초에 잉글랜드에서 고전적 교육과정이 근대적 교육과정으로 바뀌게 하는 데 영향을 미쳤던 또 다른 원천이다.

앞 절에서 내가 언급했던 원천들이 전부는 아니다. 재차 반복하는 말이지만, 나는 근대 교육과정의 역사를 단선적으로 설명할 수는 없다고 생각한다. 19세기에 이르기까지 서구 여러 국가의 사회적·정치적·경제적 삶에 엄청난 변화가 나타나기 시작했으며, 이런 상황에서 루소(Rousseau)의 추종자들이나 공리주의자들을 포함한 온갖 사회개혁가들이 근대적 세계에 더 적합한 교육체제를 모색하였다. 이와 더불어 많은 사회개혁가들이 알게 된 점이 또 있었다. 그것은, 비국교도들이 과학적 지식을 포함한 온갖 종류의 지식을 추구하는 일에 대해서 전통적으로 애착을 가졌는데, 그런 애착 속에는 (비국교도들의 종교적 동기와 거리가 멀었던) 사회개혁가 자신들에게도 세속적으로 이로운 점들이 들어 있다는 점이었다.

제5장: 19세기

1800년 이후 포스트라무스주의의 교수법 전통의 흔적은 희미하긴 하지만, 앞서 말했던 거시적 측면에서는 아직 확인할 수 있을 정도로 남아있었다.

앞서 언급했던 1779년도 법에 의거하여, 우리는 19세기 초에 비국교도와 연관된 상당수의 학교에서 폭넓은 근대적 교육과정이 제공되었던 이유를 설명할 수 있겠다. 급속하게 산업화가 이루어진 영국의 사회적 소용돌이 속에서 비국교도들은, 위로는 공장 소유주나 금융가로부터 아래로는 사무원이나 가게 주인에 이르기까지, 당시에 형성되었던 중산계급의 대다수를 차지했다. 교육에 대한 그들의 전통적인 기대에 따르면, 당시에 소멸되어 가고 있던 문법학교는 그들의 실제적 필요, 즉 자신들의 자녀가 전문직을 위한 기초를 닦는 데 부적합한 것으로 간주되었다. 많은 사람들이 다양한 종류의 새로운 사립학교에 관심을 쏟았다. 이런 사립학교 중에는 지식의 형식들을 충실하게 제공하는 교육과정을 가르치는 개척적인 학교, 문해력과 계산능력 및 몇 가지 다른 교과를 가르치는 수많은 학교, 디킨스(Dickens)의 소설에서 웃음거리가 되었던 부실한 학교 등이 있었다. 19세기 중반에 이르러 분명해진 것은, 중산계급 교육이 위기에 처했고, 체계적인 진단이 필요해졌다는 점이었다.

　포스트라무스주의의 유산은 런던 대학교(University of London)에서
도 확인할 수 있다. 런던 대학교는 무엇보다도 비국교도들의 강력한
요구에 따라 1826년에 설립되었다. 이 대학교에서는 4년에 걸쳐 지식
의 형식들이 포함된 일반 과정을 제공했고, 이 과정은 강의-연습-시
험을 통해 가르쳐졌다. 이런 교육은 앞에서 언급했던 스코틀랜드 대학
교 체제를 모델로 삼은 것이었고, 또한 프러시아와 미국의 고등교육으
로부터 영향을 받은 것이었다. 이런 일반적 교육과정은 런던 대학교와
연합한 시립대학에서, 그리고 널리 사용되었던 (1838년에 런던 대학교 학
위과정에 입학하는 데 한 가지 조건으로 제도화된) 대학입학 자격시험
(matriculation examination)에서도 찾아볼 수 있다.

　부분적으로는 그런 시험 때문에, 더 이상 고전에 기반을 두지 않은
일반적·필수적 교육과정은 점차적으로 **중등학교** 교육의 한 가지 특성
으로 자리를 잡은 반면, 대학 교육의 특성과는 거리가 멀어졌다. 19세
기 후반에 잉글랜드의 대학교들은, 스코틀랜드의 대학교들과는 달리,
다양한 지식 분야에서 전공 학위(specialist degrees)를 선호하기 시작했
다. 이것은 런던 대학교나 이와 연합한 대학들에 이미 있었던 더 종합
적인 과정, 혹은 옥스퍼드와 케임브리지의 고전 중심 과정에 기반을 두
었던 학위 과정과는 다른 것이었다. 이런 변화에도 불구하고 런던 대학
교 입학자격시험은 여전히 폭넓은 지식에 기반을 두고 있었다. 이 시험
이 처음 생길 때에는 그 폭넓은 시험 과목들이 런던 대학교 자체의 교
육과정과 긴밀하게 연결된 것이었지만, 나중에 그처럼 폭넓은 범위의
지식은 대학의 일반 과정의 예비단계로 간주되기보다는 오히려 고등학
교 학생들이 대학의 전공 과정을 선택하는 데 필요한 기반으로 간주되

고 말았다.

런던 대학교 입학자격시험이 대중적 인기를 끌었던 것은 중산계급의 고조된 압박감이 반영되었기 때문이었다. 이것은 그들의 아들을 위해서, 그리고 19세기 말에는 그들의 딸을 위해서 좋은 교육이라고 생각되는 것을 확보해야 한다는 압박감이었다. 이 무렵에는 근대적인 일반적 교육과정에서 딸이 배제되어서는 안 된다는 점이 마침내 수용되었다. 그런 교육과정은 라무스의 시대 이후로 주로 소년이나 청년을 위한 것이었다.

고전이나 3R에서 탈피하여, 모든 주요 지식 영역에 기반을 둔 학교교육을 지향했던 이 모든 노력이 국가 정책의 일부로 수용되지 못하고 그저 개인들의 손에 맡겨졌다면 그 결과가 어떠했을지 짐작하기는 어렵다. 19세기의 마지막 30년 동안, 그리고 20세기의 처음 10년 동안 그것은 국가 정책이 되었다. 1868년의 톤턴 보고서(Taunton Report)는 당시에 중요한 역할을 했던 세 가지 교육위원회 중에서 한 위원회의 성과였다. 세 위원회는 정확하게 계급에 따라 조직된 것이었다. 클라렌든 위원회(Clarendon Commission)는 9개의 최고 사립학교를 검토한 후, 이런 상류계급 기관들에서는 몇 가지의 근대적 교과를 포함한 고전중심 교육과정을 계속 추구하도록 제안하였다. 뉴캐슬 위원회(Newcastle Commission)는 다수의 노동자들을 위한, 3R 중심의 기초적 학교교육을 제안하였다. 톤턴 위원회(Taunton Commission)는 그 중간에 속하는 세 부류의 '중산계급' 중등학교에서 일반적·근대적 교육과정을 가르치도록 제안했는데, 그중 최고 부류의 학교에서는 고전에 더 관심을 쏟도록 하였다.

톤턴 위원회의 원칙은 잉글랜드의 중등학교에서 어떤 종류의 교육과정을 따라야 할 것인지를 결정하는 데 국가가 일정한 관심을 가져야 한다는 것이었다. 톤턴 위원회가 근대적·일반적 과정으로 기울어졌다는 것은 놀라운 일이 아니다. 그것은 17세기 이후 비국교도들이 경험했던 것이었다. 그리고 1860년대에 자유당(Liberal Party)과 연합한, 비국교도 중심의 중산계급이 정치권력의 경쟁자로서 보수 체제에 도전하게 되면서 자신의 교육적 전통이 공식적으로 더 인정받도록 압력을 넣었을 것이라고 추정해 볼 수도 있다. 40년이 흐른 후에 새로운 중등학교는 새로운, 근대적 교육과정을 갖추면서 국가 교육체제의 일부가 되었다. 1904년에 그것은 입법화되었다.

그렇게 해서 포스트라무스주의의 교수법 전통의 희미한 유산은 19세기에도 살아남았을 뿐만 아니라 20세기로 넘어가면서 국가의 틀에 편입되었다. 그렇긴 하지만, 신중한 주장을 펼치겠다는 나의 입장을 여기서 다시금 강조하지 않을 수 없다. 1900년에 이르러 영국이나 다른 선진 국가에서는 근대적 세계에 적합한 교육체제를 재정비할 것을 촉구하는 세력들이 1800년보다 훨씬 더 강력해졌다. 학교개혁에 대한 압력은 톤턴 위원회의 시기, 그리고 1904년의 변화가 나타나는 시기에는 더욱더 다방면에서 나타났다. 폭넓은 지식의 단련에 친숙해지도록 만들어야 한다는 주장은, 비국교도의 전통에서 아주 현저했던 것인데, 그 무렵 매튜 아놀드(Matthew Arnold)를 비롯해서 다른 부류의 개혁가들로부터 호응을 얻었다.

이와 관련하여 나는 제5장에서, 사람들로 하여금 고전적 교육과정이 아닌 근대적 교육과정으로 기울게 만들었던 동기에 관한 다른 이야기로 나아갈 것이다. 신의 창조물에 들어 있는 다층적 경이로움을 인식하려고 했던 종교적 이유들이 여전히 거론되고 있었지만, 이런 종교적 이유들과 늘 결부되었던 실제적 이유들이 한층 더 부각되었다. 이것은 그 당시 영국이 산업국가로 탄생되었던 점과 연관시켜 이해할 수 있다. 그런데 지식 획득의 **내재적** 가치에 초점을 두는 비종교적 형태의 이론적 이유들이 종교적 형태의 이유들과 함께 나타났다. 이 무렵 비국교도의 백과전서에 속하는 한 가지 학문분야인 '성령론(pneumatology)' 이나 '기학(pneumatics)' 의 형태로 있었던 심리학이 그 종교적 기원으로부터 분리되기 시작했다. 지식 기반 교육이 인간의 지적 능력들의 무질서를 극복하는 데 가치 있는 것이라는 생각은, 알스테드와 듀어리에게 이미 있었던 것인데, 19세기에 와서는 다양한 학문적 교과들이 특수한 지적 능력을 강화시킬 수 있는 힘을 갖고 있다는 믿음으로 확대되었다. 이런 주장은, 미국에서는 예일 보고서(Yale Report, 1828)에서 탁월하게 정당화되었고, 영국에서는 능력 심리학(faculty psychology)이 톤턴 보고서에서 그리고 저명한 교사와 교육이론가들에 의해서 활용되었지만, 19세기 말엽에는 비판을 이겨 내지 못하고 뒤집어지고 말았다. 이윽고 미국에서도 그런 이론이 소멸되도록 영향을 미친 사람들 중에는 존 듀이(John Dewey)가 있었다.

미국에 관한 이런 언급은 제5장의 마지막 절로 이어진다. 여기서 나의 초점은 제3, 4, 5장을 주도했던 영국, 특히 잉글랜드의 사건을 뛰어넘어 세계적인 문제로까지 확대된다. 그 이유는 방법론적인 것에 있다. 나는, 포스트라무스주의의 교수법에 관한 아이디어와 이를 이어받은 급진적 프로테스탄티즘이 현대를 지배하는 전통적인 학문적 교육과정의 승리를 이끌어 온 수많은 원천들 중 하나임을 주장했지만, 이런 인과적 설명에서 그것들이 차지하는 위치가 다른 가능한 원천들과 비교해 볼 때 얼마나 **중요한가**에 관해서는 별로 이야기하지 못했다. 이런 점을 더 자세히 살펴볼 수 있는 한 가지 방식이 있을 것인데, 그것은 프로테스탄트 세계가 아닌 다른 세계에서 나타난 교육의 발전을 검토해 보는 일이다. 만일 광범한 지식 기반 교육과정에 대한 깊은 애착을 가톨릭 국가에서도 비슷하게 찾을 수 있다면 이런 사실은 나의 주장의 근거를 심각하게 흔들어 버릴 것이다.

그러나 그런 사실을 찾아보기가 어렵다. 18세기 초까지 스페인, 포르투갈, 이탈리아, 프랑스에서 이와 같은 애착이 있었는지를 밝혀 줄 증거는 정말 드물다. 계몽주의와 혁명 시기에 프랑스 사상가들 사이에 근대적 교육과정을 선호하는 경향이 있었던 것은 사실이다. 또한 그들의 사상이 실천되지 못한 채 주로 문서상의 계획으로 끝났지만, 디드로(Diderot)나 다른 계몽주의 사상가들의 백과전서주의가 그 이후의 교육과정 이론에 얼마간 영향을 미쳤을 것이라고 믿을 만한 여지는 남아 있다. 예를 들어, 뒤르켐은 19세기 후반에 백과전서적인 학교교육과정을 세속적 차원에서 정당화하려고 시도했다. 더 일반적으로 말하면, 19세기 중반에 이르기까지 프랑스의 계몽주의 사상은 온갖 부류의 사회개혁가들의 지적 무기에 포함되었기 때문에, 그 사상이 '근대적' 교육과정에 미친 영향을 프랑스 내부의 포스트라무스주의 전통의 영향으로부터 완전히 분리시키기는 어려운 일이다.

나의 초점을 영국의 외부로 확대시키면서 나의 주된 명제를 더 검토해 볼 수 있는 또 다른 방법이 있다. 그것은 다른 프로테스탄트 국가들 안에서 백과전서적 동향과 동일한 것을 찾아볼 수 있는지를 검토하는 방법이다.

나는 그렇게 하려고 한다. 앞서 보았던 것처럼 1820년대에 런던 대학교를 세운 사람들은 스코틀랜드, 프러시아, 미국의 교육적 경험을 끌어들였다. 톤턴 위원회에 영향을 미쳤던 프러시아 교육은 **실과학교** (Realschulen)로 유명한 것이었는데, 고전에 기반을 두었던 전통에서 탈피하여 일반적인, 직업에 적용될 수 있는 교과들을 선호했다. 이런 교육의 한 가지 기원이 어떻게 해서 코메니우스의 교육이론에 있었는 지를 나는 보여 줄 것이다.

미국에서 라무스주의와 포스트라무스주의는 하버드 칼리지가 1636년 에 창설된 후 처음 몇 년 동안 현저하게 나타났었다. 예를 들어, 백과전 서적인 접근방식은 벤자민 프랭클린(Benjamin Franklin)의 1751년 필 라델피아 아카데미(Philadelphia academy)에서, 그리고 19세기 초와 그 이후에는 예일 대학교와 뉴잉글랜드 고등학교들의 실천에서 나타났 다. 후자의 교육 실천 속에서는 종교적 동기와 직업적 동기가 서로 결 합되어 있음을 알 수 있는데, 흥미롭게도 이런 점은 포스트라무스주의 전통에 속하는 18세기 유럽 학교와 비슷하다. 20세기 초에 존 듀이는 자신이 받았던 칼뱅주의식 교육을 떨쳐 버린 후, 그 당시 미국 학교의 백과전서적인 경향에 대해 아마 가장 비판적인 입장을 표명했다.

이처럼 여러 가지 방식으로 나의 주요 가설을 검증하려고 시도한 후에 내가 내린 결론은 다음과 같다. 근대적인 일반적 학교교육과정 의 긍정적인 전개를 가톨릭 문화보다는 프로테스탄트 문화와 특별히 연관시키는 데에는 타당한 이유가 있다. 이와 비슷한 개혁안들을 옹 호했던 프랑스 계몽주의의 사상도 그것에 영향을 미쳤던 원천들에 속 할 것이다.

제6장: 1900~1988년

제6장에서는 대체로 20세기를 다룬다. 여기서 나는 잉글랜드의 이야기로 되돌아간다. 1904년도 중등교육의 전국적 확산부터 1988년 국가교육과정까지 다룰 것이다.

1904년과 1988년의 교육과정이 거의 똑같다는 점은 이미 언급했다. 그것은 폭넓은, 교과 기반의, 지식중심의 교육과정이다. 전자는 일부 청소년만을 위한 것이지만, 후자는 5~16세에 속하는 모든 학생을 위한 것이다.

1904년과 1988년 사이에 '모두를 위한 중등교육' 운동이 나타났고, 그것이 어떤 형태가 되어야 하는가에 대한 논란도 있었다. 이 책의 서문 첫머리에 내가 인용한 글에서 시릴 노우드는 1930년대 중등 문법학교의 표준 교육과정에 대해서 신랄하게 비판했다. 그러나 그가 의장을 맡았던 중등교육위원회의 1943년도 보고서에서는 교육과정의 현상 유지를 옹호했을 뿐만 아니라, 1944년 이후의 중등교육의 틀을 만들어내는 데에도 일조했다. 이 틀에서 문법학교(grammar school)는 학문적 성향을 타고난 아이들만을 위한 것이었고, 동일 연령 집단의 약 4/5 혹은 그 이상의 아이들은 '중등 모던(secondary modern)' 학교에 다니도록 하였는데 여기서는 학문적 교육과정이 훨씬 약화되거나 그 일부가 축소되었다. 이렇게 분명하게 양분된 중등교육 체제가 없어진 후에도, 1960년대 이후 새로운 '종합(comprehensive)' 학교에서 온갖 능력을 가진 아이들에게 제공되었던 교육은 대체로 문법학교의 교육과정을 따랐다. 이렇게 된 까닭은 그런 교육과정을 소수 학생들만 향유하게 하는 것이 불공정하다는 믿음이 좌파들 사이에 널리 퍼졌기 때문이다.

20세기를 거치면서 이른바 '전통적 교육과정'이 더욱 강력한 세력을 떨치게 되었다. 19세기에도 그랬듯이, 이런 상황에 상당한 영향을 미친 것이 시험이었다. 1917년에 도입된 학교 자격증(School Certificate)은 그 영향력에 있어서 1838년의 런던 대학교 입학자격시험에 버금가는 것이었다. 또 다른 요인은 문법학교에서 그리고 나중에는 종합학교에서 널리 확산되었던 교과 전문성(subject specialism)이었다. 학교 안에서는 교과를 중심으로, 학교 밖에서는 전국 단위의 교과 관련 학회를 중심으로 교사들이 연대하기 시작했다.

또한 20세기에는 동기(motivation)에 관한 이야기가 더욱 복잡해졌다. 사람들이 폭넓은 교과중심 교육과정을 좋아했던 실제적 이유는 대체로 개인 차원의 직업적 이유였다. 그런데 20세기 초에는 그런 이유가 시민 차원에서 국가 지도력이라든가 우생학적인 사회적 비전과 관련된 이유에 의해서 보강되었다. 이 무렵 종교적 논변과 능력 기반 논변은 찾아보기 어려웠다. 특히 능력 기반 논변은 20세기의 중반에 약 30년 동안 개인차 심리학[11]에 의존하는 정당화로 바뀌었다. 앞에서 우리는 그 한 가지 사례를 문법학교 입학과 높은 수준의 타고난 일반적 능력을 연결시켰던 노우드 보고서에서 찾아보았다. 20세기의 마지막 30년 동안 영국과 미국에서 철학적 논변들이 나타남으로써 심리학적 논변을 압도하기 시작했다. 이런 철학적 논변은 주로 논리적으로 구분된 '의미의 영역들(realms of meaning)' 혹은 '지식의 형식들(forms of knowledge)'의 종합 세트에 기반을 둔 일반 교육이나 '자유' 교육에 대한 인식론적 합리화에 의존했던 것이다. 흥미롭게도 이런 철학적 논변 중에는, 이 책이 관심을 쏟고 있는 프로테스탄트 교육사상의 전통과 상당히 연관된 것도 있었다. 또한 이 시기에 일반 교육에 관한 또 다른 철학적 정당화가, 가끔은 인식론적 논변과 연결되면서, 나타났다. 그것은 일반 교육이 제공하는 종합적 지식은 아동이 장차 당면하게 될 삶의 선택을 위해서 필수적이라고 주장하는 논변이었다.

제7장: 21세기

전통적 교육과정의 헤게모니는 20세기에 들어와서 더욱더 강해졌고, 이에 따라 20세기가 끝날 즈음에는 전통적 교육과정의 장점이 점점 더 당연한 것처럼 간주되고 말았다. 이와 동시에 그런 교육과정을 정당화시키려는 시도 자체가 마치 불필요한 일인 것처럼 간주되고 말았다. 이것은 1988년도 국가교육과정에서 그대로 나타났다. 이 교육과정은 잉글랜드와 웨일스의 학교에서 최초로 모든 아이들에게 부과되었던 것인데, 그 안에는 포괄적인 목적들(overall aims)을 거의 찾아볼 수 없었다. 그것은 대체로 10개의 학문적 교과에서 성취되어야 할 수준을 상세하게 명시했지만 이런 교과들이 그리고 그 구체적 성취 수준이 왜 중요한 것인가에 대한 이유는 제시되지 않았다.

여기서 우리는 21세기의 이야기로 들어간다. 국가교육과정은 무엇을 위한 것인가? 이를 밝혀내고 싶어 했던 교사들의 압력이 고조되었고, 이에 따라 정부는 1999년에 학교교육과정을 위한 일반적 목적들을 도입하게 되었다. 이런 목적들은 법적 구속력이 없었고, 각 교과에 들어 있는 구체적 목적들(예: 제곱근 이해하기, 지도 읽는 법 배우기, 전기가 잘 통하는 물질에 관해서 알아보기 등등)과 연결되지도 못했다. 놀랍지도 않게, 학교나 교사들은 그런 목적들을 무시하는 경향을 보였다. 목적 기반 교육과정(aims-based curriculum)으로 나아가려는 시도가 2007년도에 두 번째로 나타났다. 이를 통해 중등학교에 적합한 30여 개의 목적들이 법적 구속력을 갖는 것으로서 도입되었고, 각 교과에서 그런 목적들에 주목하여 따르도록 의무화하기 위해 약간의 노력을 기울였으나 실제로는 별다른 효과가 없었다.

근본적인 약점은 여전히 남아 있었다. 1999년과 마찬가지로 2007년에도 각 교과는 신성시 되었다. 교과 간의 협력을 장려했지만 각 교과는 여전히 교육과정의 축으로서 끄떡하지도 않았다. 결과적으로 2007년 이후 교사들에게 지침이 될 목적은 두 가지였다. 하나는 새로운 일반적인 목적들이었다. 이것은 주로 아동의 개인적 잘삶(personal well-being)과 시민적 책임의식을 촉진하는 것이었다. 다른 하나는 오래된 구체적인 목적들(예: 제곱근, 지도 읽기)인데, 이것은 각 교과에 속하는 것이었다. 이 두 가지 목적 중에서 교사들이 어느 쪽을 따를 것인가를 짐작하기란 별로 어렵지 않다. 왜냐하면 전통적인 교육과정에 대한 친밀감이 남아 있고, 또한 관례적인 교과 틀 안에서 치르는 시험에서 아이들이 성공할 수 있도록 학부모들이 학교에 압력을 가하기 때문이다. 이 책을 쓰고 있는 지금도(2010년 12월) 교육계에 널리 퍼져 있는 전통적인 생각은 영국의 새로운 연립정부의 최근 동향에 의해서 더욱더 조장될 것이다. 연립정부에서는, 과거에 중산계급 교육과정을 위해 톤턴 보고서와 매튜 아놀드가 제안했던 것과 똑같이, 여섯 가지의 지식 분야로 구성된 '적당하게 다듬어진 학문적 교육'으로 교육과정의 중심을 이동시켜 버렸다.

그러므로 1999년 이후에 공식적으로 설정되었던 목적들이 전통적인 교육과정의 패턴을 얼마나 의미 있게 바꿀 수 있을 것인지는 여전히 의문이다. 이제까지 이 장에서는 명시적인 공적인 목적들에 관해서 논의하였다. 그러나 현행 체제의 이면에 **암묵적인** 목적들이 들어 있지 않을까? 예를 들어, 정부가 교육과정을 현재처럼 가능한 한 폭넓게 유지하려고 하는 것은 유권자들 중에서도 영향력이 큰 집단들이 그런 교육과정을 자신들과 자신들의 가족에게 유리한 것으로 보고 있기 때문에 그런 것이 아닐까?

제7장에서는 2007 개혁안과 그 이후를 다룸으로써 이 책 전체의 역사적 이야기를 마무리할 것이다. 제7장에서는 2007 개혁안을 비판하는 가운데 철학적 논변도 끌어들일 것이다. 이 책의 앞부분에서, 특히 동기의 유형을 밝힌 부분에서 그런 철학적 논변을 다루기도 했다. 마지막 제8장에서 역사적인 논의는 훨씬 더 큰 안목에서 철학적인 논의로 이어질 것이다. 특히 다음과 같은 문제점을 자세히 논의하면서 마무리할 것이다. 현재의 교육과정의 대안을 찾고자 할 때 우리는 어떤 교육목적에서 출발해야 하는가?

제8장: 전통적 교육과정을 넘어

영국이든 다른 나라든 간에 국가교육과정이 전통적인 노선을 따라야 할 타당한 이유는 없다. 우리는 잉글랜드나 다른 많은 나라에서 찾아볼 수 있는 이중적인 목적들에서 출발하지 않고 그 대신 **일원화된** 목적들에서 출발해야 할 필요가 있다. 이는 가장 일반적인 목적들에서 출발하고, 그에 따라 어떤 하위 목적들이 뒤따르는지를 살펴보고, 또 다시 이런 과정을 더 하위 수준에서 계속 반복하는 것을 가리킨다.

예를 들어, 만일 우리 아이들이 책임 있는 민주 시민이 되는 것을 하나의 목적으로 설정한다면, 이 목적의 하위 수준에서 다시 요구하는 것은, 그들이 우리가 살고 있는 현실 사회에 대한 (경제적 차원을 포함한) 모종의 이해를 갖추는 것이다. 그런데 경제에 대한 모종의 이해를 갖추도록 하려면 경제의 과학적·기술적 기반에 친숙해질 필요가 있다. 따라서 아이들에게 경제와 관련된 과학, 기술, 수학 등을 가르쳐야 할 이유가 분명해진다. 이런 식으로 생각한다면 아이들로 하여금 "전기를 가장 잘 전달하는 물질이 무엇인가"를 알게 하는 것이나, 혹은 전통적 교육과정에 들어 있는 다른 점들을 알게 하는 것이, 현재보다 더 옹호받을 수 있는 정당화 구조 속에서 제자리를 잡게 될 것이다. 물론 이런 식의 생각이 유일한 것이라는 뜻은 아니다.

제8장에서는 또 다른 주제를 다룬다. 즉, 오늘날 우리가 모두 친숙하게 느끼고 있는 교육 비전의 대안을 모색해 보려고 한다. 여기서 나는 하나의 일원화된 목적들, 그리고 그로부터 파생되는 목적들을 제안할 것이다. 당연히 다음과 같은 비난이 나올 수 있다. 즉, 전통적 교육과정을 지지하는 사람들과 마찬가지로 나도 라무스주의의 유산에 사로잡혀 있는 것은 아닌가라는 비난이다. 다시 말해서, 라무스 자신이 그의 이분법적인 나무 형태의 그림에서 그랬던 것처럼 나도 역시, 가장 일반적이고 추상적인 특성을 가진 목적들에서 출발하고, 그런 다음에 더 구체적인 차원으로 계속 나아가고 있는 것이 아닌가라는 비난이다.

나는 이런 비교를, 최소한 부분적으로는, 기꺼이 받아들인다. 일반적으로 말해서 체계적인 구조화(systematic structuring)까지 꺼릴 필요는 없다. 만일 이런 종류의 논리적 배열조차 없었다면 그동안 우리가 개척했던 과학이나 다른 지식 영역들에 도달하기가 아예 불가능했을 것이다. 라무스와 그의 후계자들은 이런 훌륭한 프로젝트에서 정말 놀라운 역할을 수행했다. 그러나 지식의 총체를 가장 합리적인 범주들로 배열하려고 하는 프로젝트가 있고, 이와 달리 학생들이 교육을 받는 과정에서 배워야 할 것을 조직화하는 프로젝트가 있을 것이다. 이 두 가지 프로젝트는 결코 동일한 것이 아니다. 우리는 이 두 가지 프로젝트의 목적이 다르다는 점을 곧바로 알 수 있다. 지식 프로젝트(knowledge project)는 일반적으로 문화적인 삶에 기여하는 것이다. 이는 일부 사람들에게는 내재적 흥미를 제공해 줄 뿐만 아니라, 의료, 산업 및 여타 영역에서 사회 발전에 필요한 지식의 지도를 제공해 주는 것이다. 이와 달리 교육 프로젝트(education project)는 원칙적으로 다음과 같은 목적을 가질 수 있다. 예를 들어, 젊은이들이 보다 풍부한 삶을 살도록 도와주는 것, 그들이 도덕적 감성을 갖추도록 하는 것, 그들이 민주시민이 되도록 준비시켜 주는 것 등이 그런 목적에 속한다. 이보다 더 많은 이야기를 하자면 아무래도 교육의 적절한 목적들에 대해 깊은 논의로 들어갈 수밖에 없다. 그러나 이미 말한 것만으로도 ‘지식 프로젝트’와 ‘교육 프로젝트’의 차이가 충분히 밝혀졌을 것이다. 우리가 살고 있는 세계와는 전혀 다른 신학적 세계 속에서, 포스트라무스주의의 전통에 깊이 젖어 있었던 코메니우스나 다른 사람들이 어떻게 해서 그 두 가지 프로젝트를 하나의 단일한 시도로 결합시킬 수 있었는가 하는 점도 이해할 수 있을 것이다. 그렇다고 해서, 우리가 오늘날 서로 다른 두 가지 프로젝트라고 알 수 있는 것을 전혀 구분하지 않은 채, 그들을 그대로 따라야 할 이유는 없다.

또한 제8장에서는 서로 연관된 두 가지 주제로 들어갈 것이다. 첫 번째 주제는, 교육의 목적을 결정할 책임을 정치적 영역과 전문적 영역 간에, 다시 말해서 정부와 학교 간에 어떻게 분담하는 것이 가장 합당한 일인가라는 점이다. 나는 가장 일반적인 목적들을 교육자들에게 맡겨서는 안 된다고 제안한다. 왜냐하면 그런 목적들은 '우리 사회가 어떤 종류의 사회가 될 수 있도록 학교가 기여해야 하는가?'와 관련된 것이고, 이는 정치적 영역에 속하는 문제이기 때문이다. 이와 동시에 아주 구체적인 목적들은 정치가들에게 맡겨서는 안 되는 것이다. 왜냐하면 구체적으로 학생들이나 교육상황에 가장 적합한 내용이 어떤 것인가를 결정하는 일에 가장 적합한 사람은 정치가들이 아니라 교육자들이기 때문이다. 물론 가장 일반적인 목적들이 정치적 영역에서 다루어지도록 해야 한다는 주장은, 정치가들이 개인적으로 선호하는 목적들을 정해 버리도록 백지로 위임하자는 뜻이 아니다. 정부로부터 어느 정도의 독립성을 갖는 국가위원회가 그런 목적들을 결정하는 과정에서 주된 역할을 수행하도록 해야 한다는 뜻이다.

두 번째 주제는 더 근본적인 것이다. 제8장은 마지막 장인데, 여기서 가장 핵심적인 교육문제를 다룰 것이다. 그것은, 앞에서 이미 언급했듯이, 우리는 **어떤** 목적들을 따라야 하는가라는 문제다.

이것은 가장 핵심적인 문제이지만 쉽게 다루기에는 너무 큰 문제다. 이 문제를 해결하려면 또 한 권의 책이 필요할 것이다. 따라서 여기서는 간단히 이야기할 수밖에 없다. 그것은 자유민주주의사회를 위한 핵심 목적들 중에서도 **한 가지 목적**, 즉 모든 아이들이 만족스럽고, 행복한 삶의 길로 나아가도록 도와주는 일이다. 이 목적이 무조건적으로 가장 중요하다는 말은 아니다. 이 목적에 대한 더욱 충실한 설명은 나의 책 『잘삶의 탐색(Exploring Well-being in Schools)』(2011/이지헌, 김희봉 공역, 2014)에 들어 있다. 제8장은 이런 목적의 다양한 측면들을 자세히 살펴보고, 이로부터 하위목적들이 어떻게 도출되는가를 보여 줄 것이다. 하위목적에는 지식 습득에 관한 것도 있고, 개인적 자질이나 성향에 관한 것도 있다. 이 모든 교육목적들은 교실이나 학교 생활에서 두루 적용될 수 있는 것이다. 여기서는 옹호될 수 있는 일원화된 목적들을 간략하게 논할 수밖에 없다. 그렇긴 하지만 이를 통해 교육의 새로운 비전이 명확하게 드러날 수 있기를 바란다. 이런 비전은 이 책에서 다루는 4세기에 걸쳐 나타났던 전통적인 교육에서 벗어날 수 있는 세계를 보여 줄 것이다.

* * *

제2장에서는 라무스와 그의 계승자들의 교육혁명을 상세히 다룰 것이다. 이들의 사상과 실천은 이 책의 전반부에서 큰 비중을 차지한다. 따라서 제1장을 마무리하기 전에 이 주제에 관한 나의 논의가, 최근에 영국과 미국에서 축적된, 교육과정에 대한 역사적 연구의 성과에 얼마나 의존하고 있고 또 연관되는가를 간략하게나마 밝혀 두고 싶다.

그런 연구를 개척한 학자가 바로 데이비드 해밀턴(David Hamilton)이다. 그의 작지만 영향력 있는 저서인 『교육과정 역사(Curriculum History)』(1990a)는, 옹(Ong, 1958)과 그래프턴과 자르딘(Grafton & Jardine, 1986)의 보다 일반적인 연구를 끌어들이면서, 교육과정의 역사에서 나타난 획기적인 발전 과정을 현대 시기까지 폭넓게 설명하는 가운데 라무스주의/포스트라무스주의 프로젝트를 다룬다(pp. 25-28). 해밀턴은 이 프로젝트가 '질서 있고, 체계적인, 총체적 학습 과정'이라는 교육과정관을 창안하는 데 큰 역할을 한 것으로 보고 있다. 오늘날에도 여전히 우리는, 파편화된 형태이긴 하지만, 그 영향권에 속해 있다(Hamilton, 1990b, pp. 39-41).[12]

해밀턴의 연구는 윌리엄 돌(William Doll, 2002, pp. 28-36, 53-54)에게 영향을 미쳤다. 돌의 주장에 따르면, "방법에 관한 확신"이 적절한 교육과정 계획의 핵심이라고 간주한다는 점에서 라무스와 랄프 타일러(Ralph Tyler)는 비슷하다. 널리 알려져 있는 것처럼, 타일러는 행동적 목표와 이를 달성하기 위한 교육활동의 방법론적 계획을 주장했다. 돌은 이런 주장을 그 이후에(Doll, 2005, pp. 22-33; 또한 Doll, 2008, pp. 190-193, 205-207 참조) 확대시킨다.

> 교수, 교수법, 그리고 교수법을 일정한 교육과정으로 조직화하는 것에 대해 우리가 현재 갖고 있는 개념은, 피터 라무스의 방법이나 교육과정 조직에 대한 아이디어로부터 직접적으로 파생된 것은 결코 아니겠지만, 양자 사이에는 (비트겐슈타인[Wittgenstein]의 특별한 표현을 빌어 쓰면) 강한 '가족 유사성'이 있다(p. 22).

스티븐 트리치와 더글러스 맥나이트(Stephen Triche & Douglas McKnight, 2004)는 라무스의 교수법 혁신을 더욱 충실하게 밝히면서, 유럽과 미국에 남아 있는 그의 유산을 간략하게 논의했다. 해밀턴이나 돌과 비슷하게, 그들은 라무스가 주도했던 전통과 현대적 발전을 서로 연결시킨다. "미국에서, 특히 교사 책무성, 고위험 검사, 교사교육 프로그램의 표준화 등의 측면에서, 교수법 개혁의 본질을 놓고 벌어진 최근의 논란은 이 오랜 전통에 여전히 집착하고 있는 것이다" (p. 39).

그리고 "피터 라무스의 이름은 희미해졌지만 그의 유령은 계속 남아 있어서 요즈음의 모든 교수법 개혁을 이끌고 있다"(p. 54). 맥나이트 (2003)는, 초기 정착자들의 "황무지 개척의 사명"이라는 생각이 그 이후 여러 세기에 걸쳐 교육에 대해 미친 영향을 다룬 책에서, 라무스주의 교육사상이 17세기 뉴잉글랜드 청교도들에게 미쳤던 영향을 검토하기도 했다.

그러나 제2장에서 분명히 드러날 것인데, 나에게 가장 큰 도움을 준 것은 하워드 핫슨(Howard Hotson)의 책, 『보통 학습: 라무스주의와 독일 안의 분파, 1543~1630(Commonplace Learning: Ramism and Its Germann Ramifications, 1543~1630)』이다. 이 책은 라무스주의 그리고 그의 계승자인 케커만과 알스테드의 포스트라무스주의를 치밀하게 연구한 것이다. 이 책에서는 그런 학자들과 그 이후의 코메니우스가 함께 발전시킨 백과전서 프로젝트, 그리고 이 프로젝트와 연관된 독일 북서부 지역의 교육개혁 프로그램에 초점을 두고 있다.

라무스와 그의 계승자들에 관한 나의 연구는 이와 같은 선행 연구들과 어떤 차이를 보이는가? 해밀턴, 돌, 트리치와 맥나이트처럼, 나는 오늘날 교육과정과 교수법에 대한 우리의 관례적 사고방식이 앞서 언급한 초기 학자들의 연구와 여러 가지로 유사한 것 같다는 생각에 사로잡힌다. 앞서 살펴본 것처럼, 돌은 직접적인 계승보다는 '가족 유사성'을 이야기한다. 나는 이 점을 뛰어넘으려고 시도한다. 다시 말해서, 과거와 현재 사이에는 **유사성** 이상의 것이 존재한다. 한 가지 계통에서 파생된 것이 아니라는 점에 대해서 동의하면서도, 나는 다음과 같이 주장한다. 즉, 교육과정에 대한 우리의 생각과 실천을, 여러 가지 가능한 원천들 중에서도, 라무스주의와 포스트라무스주의로 연결시키는 이야기를 모종의 연속적인 서사 안에서 전개해 볼 수 있다는 것이다. 교육과정에 대한 '우리의' 생각이라고 말할 때 나는 무엇보다도 영국의 상황을 특별히 염두에 둔다.

돌이나 다른 학자들은 교수법에 대해 중점을 두고 있다. 그러나 나는 그것보다는 다른 것에 (아주) 약간 더 중점을 두고 있다. 이는 근대 초기 교육과정의 백과전서적인 특성, 그리고 이것이 그 이후에 주로 영국, 미국, 혹은 다른 곳의 발전에 미쳤던 영향이다. 이 점은 내가 핫슨에게 빚지고 있음을 말해 준다. 해밀턴과 마찬가지로 나는, "몇 년에 걸쳐 아이들이 의무적으로 따라야 할, 상세하게 계획된, 총체적 학습 과정"이라는 아이디어의 유산에 대해서 관심을 쏟고 있다. 이것은 오늘날 우리 대다수가 갖고 있는 중등교육에 대한 사고방식이다. 라무스와 포스트라무스주의자도 똑같은 생각을 갖고 있었다. 내가 앞으로 밝혀낼 것인데, 이런 유사성은 결코 우연이 아니다. 수 세기에 걸쳐 양자를 연결시켜 주는 연속적인 이야기가 있다. 물론 초기의 사건이 더 큰 흐름으로 확대되어 가는 과정에서 다른 것들이 끼어들기도 한다. 이런 이야기를 다음 6개의 장에 걸쳐서 전개할 것이다. 그런 다음에 학교교육에 대한 대안적인 비전을 제시하면서 이 책의 결론을 내릴 것이다.

현대 학교의 '전통적인' 학문적 교육과정, 다시 말하면 주요 지식 영역들을 모두 포괄하는 교육과정의 뿌리는 16세기 중반에서 찾아볼 수 있다.[1] 이 말은 그 뿌리가 아무 기반도 없이 자랐다는 뜻이 아니다. 교육이 다양한 모든 지식 형식들에 기반을 두어야 한다는 아이디어는 플라톤(Plato)으로까지 거슬러 올라간다. 또한 5세기에 7자유학예라는 생각이 나타났는데, 이것은 문법, 수사학, 논리학의 3학 그리고 수학, 기하학, 음악, 천문학의 4과가 포함된 것이었다. 그것은 중세나 르네 상스 시대의 대학 학예과정에서 이상적인 관념 틀이었다. 물론 7자유 학예는 실제로 3학에 한정되는 경향이 있었다(Ong, 1958, p. 138).

16세기 후반에 이르러서야 비로소 대학이나 하급 단계에서 학예교 육(arts education)의 기반을 분할된 교과들을 종합한 것에 두려는 시도 가 실제로 진지하게 나타났다. 분할된 교과들의 개별적 독자성이 강조되었을 뿐만 아니라 각 교과의 내용도 분명하게, 잘 구조화된 방식으로 배열함으로써 교수와 학습을 촉진하는 방향으로 설계되었다. 이와 같은 교육방식은 16세기 이후 구체적인 면에서 달라지기도 했으나, 그와 같은 두 가지 특성은 요즈음에도 학교교육과정에 대한 우리의 전형적인 사고방식 속에서 아주 당연한 것처럼 간주되고 있다. 여기서 두 가지 특성이란 교육과정 전체를 분할된 학문적 교과들로 크게 구조화시킨다는 점, 그리고 각 교과를 논리적으로 배열하고 교수법에 도움이 되도록 여러 부분과 하위 부분으로 상세하게 구조화한다는 점을 가리킨다.

라무스

새로운 교수법을 주도했던 가장 중요한 인물은 피에르 드 라 라미(Pierre de la Ramée, 1515~1573)다. 그는 페트루스 라무스(Petrus Ramus)라는 라틴어 이름으로 더 잘 알려져 있다. 그는 새로운 교수법의 여러 측면에서 당대의 수많은 사람들의 업적으로부터 도움을 받았을 것이다. 그는 프랑스 북부에서 숯을 굽고 살았던 가난한 집안의 손자였는데, 1551년 파리 대학교에서 웅변과 철학을 담당하는 흠정강좌 교수가 되었다. 라무스의 『Dialecticae Libri Duo』(1556)는 유럽의 지성사에 큰 영향을 미쳤던 책인데, 그 이유에 대해서 오랫동안 오해가 있었다. 그동안 수용되었던 견해에 따르면, 라무스의 일차 업적은 아리스토텔레스의 논리학을 자신의 논리학으로 교체하려고 했다는 것이며, 16세기 후반과 17세기 초반에 두 가지 논리체계의 지지자들 사이에 오랜 논쟁이 벌어졌고 결과적으로 라무스주의가 패배하고 말았다는 것이다. 라무스가 패배했다는 것은 놀라운 일이 아니다. 실제로 아리스토텔레스의 논리학이 현재까지 시간의 검증을 이겨냈고, 라무스의 업적은 논리학의 역사에서 기껏해야 각주에 불과한 것이 되고 말았다.

더 정확하게 말한다면, 라무스의 주요 업적은 교수법에서 찾을 수 있다. 그 당시 대학의 학예과정은 여전히 고전 텍스트들의 독해와 주석에 기반을 둔 아리스토텔레스적인 학문의 전통을 따르고 있었다. 이 전통 안에서 다수의 젊은 학생들이 복잡하고 난해한 내용들을 소화시키기란 결코 쉬운 일이 아니었다. 이를 극복하려면 여러 해에 걸쳐 고등교육을 받아야 할 필요가 있었다. 특히 이를 감당할 형편이 되지 못했던 젊은이들은 더 큰 어려움을 겪었다. 이런 처지에서 공부해야 했었던 라무스는 진리 추구보다는 논쟁만을 강조했던 당시의 상황을 신랄하게 공격했고, 그런 논쟁들이 아무 쓸모도 없는 것이라고 비판했다 (Graves, 1912, pp. 21-25). 이런 점에서 볼 때 라무스의 핵심 업적을 다음과 같이 말할 수 있다. 그는 그처럼 특권층에 끼지 못했으나 꿈이 컸던 학생들뿐만 아니라 그 당시에 학교나 대학에 다녔던 학생들도 모든 범위의 교과들, 그리고 아리스토텔레스를 비롯한 고전 저자들 중에서 그들이 알 필요가 있는 점들을 숙달하고 기억하도록 도와줄 수 있는 신속한, 용이한, 효율적인, 실제로 유익한 방법을 제공해 주었다.

라무스의 특별한 소망은 학교나 대학에서 배워야 했지만 실제로는 제대로 가르쳐 주지 않았던, 3학 4과의 학문들을 학생들이 보다 쉽게 접근하도록 만드는 일이었다. 이런 일의 핵심 아이디어는 하나의 단일한 '방법(method)'이라는 그의 유명한 아이디어였다. 이런 방법의 바탕에는 세 가지 원칙이 깔려 있었다(Graves, 1912, ch. 5; Ong, 1958, pp. 258ff; Hotson, 2007, pp. 44-45).

- 첫째, 교과 내용의 항목들은 (당시의 많은 교재에 들어 있는 의문스러운 자료와는 다르게) 모두 보편적으로 참이어야 한다.
- 둘째, 그런 항목들은 모두 적절한 범주 속으로 함께 모아져야 한다(예: 기하에 관한 자료를 산수에 관한 공부에 포함시켜서는 안 된다). 피터 맥(Peter Mack, 1998, vol. 8, pp. 52-53)의 말처럼, "라무스의 방법은 그로 하여금 교과 간의 중복을 반드시 피하도록 했고… 그는 오늘날 우리가 말하는 학문적 경계에 따라 자료를 선정해야 할 필요성을 강조했다."
- 셋째, 각 교과 안에서 자료가 제시되는 순서는, 각 교과에 관한 가장 일반적 정의에서 시작하고, 그다음에 일반적 단계로 계속 나아가고, 마지막에는 가장 특수한 특성들에 도달할 수 있도록 단계적으로 진행하는 것이었다. 이렇게 함으로써 자료는 분명하고, 논리적이고, 파악하기 쉽고, 외우기 쉽게 배열되었다.

이런 방법의 '세 가지 법칙'은 제각기 오늘날의 교육과정과 유사한 것인데, 이는 결코 우연한 것이 아니다. 첫째, '진리의 법칙(law of truth)'을 살펴보자. 이것은 라무스의 교수법이 오직 지식의 전수를 위한 것이었음을 말해 준다. 따라서 인식론적으로 모호한 자료, 그리고 인식론적 영역에 속하지 않는 자료, 예컨대 미적 반응을 요구하는 자료는 모두 배제되었다. 이와 연관된 것이 오늘날의 교육과정이 대체로 지식 중심이라는 점이다. 오늘날 중심을 차지하고 있는 교과는 언어,

수학, 과학, 역사와 지리이며, 가끔 사회와 종교도 포함된다. 이런 교과들의 지위는 아주 높다. 음악, 시각예술, 디자인과 같은 예술적 교과는 체육과 함께 주변적인 것으로 밀려난다. 문학이 다른 예술에 비해 더 높은 지위를 갖는 이유는 문학이 지식 모형으로 동화하기가 더 쉽기 때문이다. 이런 점은 문학 교과에 관한 공적인 시험에서 분명히 드러난다. 문학에 관한 시험에서는 미적 감수성보다는 논변의 사례를 요구하는 경향이 있다.

둘째, 교과의 분할(discreteness of subjects)에 관한 법칙을 살펴보자. 이것도 요즈음의 교육과정에 반영되어 있다. 오늘날 교육과정은 분할된 교과들로 구성되어 있고, 각 교과마다 자체의 문화, 학교 내의 조직화, 전공 학회, 시험 체제 안에서 확보된 지위, 대학과의 연계성 등을 갖고 있다.

셋째, 각 교과에 포함된 소재들의 교육적 배열(pedagogical arrangement of topics)에 관한 법칙을 살펴보자. 가장 구체적인 소재들은 중간 단계의 분류화 및 범주화를 거침으로써 가장 일반적인 소재들과 연결된다. 이런 점이 각 교과의 학습 요목에 반영되어 있다는 것은 국가교육과정의 진술 및 다른 문서에서 알 수 있다.

세 가지 원칙은 여전히 영향을 미치고 있다. 왜냐하면 이런 원칙이 도전을 받을 경우, 보수적인 교육자나 정책결정자가 민감한 반응을 보이기 때문이다. 영국의 경우, 개인의 정서 관리에 대한 연구가 강조될 경우에 그들은 '교육＝지식 습득'이라는 방정식이 도전받을 위험을 우려한다. 또한 주제, 프로젝트 혹은 다른 학제적 활동이 교과의 자율성에 도전을 가할 경우에 그들은 이에 반발한다. 그뿐만 아니라 역사, 지리, 수학 교과에 대한 대안이 제시될 경우에 그들은 그런 교과의 전통적 교과요목을 열렬히 옹호한다.

나는 라무스의 방법이 여러 세기를 거치면서도 지속되었음을 너무 단순하게 주장하지 않도록 신중하고 싶다. 왜냐하면 지난 450년 동안 발생한 사건들이 아주 많아서 그에 관한 이야기는 복잡해질 수밖에 없기 때문이다. 아무튼 나는 아주 일반적인 차원에서 타당한 주장을 제시하고 싶다. 제1장에서 내가 말했듯이, 역사적 인과관계는 복잡한 것이기 때문에 단순한 단선적 설명은 아무래도 의심을 받기가 쉽다. 그렇지만 그런 맥락 속에서도 모종의 연관성을 찾아볼 수 있다는 것은 전혀 우연한 일이 아니다. 그것을 나는, 이 장과 다음 장에서 밝힐 수 있을 것으로 믿는다.

라무스로 되돌아가 보자. 라무스는 각 교과에 해당되는 내용을 배우기 쉽도록 만들려고 또 다른 노력을 기울였다. 이런 방법은 그의 세 번째 법칙에 들어 있는 것처럼 소재들의 배열을 시각적으로 제시하는 것이다. 그는 이것을 나무 형태의 그림으로 제시했다. 말하자면, 가장 일반적인 것으로부터 출발하여, 더욱더 특수한 것으로 단계적으로 뻗어가는 것이었는데 주로 이분법을 통해 그렇게 하였다(Miller, 1939, p. 126 참조).

나무 형태의 그림을 활용한 것은 결코 라무스의 독창적 아이디어가 아니다. 그러나 라무스는 자신의 새로운 교수법에서 그것을 아주 많이 활용했다. 전통적인 학문들의 내용을 합리화할 경우나 또 다른 경우에도 그것을 활용했다. 라무스에 따르면, "방법은 교육과정의 교과나 혹은 학예(arts)에서 사용될 뿐만 아니라 우리가 쉽고 분명하게 가르치고 싶어 하는 모든 일에서 활용되는 것이다"(Hotson, 2007, p. 48).

옹(Ong, 1958, p. 30)이 지적한 것처럼 1550년대 중반부터 "라무스는 예컨대 갈리아 사람들의 인습에 대한 시저(Caesar)의 설명, 시저의 전쟁술, 키케로의 전기 등 모든 것을 진지하게 '방법화(methodize)' 하기 시작했다." 라무스가 좋아했던 종류의 구조화는 그의 키케로에 관한 나무 형태의 그림에서 분명히 드러난다(p. 31). 먼저 키케로의 삶과 죽음이 구분된다. 키케로의 삶은 그의 가족 배경 그리고 그의 교설, 연구, 활동으로 세분된다. 후자는 또다시 그의 생애의 전기와 후기로 나누어 배열된다. 전기와 후기는 각각 더 구체적으로 구분된다.

이런 나무 형태의 그림이 새로운 교과를 이해하려고 애썼던 학생들에게 얼마나 도움이 되었을지 쉽게 짐작할 수 있다. 먼저 소재들의 순서가 전체적으로 제시된 후에 상세하게 다시 논의된다. 이를 통해서 학생들은 배워야 할 것이 어떤 것인지에 관한 명확한 안내도를 얻게 된다. 세세한 것들에 학생들이 헷갈리지 않도록, 그런 안내도는 하나의 교과 내에서 더 특수한 특성들이 더 일반적인 범주들과 어떻게 연결되는지를 보여 준다. 인쇄기술이 발달해서 새로운 제시 방식이 가능하게 되었다. 이를 통해 라무스는 한 장의 종이 위에 교과의 내용을 나무의 줄기 형태로 제시할 수 있었다. 여기서 줄기와 큰 가지는 교과의 핵심 아이디어를 가리키고, 작은 가지는 더 구체적인 아이디어를 가리킨다. 이 사례에서 알 수 있듯이, 대부분의 경우에 분화나 세분화는 이분법에 따라 이루어졌다. 큰 소재는 두 부분으로 나뉘고, 이는 각각 두 개로 다시 나누어졌다.

교육과정의 범위를 살펴보자. 라무스는 그 당시에 흔히 가르치고 있던 교과들보다 더 넓은 범위의 교과들을 기본적으로 가르치는 데에 자신의 방법을 적용했다. 그는 문법, 변증법, 수사학뿐만 아니라 당시에는 별로 가르치지 않았던 4과, 산수, 기하, 광학(optics), 물리, 음악까지 포함시켰다. 1551년에 그는 7년 교육과정을 도입했다. 이는 이와 같은 교과를 파리의 프레슬 칼리지(Collège de Presles)에서 8~15세 남자 아이들에게 가르치기 위한 것이었다(Grafton & Jardine, 1986, p. 164). 라무스는 이 과정을 마친 아이들이 석사 수준에 도달했다고 자랑했다. 물론 남자아이들은 어릴 때 대학교에 들어갔었고, 어떤 아이들은 7세부터 시작했지만, 18세 이전에 그런 수준의 학문에 도달한다는 것은 특별한 일이었다(Ong, 1958, pp. 136-137).

라무스의 교수법에는 광범한 실습(practical exercises)이 포함되었다. 따라서 암기 학습의 전통에서 벗어났고, 추상적 자료가 더 잘 파악되도록 하였다. 전체 교육과정을 보면 라무스의 어린 학생들은 공식적인 강의를 한 시간 들은 후에, 교과서를 기반으로 개인공부(private study)를 두 시간 더 해야 했다. 이 시간에 학생들은 강의에서 언급되었던 고전 작가들의 예문을 중심으로 교과 내용을 분석했고, 이와 관련지어서 자신의 글을 작성했다. 넷째 시간에 학생들은 자신이 공부한 것을 교사 앞에서 발표함으로써, 모든 것을 제대로 이해했는지를 확인받았다. 그 다음 시간에는 토론과 논쟁이 이어졌다. 이 시간에 학생들은 각자가 공부한 것을 얼마나 독자적으로 적용할 수 있는지를 보여 주었다(Graves, 1912, pp. 114-119; Hotson, 2007, p. 48). 나중에 여러 장에 걸쳐 살펴볼 것이지만, 라무스의 교수법의 구체적인 사항들은 주목할 만한 가치가 있다. 그의 교수법과 유사한 것들이 17, 18, 19세기 초의 교육기관에서 나타났는데, 이런 것들의 기원은 라무스에게서 찾을 수 있다.

이와 같은 패턴은 프레슬 칼리지에서, 오전/오후의 10시간에 걸친 공부에서 찾아볼 수 있다(Grafton & Jardine, 1986, p. 164). 여기서 강조된 것이 근면이었다. 이는 "부지런히 일하면 모든 것을 정복한다(Labor

omnia vincit/Hard work conquers all)."는 라무스의 신조가 반영된 것
이다. 라무스도 그렇게 해서 성공한 사람이었다(Hotson, 2007, p. 41).

라무스의 틀은 여러 가지 의미에서 실천적인 것이었다. 그것은, 앞
서 말한 것처럼, 여러 시간의 실습이 포함되었을 뿐만 아니라 공부하
는 학문이 현실 세계에 적용될 수 있는 것이 되도록 만들었다(Hotson,
2007, p. 48). 이런 학문에 숙달한 학생들의 경우에는 공적 생활에서 지
위를 맡을 준비가 제대로 되었을 것이다.

교과서는 인쇄술이 발달하기 시작했던 시대의 한 가지 산물로서 라
무스의 교수법 혁명에서 핵심이었다. 교과서에서는 하나의 교과를 구
성하는 요소들이 도표나 서술을 통해서 체계적으로 제시되었다. 강의
를 받은 후에 학생들은 개인공부 시간에 교과서에 의존했다. 라무스가
활동했던 시기나 그 이전에도 교과서를 저술한 사람들은 많았다. 그러
나 라무스의 프로젝트의 특징은 모든 학예과목에 걸쳐서 종합 세트의
교과서를 만들려고 시도한 것이었다(Hotson, 2007, p. 50).

라무스가 그처럼 교과서에 의지했던 것은 후기 르네상스 인문주의
의 교육전통에서 벗어난 특징이었다. 라무스 자신이 받았던 교육은 이
런 교육전통, 그리고 파리의 학교들을 지배했던 아리스토텔레스적인
스콜라주의에 속해 있었다. 인문주의 교육의 중심 목적은 학생들로 하
여금 라틴어 위주의 고전 텍스트를 직접 공부하게 함으로써 도덕적 지
혜를 발달시키려는 것이었다. 물론 라무스의 교수법도 고전에서 뽑아
낸 발췌문에 의존했다. 왜냐하면 탐구하려고 하는 학문의 구조적 특성
들을 제대로 파악하려면 그것이 필요했기 때문이다. 그러나 그것은 인
문주의자의 목적보다는 실천적인 목적을 위한 것이었다. 다시 말해서,
인격의 탁월성이 아니라 세상에서 자신의 길을 개척하는 데 유용한 지

식의 습득이 목적이었다.

만일 스트랫퍼드 문법학교(Stratford Grammar School)의 교육이 인문주의적인 것이 아니고, 라무스주의적인 것이었다면 어쩌면 셰익스피어조차도, 농부의 아들이었고 그보다 나이가 많았던, 그리고 라무스주의로부터 감명을 받았던 동시대의 가브리엘 하비(Gabriel Harvey, 1552/3~1631)가 그랬던 것처럼, 최고의 법률가, 외교관, 조신(courtier)이 되기를 열망했을지 모른다(Gabriel Harvey, DNB; Grafton & Jardine, 1986, ch. 7). 만약 셰익스피어가 라무스주의적인 교육을 받았다면, 과연 그가 시와 희곡을 창작하는 데에 도움을 주었던 정서적·상상적 감수성을 발달시킬 수 있었을지는 정말 의문스럽다.

라무스의 업적은 교수법적, 학문적 운동을 선도하게 되었다. 이런 운동은 그가 사망한(1573) 이후에도 백 년간 지속되었고, 17세기 후반과 18세기의 북유럽과 미국에서 더 근대적인 교육과정이 널리 확산되는 데 토대가 되었다. 라무스의 업적과 그의 계승자들의 업적의 차이를 명확히 구분하기 위해 나는 후자를 가리킬 때는 '포스트라무스주의자(post-Ramist)'라고 말할 것이다. 1580~1630년에 그런 운동의 핵심지역은 쾰른의 북쪽과 동쪽, 즉 독일의 북서부 지역이었다. 이 지역에서, 특히 여러 고등학교(Gymnasia)와 아카데미에서 더 빠르고 더 효과적인 학습방식이 채택되었다. 이런 아카데미 중에서 가장 중요한 것이 헤르본 아카데미(Herborn Academy)다.

케커만

헤르본 아카데미 출신의 유명한 사람들로 세 명의 칼뱅주의 학자를 들 수 있다. 첫 번째 인물은 바르톨로뮤 케커만(Bartholomäus Keckermann, ca. 1572~1609)이다. 그는 헤르본의 전통을 유지·발전시키는 데 크게 기여했다. 케커만은 라무스의 가르침 중에서 몇 가지 구체적 사항은 버렸고, 라무스보다는 아리스토텔레스의 텍스트에 더 공감하기도 했다. 그러나 케커만은 라무스주의의 원칙들을 아리스토텔레스에 적용시켰는데, 이처럼 간단한 형태의 라무스주의는 독일, 유럽의 다른 지역, 그리고 유럽 이외의 지역 등에서 그동안 덜 호의적이었던 대학교들이나 하위 교육기관들로 퍼질 수 있었다.

케커만은 라무스의 프로젝트를 두 가지 방향으로 의미 있게 발전시켰다. 하나는 교육과정 측면이고, 다른 하나는 교수법 측면이다. 라무스주의의 방법은, 앞서 지적했듯이 하나의 교과의 일반적 특성들로부터 출발하고 그다음에 더 구체적인 요소들을 그 아래에 배치시키는 것이었다. 그런데 이런 과정이 특정 교과의 경계 안에만 머물러야 할 이유는 없었다. 다시 말해서, 학문적인 교과들까지도 나무 형태의 그림 속에 모두 배치시킬 수 있었다. 여기에는 교과들을 서로 구분하는 어떤 일반적인 원칙들이 있었고, 이와 동시에 새로운 하위 분야의 학습을 추가시킬 여지도 있었다. 라무스주의의 방법에는 한 가지 비전이 들어 있었는데, 그것은 온갖 다양한 분야의 지식을 백과전서식으로 배열시킨다는 비전이었다. 라무스 자신이 이런 종류의 분류에 관심을 가졌는데, 이것은 라무스의 사상에 따른 자유 학예의 지도(map)에서 엿

볼 수 있다(Hamilton, 1990a, p. 27 참조). 해밀턴(Hamilton, 1989, pp. 43-44)이 주장한 것처럼, '교육과정(curriculum)'이라는 용어를 처음 사용한 것은 바로 그 지도가 들어 있는 문서다.

케커만이 품었던 계획은 상당 부분 실현되었다. 그것은, 라무스의 교육과정에 들어 있는 예닐곱 개의 교과를 더 확장시켜서 아리스토텔레스의 철학에 들어 있는 모든 학문을 포함시키는 일이었다. 모든 학문들은 이론적인(사변적인) 학문과 실천적인(조작적인) 학문이라는 제목 아래 배열시킬 수 있었다. 이 두 가지 유형에는 (단일한 방법을 강조했던 라무스와는 다르게) 각기 독특한 탐구방법이 들어 있었다(Hotson, 2007, pp. 151-152).

또한 케커만은 라무스의 방법을 확대시켰다. 말하자면, 케커만은 한 학문의 성격(*praecognita*)과 그 안에 포함된 것들(*systemata*)을 더 분명하게 구분했다. 학생들은 전자에서 시작한 다음에 후자로 전행하도록 하였다. 다시 말해서, 학생들은 더 일반적인 특성으로부터 더 특수한 특성으로 나아가는 과정에서 한 학문의 개별적인 부분들에 몰입하도록 하였다. 이런 이원성(duality)은 주목할 만한 가치가 있는 것이기 때문에 제3장에서 다시 언급할 것이다.

케커만은 1602년 단치히 김나지움(Danzig Gimnasium)의 교장으로 임명된 후, 3년 과정으로 단축된 백과전서적인 과정을 만들어서 가르치기 시작했다. 그 기본 체계를 보면, 첫 해에는 논리와 물리, 둘째 해에는 (천문학과 지리 및 산수와 기하를 포함한) 형이상학과 수학, 셋째 해에는 실천 철학(윤리학, 철학, 경제학)으로 구성되었다(Hotson, 2007, p. 154). 이 과정의 각 요소들을 출판하고자 했던 그의 프로젝트는 그의 과로와 건강 악화로 인하여 일부만 실현되고 말았다.

그러나 그 프로젝트는 그가 사망한 후에도 여러 제자들에 의해 계속 추진되었고, 그의 작업성과를 알기 쉽게 압축시킨 요약본도 교과서로 만들어졌다. 네덜란드에서 뷔헤를스데이크(Franco Burgersdijk)는 1620년대에 네덜란드 학교에서 정식으로 사용될 논리 교과서를, 케커만의 수정본에 기초하여 저술하도록 의뢰받았다(Hotson, 2007, p. 158).[2]

알스테드

케커만의 갑작스러운 죽음(1609)으로 그의 백과전서 프로젝트는 중단되었다. 그러나 칼뱅주의자인 요한 하인리히 알스테드(Johann Heinrich Alsted, 1588~1638)에 의해 다시 활발하게 추진되었다. 알스테드는 헤르본 아카데미에서 케커만의 후계자가 되었다. 그는 이론적 지식과 실천적 지식뿐만 아니라 기계적 기술(mechanical arts) 등 모든 분야에 대한 종합 해설서를 만들었다. 이것이 그의 『백과전서(Encyclopaedia)』(1630)에 담겨 있다.[3] 알스테드는 라무스가 선도했던 학생 친화적 교재의 발간이라는 전통을 이어받았다. 그것은 여러 학문들에 들어 있는 내용과 체계의 주요 특성을 정리한 요약집(compendia)이라는 형태의 교재였다. 알스테드의 『백과전서』는 실제로 그런 요약집으로 만들어졌다(Hotson, 2007, p. 184). 그는 『백과전서』에 관한 작업을 1609년부터 1630년까지 20여 년 동안 추진하였다. 그는 온갖 종류의 다양한 지식을 학년별로 나누고, 분류하고, 진술하려고 했다. 그렇기 때문에 갈수록 더 복잡한, 결국에는 너무 복잡한 체계가 되고 말았던 것 같다. 그의 『백과전

서』는 포스트라무스주의 전통의 정점으로서, 그리고 17세기의 백과
전서적 이상의 가장 중요한 표현으로 환대를 받았다(Hotson, 2007,
pp. 7-8).

또한 알스테드는 라무스와 케커만으로부터 이어받은 교수법을 더욱
발전시켰다. 그의 1620년 『백과전서』에는 학생들이 어떻게 하면 각자
의 시간을 아주 생산적으로 활용할 수 있는지를 보여 주는 상세한 일정
표가 들어 있다.

> 하루의 대부분은 공식적인 강의, 개인별 독서, 공적/사적 연습의 주기로 나누어
> 졌다. 그 결과는 조직적인, 거의 기계적인 학습이었다. 매일의 공부, 매주의 설
> 교, 격주의 검토, 월별 논쟁, 학기별 시험 등이 점차 쌓이면 전체적으로 3년 주기
> 의 철학 과정이 되었다(Hotson, 2007, p. 191).

코메니우스

포스트라무스주의 전통은 알스테드의 제자인 얀 코메니우스(Jann
Comenius, 1592~1670)에 의해 계승되었다. 코메니우스는 칼뱅주의자
였다. 코메니우스는 그의 스승인 알스테드의 두 가지 관심을 공유했
다. 첫째는 백과전서 규모로 지식의 질서를 정립하는 것이었다. 이것
은 그의 '범지론(pansophism)' 이라는 개념을 통해 수행되었다. 둘째는
나이 많은 학생들뿐만 아니라 나이 어린 아이들에게도 그런 지식을 전
수하는 효율적인, 때로는 기계적인 방식이었다. 코메니우스의 『세계
도회(Orbis Pictus)』(1658)는 백과전서의 축소판이었다. 이것은 사물과

그 주변 세계의 수공 활동에 관한, 명칭이 붙어 있는 그림을 중심으로 만들어진 것이다. 코메니우스의 『대교수학(Great Didactic)』(1638/1907)은 그 부제가 말해주는 것처럼, "모든 사람에게 모든 것을 가르치는 모든 기술"을 담고 있다. 그 결과 모든 지역에 학교를 세우고 모든 젊은 이들이 "빠르고, 즐겁고, 철저하게 과학들을 학습하고, 도덕적으로 순수하고 경건하게 단련될 수 있도록" 하였다. 이 책에는 당시에 발전하고 있었던 포스트라무스주의 전통의 온갖 특징이 들어 있다. 이 책에서 옹호했던 점은 다음과 같다. 아이들이 구체적인 것으로 들어가기 전에 한 교과의 일반적 개요를 제시해 주기, 교육과정을 종합적으로 다루어 주기, 단일한 방법을 고수하고 불필요한 내용을 제거하기, 교사가 분명하고 상세하게 지도해 주기, 시간 낭비가 없도록 효율적으로 조직하기, 적절한 입문용 교과서에 대해 신중하게 주의를 기울이기, 습득된 모든 지식을 일상생활에 실제로 적용시키기 등이다.

코메니우스는 라무스보다 한 세기 후에 살았었다. 백과전서적 지식에 기반을 둔 포스트라무스주의의 교수법 전통이, 케커만과 알스테드를 거친 후에, 코메니우스의 시대에 이르러 더욱 종합적인 것으로 진화했다. 이는 놀랄 일이 아니다. 왜냐하면 그것은 과학혁명의 초창기에 나타난 자연과학의 극적인 발전에 부응하기 위한 것이었기 때문이다. 포스트라무스주의의 교수법 전통에 속했던 학자들은 "그들의 가르침 속에 1620년대와 1630년대에 나타난 철학들, 즉 베이컨, 갈릴레오, 가상디(Gassendi), 캄파넬라(Campanella), 데카르트 등의 철학에서 계속 축적된 것들"을 포함시켰다(Hotson, 2007, pp. 285-286). 알스테드의 『백과전서』에는 베이컨과 케플러(Kepler)의 연구가 요약되어 있고, 코메니우스의 『대교수학』에는 경험적 실재에 대한 치밀한 접근을 강조했던 베이컨의 특징이 아주 분명하게 나타난다. 그렇긴 하지만 이 모든 변화에도 불구하고 포스트라무스주의 전통의 기본 특성들은 변함없이 남아있었다.

앞서 말한 것처럼, 이런 종류의 교수법 안에서 오늘날 세계적으로 퍼져 있는 학교교육의 실천과의 연관성을 쉽게 파악할 수 있다. 그런 교수법으로부터 우리는 지식을 분할된 교과 영역들로 구분하고, 각 교과 영역의 내용을 고도로 구조화된 방식으로 배열함으로써 지식을 효율적으로 전수하는 데 몰두하는 교육체제의 뿌리를 보게 된다. 지식의 각 영역들이 합쳐져서 하나의 종합적인 전체를 형성하고 있는데, 어디까지 상세하게 다룰 것인가에는 한계가 있기 때문에 (이것은 지식 팽창의 한 가지 특성으로 17세기에 이미 널리 알려졌고 오늘날에는 훨씬 더 분명해졌음) 교과 내용을 요약하고 압축함으로써 더 용이하게 다룰 수 있게 만드는 방법이 모색되었다. 라무스주의와 포스트라무스주의 교과서와 요약집은 오늘날의 학교 교과서, 시험 대비 도서, 인터넷 개요의 선구자라고 볼 수 있다. 여기서도 우리는 오늘날의 교수법, 교사 중심의 수업, 면학 풍토, 엄격한 시간표, 정기적인 검사 및 시험의 뿌리를 보게 된다.

왜 라무스주의와 포스트라무스주의 교수법에 사로잡혔는가

1630~1700년의 시기를 다루는 제3장에서 나는 포스트라무스주의 교수법이 잉글랜드에서 발판을 마련하고, 또한 일정한 기간 내에

더 확고한 거점을 구축하게 된 과정을 기술할 것이고, 그것이 다른 곳에, 즉 브리티시 제도나 미국에 미친 영향을 살펴볼 것이다. 그러기 위한 예비 단계로서 나는 그런 교수법의 이면에 깔려 있는 동기들, 그리고 이런 새로운 교육이 무엇을 위한 것이었는가에 대한 그 추종자들의 견해에 관해서 조금 더 이야기하고자 한다.

내가 앞에서 이야기했듯이, 라무스 자신은 비특권층 아이들이 세상에서 자신의 길을 열어 갈 수 있도록 도와주는 데 깊은 관심을 가졌다. 라무스는 그들에게 유익한 형태의 교육을 제공해 주기를 원했다. 그는 스콜라주의적 전통의 무익한 논쟁이나 르네상스 휴머니즘의 비현실적인, 아마도 인격 형성을 앞세웠던 경향을 피하려고 하였다.

라무스주의와 포스트라무스주의의 교수법은 신흥 근대 국가에서 공적 생활의 요청뿐만 아니라 급속히 발전했던 상업세계의 요청과도 아주 잘 맞아떨어진 것이었다. 그런 교수법이나 그런 세상에 필요한 취업에서는 상상력, 열정, 자기탐색, 미적 인식 등이 차지할 자리가 없었을 것이다. 그 교수법의 특징은 잘 조직화된 지식, 잡념으로부터 벗어난 정신 집중, 근면성 등이었는데, 바로 이런 것들이 당시에 필요한 것이었다.

이런 관점에서 볼 때, 1600년 전후에 라무스주의의 교수법이 유행했던 핵심 기관이 케커만, 알스테드, 코메니우스 등과 연관된 독일 북서부의 헤르본 아카데미였다는 점은 결코 놀라운 일이 아니다. 핫슨(Hotson, 2007)은 포스트라무스주의가 당시에 독일 북서부 지역에서 성장했던 점을 밝혀냈다. 그가 강조한 것처럼, 헤르본 아카데미와 가까운 곳에 있는 도르트문트와 같은 한자동맹 도시들의 상인 엘리트 가정 출신의 소년들, 그리고 헤르본 아카데미가 있었던 나사우-딜렌부르크(Nassau-Dillenburg)와 같은 작은 공국들에서 점점 더 필요했던 관리, 목회자, 교사 등이 될 아이들을 길러 내는 김나지움이나 아카데미가 있었는데, 이런 기관들의 입장에서 볼 때 포스트라무스주의 교수법은 매력적인 것이었다. 비교적 저렴하고 효율적이었던 보편적인 교수-학습 방법은 그런 요청과 딱 맞아떨어졌다. 별다른 수단이 없었던 학생들의 관점에서 볼 때, 가능한 한 많은 것을 단기간에 효율적으로 압축시켜서 제공해 주는 유용한 교육은 자신들에게 안성맞춤이었다.

포스트라무스주의가 성공한 데에는 종교적 이유도 있었다. 라무스의 활동은 그가 1561년에 프로테스탄트로 개종하기 전부터 시작되었는데, 16세기 말에 그가 선도한 교수법 혁명은 칼뱅주의와 긴밀한 연관성을 갖게 되었다. 앞서 살펴보았듯이, 케커만, 알스테드, 코메니우스 등은 모두 칼뱅주의자였다. 칼뱅주의자가 아닌 라무스주의자도 있었고, 라무스주의자가 아닌 칼뱅주의자도 있었기 때문에 라무스주의 전통과 칼뱅주의가 전적으로 일치한 것은 결코 아니었다(Hotson, 2007, p. 19). 칼뱅주의에서는 질서 있는 믿음 체계, 군더더기를 없애기, 단순하고 솔직함, 효율성과 시간 절약, 근면, 지식의 유용한 적용 등을 강조했기 때문에 칼뱅주의를 믿었던 학자, 상인, 지도자 등이 포스트라무스주의 교수법을 채택했던 것은 결코 놀라운 일이 아니었다. 성 바르톨로뮤(st. Bartholomew) 대학살(1573)에서 라무스가 살해됨으로써 프로테스탄트의 순교자가 되었던 점은 그가 그 집단에게 호소력을 불러일으키는 데에 정서적 요인이 되었을 것임이 분명하다. 이런 이유들 때문에 16세기의 마지막 사분기, 그리고 17세기의 전반에 포스트라무스주의와 칼뱅주의 사이의 긴밀한 제휴가 아일랜드, 스코틀랜드, 잉글랜드, 네덜란드, 독일, 스웨덴, 스위스, 보헤미아 등 북부 유럽에서 분명하게 나타났다. 대서양을 건너서 뉴잉글랜드로 이민을 갔던 청교도들은 그곳에 포스트라무스주의가 정착되도록 만들었다. 라무스주의와 포스트라무스주의는 (1636년에 세워진) 하버드 칼리지에서 오랫동안 지배적이었던 사상이다.

우리가 앞서 살펴보았던 것처럼, 종교적 이유는 세속적 이유와 떨어질 수 없는 것이다. 칼뱅주의가 강조한 미덕은 상업과 행정에 필요한 것이었다. 그렇지만 상업과 행정의 세계가 요청하는 것만으로, 포스트라무스주의 교수법의 가장 독특한 특성 중 하나인 **백과전서적인** 지식에 대한 관심을 제대로 설명하기에는 부족하다. 물론 군주나 상인들은 신학, 수학, 근대 외국어, 역사, 지리 및 기타 교과가 자신들의 목적에 유용한 것이라고 생각했었는데, 거기에는 그럴 만한 타당한 이유들이 있었다(Hotson, 2007, pp. 123-124). 우리는 왜 그들이 협소한 교육과정보다는 폭넓은 교육과정을 선호했는지를 이해할 수 있다. 그렇지만 지식의 **폭**(breadth)은 지식의 **총체**(totality)와 별개의 것이다. 새로운 백과전서주의자들이 특별한 가치를 부여했던 것은 지식의 총체였다. 우리는 포스트라무스주의 교수법의 전통을 발전시킨 케커만, 알스테드, 코메니우스 등과 같은 칼뱅주의 학자들의 동기와 그런 교수법 전통을 상업적·행정적 목적에 적용했던 사람들의 동기를 서로 구별해야 할지도 모른다. 물론 종교개혁 사상이 도구적 지식을 사회생활에 적용하는 것을 중시했음을 염두에 둔다면, 두 가지 동기를 흑백처럼 확연하게 구분할 수도 없을 것이다.

1600년 무렵 칼뱅주의 집단에 널리 퍼진 것은 인간의 타락과 관련된 한 가지 견해였다. 인간은 신의 형상으로 창조되었는데 타락과 더불어 그중 많은 것이 손상되고 말았다. 특히 인간의 지식이 혼란스러운 상태에 빠졌다. 지식의 나무를 맛보아서는 안 된다는 명령이 있었는데 인간이 과연 신의 전지(omniscience)를 반영할 수 있겠는가? 이는 과학의 발견이 싹트기 시작한 시대에 심각한 문제로 대두되었다. 프란시스 베이컨의 『대개혁(Instauratio Magna)』(1620)이 제시한 한 가지 해결책은 청교도주의 제자들에게 강력한 호소력을 불러일으켰다(Webster, 1975, p. 22). 지식의 획득을 지구상에서 신의 목적을 증진시키기는 일이라고 본다면, 그것은 허용될 수 있을 뿐만 아니라 칭찬받을 수 있는 일이기도 했다. 베이컨의 믿음에 따르면, "모든 지식은 종교에 의해 제한을 받아야 하며, 그리고 활용과 행위에 적용되어야 한다."

> 이런 결론은 청교도주의의 관점과 완벽하게 부합되었다. 이차적 명분을 위해 수행되고, 그리고 공리주의적 목적을 염두에 둔 탐구는, 죄를 범할 위험성이 전혀 없으며, 오히려 신께 영광을 돌리고 자연에 대한 인간의 지배를 회복시켜 줄 것이다(Webster, 1975).

이런 아이디어를 수용했던 알스테드는, 케커만을 계승하여, "인간에게 신의 이미지를 회복시켜 준다."는 생각을 백과전서적 방향으로 발전시킬 수 있었다. 인간은 가능한 한 많은 지식을 쌓으려고 노력함으로써 전지한 신을 본받아 자신을 재창조하게 될 것이다. 이런 생각에는 타락으로 인해서 모든 것이 상실되지는 않았다는 믿음이 수반되어야 했다. 새로운 '회복'이 가능했던 것은, 인간의 마음에 '원래의 빛의 희미한 줄기들'이, 그의 지적 능력과 의지 능력에서 나타나는 것처럼, 아직 남아 있었기 때문이다(Hotson, 2005, p. 1). 잘 조직된, 백과전서적 교육은 그런 연약한 능력을 기반으로 삼아 더욱 강화시킬 수 있었다. 케커만, 알스테드, 코메니우스 등은 학교의 목적에 대한 그런 비전을 모두 공유하고 있었다.

그들의 백과전서주의는 알스테드에 의해 가장 충실하게 발전되었다. 앞서 말했듯이, 알스테드의 『백과전서』는 세 가지 구분에 기반을 둔 것이었다. 이는 아리스토텔레스에게서 비롯된 것인데, 이론적 지식, 실천적 지식, 도구적 기술(정치와 테크놀로지)이다. 알스테드는 다음과 같이 주장했다.

> 오직 신만이 현명하고 전지하지만, 그럼에도 불구하고 신은 학습하려는 욕구를 가진 인간에게 자신의 완전성의 이미지를 심어 준다. 이는 치열한 마음의 힘으로 학문의 전 범위를, 즉 "흔히 말하는 백과전서"를 포용하는 인간들에게서 특별히 드러난다(Hotson, 2005, p. 11).

철학의 세 가지 구분은 지력, 의지력, 기술력이라는 인간 능력에 대응하는 것이다. 이런 형식의 지식들을 습득하는 것은 그런 능력들의 세 가지 결함, 즉 무지함, 악함, 서투름을 보완하도록 도와준다. 이렇게 함으로써 지식의 습득은 우리 안에서 황폐해진 신의 이미지를 회복시켜 주는 데 도움이 된다.

코메니우스의 **범지론**과 이를 실현하기 위해 고안된 백과전서적 교육은 동일한 근거를 갖는다. 그의 『대교수학』 앞부분에서 다음과 같이 말한다.

> 인간이 모든 것들을 알 수 있는 능력을 타고났음은 분명하다. 왜냐하면 무엇보다 인간은 신의 형상이기 때문이다. 왜냐하면 형상은, 그것이 정확한 것이 되

려면, 필연적으로 그 원형의 윤곽을 재생산하고, 만일 이렇게 하지 못한다면, 그것은 형상이 아닐 것이기 때문이다. 이제 전지함은 신의 여러 속성 중에서 으뜸이요, 따라서 이 형상은 인간에게 반드시 반영되는 것이다(Comenius, 1638/1907, p. 41).

세속적인 이유와는 다르게, 앞서 언급했던 것처럼 이런 종교적 논변은 그 자체로서 백과전서적 교육을 옹호하도록 하는 강력한 이유를 제공해 준다.

결 론

이 장에서 언급했던 사건과 아이디어가 1630년 이후 잉글랜드의 교육에 어떤 영향을 미쳤는지는 다음 장에서 살펴볼 것이다. 포스트라무스주의 사상에서 발원된 교육과정과 교수법에 관한 지속적이고 진화된 이야기라고 입증할 수 있는 것이 처음 나타난 것은 1630년 이후였다. 1630년 이전에는 라무스주의나 초기 포스트라무스주의의 아이디어가 일부 학자들에게 **개인적** 차원에서 영향을 미쳤고, 17세기가 끝나기 이전에는 그런 아이디어가 **제도적** 차원에서 혁신을 일으키지는 못했다. 라무스에 대한 초기의 관심은 비공식적인 편이었다. 비공식적인 관심은 옥스브리지 청교도 서클에서 1570년대부터 나타났고, 이때 라무스의 『논리학』이 롤랜드 매킬메인(Roland MacIlmaine, 1574)과 더들리 펜너(Dudley Fenner, 1584)에 의해 영어로 번역되었다(Feingold, 1997, p. 289; Morgan, 2004, pp. 108-109). 라무스주의자들은 특히 케임브리지에서 두각을 나타냈다. 크라이스트 칼리지(Christ's College)는, 임마누엘 칼리지가 1584년에 창설되기 이전에, 케임브리지에서 청교도주의의 센터였다. 크라이스트 칼리지의 라무스주의자들 중에는 청교도 신학의 지도자였던 윌리암 퍼킨스(William Perkins, DNB)가 있었고, 그의 수제자는 윌리암 에임스(William Ames)였다.[4] 케임브리지에서 주목할 만한 또 다른 라무스주의자로는 알렉산더 리차드슨(Alexander Richardson, 퀸스 칼리지), 윌리암 템플(William Temple, 킹스 칼리지), 토마스 굿윈(Thomas Goodwin, 성 캐서린 칼리지) 등이 있었다.

라무스의 가르침에 대한 날카로운 반론이 옥스퍼드와 케임브리지에서 17세기 초반에 나타났다(Feingold, 1997, pp. 289-292; Morgan, 2004, pp. 513-514). 이는 유럽 대륙에서 나타났었던 전통주의 학자들의 반발에 상응하는 것이었다(Hotson, 2007, pp. 53-68). 그럼에도 불구하고 라무스주의와 포스트라무스주의의 아이디어 및 교수법은 그 이후로 그곳에서 계속 정착되었다. 케임브리지에서만 그런 것은 아니었다. 이와 같은 지속이 1630년대 이후의 이야기를 위해서 중요한 것임은 나중에 알게 될 것이다.

1630년 이전에 잉글랜드에서는 라무스주의가 의미 있는 제도적 변화를 일으키지 못했지만, 스코틀랜드의 사정은 달랐다. 스코틀랜드는 1560년대에 칼뱅주의 국가가 되었다. 1574년에 알렉산더 멜빌(Alexander Melville, 1545~1622)은 글래스고 대학교의 총장이 되었다. 약 10년 전에 멜빌은 파리에서 젊은 학생으로서 라무스의 강의를 들었고, 1570년에 유럽 대륙에서, 즉 제네바와 로잔에서 그의 제자로서 공부한 적이 있었다.

글래스고 대학교의 총장이 된 이후 멜빌은 교수법의 혁신을 시도했다. 그는 라무스의 반(反)스콜라적 철학을 칭송했으며, 논리학·수사학·기하학, 수학에서 라무스주의 텍스트를 채택하였고, 구태의연했던 지도교수제(regenting)를 없애고 그 대신 전공 지도(specialist teaching)를 도입했다. 지도교수제는 학생들을 전 과정에 걸쳐 지도했던 제도였다. 또한 성서 주해서의 공부에 필요했던 그리스어, 히브리어, 낯선 시리아어 및 칼데아어 등이 교육과정에 들어가게 되었고, 이와 동시에 역사, 지리, 천문학 수업도 포함되었으나 형이상학은 쓸모없는 것이라 하여 빠졌다(Andrew Melville, DNB).

이런 교육과정은 2세기 동안 대학 공부의 기반이 되었다. 그 구체적인 내용은 다음과 같다.

1학년: 인문학(그리스어와 라틴어) 및 라무스의 변증법
2학년: 수학, 우주구조론(cosmography), 천문학
3학년: 도덕 및 정치 과학
4학년: 자연철학과 역사[5]

글래스고 대학교의 명성이 높아지면서 세인트 앤드류스 대학교와 에버딘 대학교도 글래스고 대학교의 새로운 교수법의 특징을 채택했고, 에딘버러의 타운 칼리지(town college)도 마찬가지였다(Andrew Melville, DNB). 그런 특징은 에버딘의 킹스 칼리지(King's College, Aberdeen)의 교육과정 규정(1641)에서도 찾아볼 수 있다. 4년 과정은 다음과 같다.

1학년: 주로 그리스어와 히브리어

2학년: 논리학, 수사학, 수학

3학년: 윤리학, 정치학, 경제학

4학년: 자연철학(천문학, 지리, 광학, 음악 포함)[6]

이 장에서 처음 언급했던 교수법 제도와 마찬가지로 이런 교육과정에 따라 공부했던 패턴에 대해서도 주목할 필요가 있다. 놀랍게도, 우리는 19세기 초에 창설된 런던 대학교에서도 이와 아주 비슷한 교육과정을 살펴볼 수 있다.[7]

이 장에서 다루었던 시기인 1550~1630년에 스코틀랜드에서는, 간단히 말하면, 라무스주의의 학습체제를 고등교육 기관에 체계적으로 적용했는데, 이 점에서 볼 때 그곳은 브리티시 제도에서도 독특한 곳이었다. 잉글랜드의 양대 대학교가 대체로 전통적인 노선에 따라 계속 운영되면서, 일부 칼리지에서는 라무스주의가 엘리자베스 시대를 맞이하여 피우려고 했던 꽃봉오리를 잘라내려고 했을 때, 스코틀랜드의 대학교는 새로운 백과전서주의로 이미 나아가고 있었다. 이런 사실은 그 이후의 두 세기에 걸쳐 라무스주의가 다른 곳에서 발전하도록 하는 데 얼마나 중요한 것이었는가? 이 점은 다음 장에서 밝힐 것이다.

잉글랜드에서는 1630~1700년에 포스트라무스주의의 교육과정 및 교수법에 관한 아이디어가 제도적으로 정착되었다. 이것의 영향은 18세기에 지속되었고, 19세기로까지 이어졌다고 말할 수 있다. 17세기에 그것이 진전되었던 이야기는 아주 복잡하다. 다시 말해서, 미미하게 출발했었던 것이 내란과 왕정공백 기간에 급격히 성장했고, 왕정복고 이후에는 거의 전멸하다시피 축소되다가 겨우 살아남았는데, 이것조차도 처음에는 불안하게 그러다가 나중에는 약간 덜 불안정하게 존속되면서 17세기의 마지막 몇 십 년을 겨우 버텨 냈다. 이때에 미국의 뉴잉글랜드에서는 포스트라무스주의가 제자리를 잡았는데 잉글랜드에서 겪었던 우여곡절은 없었다.

잉글랜드의 포스트라무스주의와 하트립 서클

1630년에 라무스주의와 포스트라무스주의의 영향은 옥스퍼드와 케임브리지에만 한정되어 나타났다. 17세기 초에 그런 영향은 라무스주의의 아이디어에 대한 전통주의자들의 반대에 부딪쳐서 미약한 수준에 머물고 말았다. "이런 움직임은 전체적으로 그다지 지적 존중을 받지 못했던 것"(Feingold, 1997, p. 292)이지만 논리학을 배우는 대학생들이 이 과목에 접근하는 방식에 영향을 미쳤다는 점은 분명하다. 앞 장에서 우리는 케커만, 알스테드 그리고 그 추종자들이 학문의 주요 핵심에 대한 전체적인 그림을 학생들에게 제공하기 위해 사용했던 학생 친화적이고, 또 방법적으로 배열된 요약집이 어떻게 발전되었는가를 이미 살펴보았다. 이것은 옥스퍼드의 논리학 강좌에서도 실제로 나타났고(Feingold, 1997), 학생과 강사 간의 관계를 변화시켰다. 파인골드의 말대로, 1650년에 이르러 학습은 '개인적인(privatized)' 것이었다. 옥스퍼드에서 논리학을 배웠던 학생들이 강사로부터 지도받은 것은 '논리표(logic tables)'를 비롯한 입문용 요약집에 기반을 둔 것뿐이었다. 이 요약집에는, 학생들이 도서 목록에 들어 있는 두꺼운 텍스트들을 개인적으로 공부할 때 섭렵해야 할 영역이 요약되어 있었다.[1] 1630년대와 1640년대 초반에 케임브리지에서 포스트라무스주의의 논리학을 지도했던 교수는 리차드 홀즈워스(Richard Holdsworth, 1590~1649)였다. 그의 소책자인 『대학생 지도서(Directions for a Student in the Universities)』(1956)는 케임브리지와 옥스퍼드에서 인기가 있었다. 또한 홀즈워스가 추천했던 방법은 간단한 요약집을 공부한 후에 더 두꺼운

책으로 들어가는 것이었다.[2]

이와 같이 입문용 탐구가 활용된 것은 실제로 옥스퍼드와 케임브리지에서 특별한 경우에 지나지 않았다. 그러나 그것이 두 대학교에서 나타난 후에 학생들 사이에서 점점 더 인기가 높아졌다. 이는 1640년 이후에 잉글랜드의 교육으로 물밀듯이 들어오게 될 포스트라무스의 아이디어가 이미 작은 거점을 확보할 수 있었음을 의미한다.

1640년에 이르러 잉글랜드의 정치 상황은 위험하리만큼 불안정했다. 찰스 1세 국왕의 전제적 통치는 그의 과세 요구나 종교적 경향에만 그치지 않았다. 의회와의 오랜 갈등은 극한으로 치달았다. 1642년에 터진 내란은 9년간 계속되었다. 전쟁은 찰스 1세의 처형으로 끝나고, 공화정이 등장했다. 올리버 크롬웰(Oliver Cromwell)이 공화정을 장악했고, 호민관으로서 1653년부터 1658년에 사망할 때까지 통치했다. 2년 후, 청교도의 지배는 끝이 났다. 찰스 1세의 아들인 찰스 2세가 왕위를 이어받음으로써 왕정복고가 이루어졌다.

1640년 이후 복잡했던 20년 동안 포스트라무스주의 교수법의 전통은 극적으로 번창했다. 북부 독일이나 폴란드에서 그런 전통하에 교육을 받았던 세 명이 있었다. 이들은 모두 케커만의 제자나 그의 추종자들로부터 배웠는데(Hotson, 1994, p. 45), 거대한 사회복지 프로젝트의 일부로서 잉글랜드의 교육혁신을 추진하기 위해 협력했고 의회의 도움도 받았다. 이런 움직임을 선도했던 인물은 사무엘 하트립(Samuel Hartlib, ca. 1600~1662), 존 듀어리(John Dury, 1596~1680)[3] 그리고 알스테드의 제자인 얀 코메니우스(Jan Comenius, 1592~1670)였다. 프로테스탄트와 가톨릭 간의 삼십 년 전쟁에서 유럽 대륙의 프로테스탄티즘이 패배한 후에, 그들은 가까운 시일 내에 프로테스탄티즘의 최종 승리를 예상하고 준비할 수 있는 유일한 곳이 잉글랜드라고 보았다. 그들에게 잉글랜드는 실천적 실험의 '모델'이었다(Trevor-Roper, 1967, p. 250). 그들의 아이디어는 청교도 국가의 젠트리 집단의 아이디어와 뒤섞였다. 그들은 대도시와 궁정 중심의 중앙집권화에 반대했고, 사회변화를 열망했으며, 의회가 권력을 장악하면서 주요 정치세력으로 등장했다.[4]

그들의 천년왕국 개혁에 관한 온갖 이야기는 너무 길어서 여기서 재론할 수 없으나, 아무튼 기록으로 잘 남아 있다(Trevor-Roper, 1967; Webster, 1970). 이때 코메니우스는 의회의 초청을 받아 1641~1642년에 잉글랜드에 머물렀다. 이때 그는 "이 세상의 마지막 시대 … 그리스도와 그의 교회가 승리하게 될 … 바다에 넘치는 물결처럼 지구에 신의 지식이 가득하게 될 … 계몽의 시대"(Trevor-Roper, 1967, p. 271)로 나아가기 위해서 잉글랜드 교육개혁의 초안을 몇 가지 작성했다. 이런 목적을 위해서 코메니우스는 '범지론적' 대학을 중심으로 삼아 초등학교를 아우르는 국가 교육체제를 제안했다.

코메니우스가 잉글랜드를 떠난 후 왕정복고가 이루어질 때까지 하트립, 듀어리 그리고 그의 동료인 윌리엄 페티(William Petty) 등은 홍보활동과 실천적 개혁을 지속했다. 그들은 대학교육과 학교개혁에 대한 **범지론적** 저술을 기획하고 출간했다. 그들은 밀턴으로 하여금 그의 『교육론(Tractate of Education)』을 쓰도록 고무했다.[5] 그들은 의회와 나중에는 크롬웰의 대리인으로 활동하면서 농업 칼리지, 아카데미, 엘리트 학교와 평민 학교를 계획하고, 초등학교를 세우고, 1640년대에는 런던 연합대학교의 초안을 만들고, 1657년에 더럼 대학교를 세우는 데 협력했다(Webster, 1975, pp. 112-114, 207-217, 222-223, 236). 모든 단계의 교육에서 교육과정의 지향점은 종합성, 과학이 포함된 근대적 교과, 그리고 특히 그 실천적 응용이었다.[6] 다른 측면에서도 그랬지만 여기서도 하트립 서클에게 영감을 주었던 주요 인물은 베이컨(Bacon)이었다.

하트립 서클의 지도적 이론가인 얀 코메니우스의 교육과정관에 대해서는 앞에서 이미 언급했다. 존 듀어리의 『학교개혁론(The Reformed School)』에 나타난 그의 교육과정관은 나중에 더 자세히 다룰 것이다. 그의 아이디어는 우리 이야기의 다음 단계와 왕정복고 이후의 시기를 위해서, 그리고 19세기에 다시 등장했던 그런 아이디어의 발전에 있어서 중요한 부분을 차지한다.

청교도의 교육혁명은 1660년 왕정복고로 인하여 갑자기 중단되었다. 클라렌든 령(Clarendon Code)으로 알려진 일련의 처벌 법령은, 잉글랜드 교회에 대한 충성을 거부했다는 이유 때문에, '비국교도들'을 도시의 정무직, 학교 교직, 옥스퍼드와 케임브리지의 교수직과 연구직으로부터 축출시켰다. 청교도 성직자들은 녹봉을 박탈당했고, 청교도 대학교수들은 옥스퍼드와 케임브리지 대학교에서 축출당했다. 이것은 앞으로 펼쳐질 우리의 이야기를 위해 중요한 사항이다.

문법학교나 대학교의 전통적인 고전 중심의 교육과정에서 벗어나서 급진적 프로테스탄티즘에 더 부응하고, 또 포스트라무스주의의 원리에 기반을 둔 교육과정으로 바꾸려고 했던 교육체제의 비전은 산산조각이 난 것처럼 보였다. 사실상 거의 그렇게 되어 버린 셈이었다. 2백 년이 더 흐른 후에야 비로소, 고전적 교육과정의 지배가 '근대적(modern)' 교과에 기반을 둔 교육과정에 의해서 심각한 위협을 받게 되었다.

비국교도 아카데미의 기원

그러나 그런 비전이 완전히 소멸되지는 않았다. 쫓겨났던 청교도 성직자들이나 대학교수들은 1660년대 중반부터, 때로는 은밀하게, 소규모의 '아카데미'를 설립했다. 여기서 비국교도 성직자들은 지속적인 훈련을 받을 수 있었다. 옥스퍼드와 케임브리지, 그리고 기존 체제의 직위에서 배척되었던 비국교도 평민들이 적절한 고등교육을 받을 수 있게 되었다.

제1장에서 지적했던 것처럼, 레이몬드 윌리엄스를 비롯한 최근의 학자들은, 비국교도의 아카데미에서 가르쳤던 '근대적' 교육과정을 가리켜서, 오늘날 우리가 알고 있는 종합적인 범위의 지식 유형들에 기반을 둔 중등학교 교육과정의 기원이라고 말한다.[7] 이런 명제에 대한 도전이 그동안 전혀 없었던 것은 아니다. 나중에 그런 도전의 근거를 설명하겠지만, 나는 그런 명제를 그처럼 단순한 형태로 옹호하지는 않을 것이고, 이와 달리 더 폭넓고 더 상세한 그림의 일부로서만 옹호할 것이다.[8]

나는 그 밖의 다른 것도 탐구하고자 한다. 근대적 교육과정은 최소한 부분적으로는 비국교도들로까지 추적할 수 있었다. 또한 라무스주의/포스트라무스주의의 교수법 혁명이 역사학자들에 사이에 폭넓게 수용되었지만 비국교도들의 교육 접근방식은, 최소한 부분적으로나마, 포스트라무스주의 전통에서 '그' 근원을 찾을 수 있는 것일까? 이런 문제를 탐구해 보려는 시도가 내가 알기로는 거의 없다. 따라서 이 문제는, 우리가 어떤 과정을 거쳐서 우리의 '전통적' 교육과정에 도달하게 되었는가에 관한 이야기에서 여전히 공백으로 남아 있다. 이런 공백이 채워질 수 있을까? 나는 이 점을 탐구해 볼 것이다.

찰스 웹스터(Charles Webster, 1970, p. 71)의 다음과 같은 지적에서 한 가지 단서를 얻을 수 있을 것이다.

> 하트립의 영향이 가장 일반적으로 수용된 곳은 1662년 이후 비국교도들이 여러 대학에서 쫓겨난 후에 발전했던 비국교도 아카데미였다. 비국교도 강사들과 아카데미들은 하트립 서클이 옹호했던 교육적 아이디어의 일부를 실천했고, 그들의 고등교육 교육과정은 듀어리의 "개혁학교"와 놀랍도록 유사했다. 비국교도의 교육에 종사했던 많은 개척자들은 왕정공백 기간에 대학에서 교육을 받았으며, 고등교육에 대한 하트립 서클의 신랄한 비판을 듣기도 했다.

이 인용문을 제외하고는 비국교도들이 하트립 서클의 안팎에서 포스트라무스주의의 도움을 받았는지, 그리고 그 이전에 헤르본 아카데미의 케커만, 알스테드 등의 활동이나 이보다 훨씬 이전의 라무스의 활동으로부터 도움을 받았는지에 대해서 아무튼 자세한 설명을 찾아볼 수가 없다.

이 책을 쓰게 된 한 가지 이유는 영국 교육사의 핵심 사건이라고 내가 느끼는 점에 관해서 내가 더 찾아낼 수 있는 것이 무엇인가를 알아보기 위해서, 그리고 그런 역사를 17세기를 뛰어 넘어 오늘날까지 이야기해 보기 위해서다. 비국교도 교육이 포스트라무스주의에 뿌리를 두고 있다는 주장을 밝혀내기 위해서 나는 가능한 증거를 자세하게 논의할 것이다. 이 점은 이 책의 다른 부분에 비해 더 구체적으로 논의될 것이다. 그렇지만 독자들이 읽기 쉽게 만들기 위해서 나는 구체적인 사항들을 대체로 미주에 집어 넣고, 이 책의 본문에서는 내 이야기의 뼈대만 다루었다. 이는 포스트라무스주의 원칙에서 보더라도 좋은 방법일 것이다.

비국교도 아카데미들은 18세기에 전성기를 누렸고 19세기에도 지속되었지만 그들에게 포스트라무스주의가 영향을 미쳤는가에 대한 찬반 증거는 1660년에서 17세기 말까지 설립되었던 초창기의 아카데미에서 나타날 가능성이 매우 높다. 설립자의 이름밖에 남아 있지 않은 3개의 아카데미를 제외하더라도[9] 이보다 더 많은 정보를 얻을 수 있는 아카데미는 14개나 된다.[10]

교육과정과 교수법

나는 아카데미의 교육과정과 교수법을 먼저 살펴본 후에 강사들을 살펴볼 것이다. 나의 목적은 그런 점들이 17세기 초반의 라무스주의/포스트라무스주의의 교육혁명과 어떤 연계성을 갖고 있는지의 여부를 확인하는 데 있다. 물론 이를 설명하면서 나는 당연히 다음과 같은 점을 염두에 둘 것이다. 1660년대에 이르러 백과전서적 전통이 팽창하였고, 앞서 지적한 것처럼(p. 78) 베이컨이나 데카르트 등의 새로운 철학을 수용하였다는 점을 염두에 둘 것이다.

나중에 밝혀지겠지만, 1660~1700년에 설립된 14개 아카데미 중 8개 아카데미에서 포스트라무스주의의 전통에 속하는, 폭넓은 근대적 교육과정과 (강의와 개인 공부에 기반을 둔) 엄격한 형태의 교수법의 증거를 찾아낼 수 있다.[11] 초기의 주요 아카데미의 교육과정과 교수법은 잘 기록되어 있다.[12] 다른 아카데미의 자료는 별로 없는데, 이는 아마도 그 당시에 아카데미가 은밀하게 운영되는 경우가 많았기 때문일 것이다.[13]

각 아카데미의 세부사항

기록된 자료가 비교적 충실하게 남아 있는 8개 아카데미를 더욱 자세하게, 설립연대 순으로 검토해 볼 것이다. 이 중 6개는 아카데미 운동이 시작된 처음 10년 동안 설립된 것으로 셰리프헤일스, 뉴잉턴 그린 I, 브리넬워치, 라스멜, 위캠브룩, 뉴잉턴 그린 II 등이었다. 따라서 이런 아카데미들은 아카데미가 처음 설립되었던 이유를 이해하는 데 특히 도움이 될 것이다. 이들은 그 이후의 일부 아카데미와는 다르게 그 이전의 아카데미로부터 영향을 받은 바가 전혀 없다. 그러므로 이들의 교육과정이나 교수법의 기원은 아카데미가 설립되기 이전의 세계에서 찾을 수밖에 없다.

이 절의 초점은 과연 포스트라무스주의의 전통과 어떤 연계성이 있었는가에 있다. 독자가 읽기 편하도록 상세하고 중요한 내용의 일부분은 미주에 넣었다.

셰리프헤일스(Sheriffhales, 1663)

이것은 존 우드하우스(John Woodhouse)의 아카데미인데 슈롭셔(Shropshire)에 있었다. 평민 학생들뿐만 아니라 성직을 준비하는 4년

과정을 밟는 학생들을 가르쳤다(John Woodhouse, DNB). "학생들은 논리학, 해부학, 수학을 강의하는 과정을 거쳤다 … 이어서 물리학, 윤리학, 수사학 강의가 있었다."(McLachlan, 1931, p. 45: J. Toulmin 재인용) 또한 모든 학생은 형이상학, 수사학, 신학, 지리학, 역사학, 자연철학의 강의를 들었다.[14] 학생들은 편지 쓰기와 연설문 작성을 통해 영작문을 실습했다. 평민 학생들은 토지 조사, 해부, (나침반, 계량기의) 눈금판 만들기 등과 같은 실무 작업도 했다(Whiting, 1931, p. 465).

이런 과정의 기간과 틀, 공부해야 할 학문의 넓은 범위, 과학을 비롯한 근대적 교과의 등장 등은 포스트라무스주의의 전통에 속함을 분명히·입증해 주는 것처럼 보인다. 또한 강의와 이에 기반을 둔 실제 작업이 서로 결합된 점에서도 그렇고, 사회적으로 유용한 목적에 지식을 응용하는 데 관심을 쏟는 점에서도 그렇다.[15]

뉴잉턴 그린 I(Newington Green I, ca. 1666)

이것은 테오필루스 게일(Theophilus Gale)이 런던에 세운 아카데미였다. 평민 학생이나 성직자가 될 학생을 가르쳤는데, 그 과정에 대해서는 남아 있는 기록은 없다. 그러나 게일의 학생이나 친척, 그리고 1678년 이후 그의 후계자였던 토마스 로우(Thomas Rowe)에 관해서는 더 많은 것을 알 수 있다.

로우의 학생 중에 아이작 와트(Isaac Watts)가 있었다. 와트는 로우를 가리켜서, 학생들에게 모든 과학을 지도하는 일에서 여러 명의 강사의 역할을 대행할 수 있는 비범한 능력의 소유자라고 말했다. 로우는 새로운 지적 동향을 잘 파악했고, 학생들에게 존 로크의 인식론과 데카르

트의 철학을 가르쳤다.[16]

"학생들을 모든 과학으로 이끈다."[17]와 같은 언급은 포스트라무스주의의 백과전서적 전통이 이어지고 있음을 암시해 준다. 로우는 게일의 학생이었기 때문에 아마도 이 아카데미가 설립될 때부터 비슷한 패턴의 교육과정이 있었던 것 같다.

브리넬워치(Brynllwarch, 1668)

이것은 글러모건(Glamorgan)에 사무엘 존스(Samuel Jones)가 세웠던 아카데미다. 이 아카데미의 교육과정에 관해서 알려진 바는, 그것이 성직자가 될 학생들을 위한 것이었다는 점뿐이다. 그러나 뉴잉턴 그린 I에서도 그랬듯이 설립자의 교육실천은 그의 가장 유명한 학생의 교육과정에서 드러날 것이다. 존스의 학생으로 제임스 오웬(James Owen)이 있었다. 오웬의 상세한 교육과정은 슈루즈버리(Shrewsbury) 아카데미에서 찾아볼 수 있다.

라스멜(Rathmell, 1670)

이것은 북부 요크셔에 리차드 프랭크랜드(Richard Frankland)가 세웠던 큰 아카데미였다. 1688년(부터)의 교육과정에 대한 자세한 자료는 남아 있으나 그 이전의 것은 없다.[18] 프랭크랜드는 이 아카데미를 1698년에 그가 사망할 때까지 운영했다. 따라서 1688년 이후 교육과정의 패턴이 그 이전 시기의 교육과정을 이어받은 것이라고 가정해도 좋을 것 같다.

존 애쉬(John Ashe)는 1688년에 라스멜에 입학했다. 이곳에서 그의 경험은 제임스 클렉(James Clegg)의 기록에 남아 있다. 클렉은 1695년 부터 이 아카데미의 학생이었다(McLanchlan, 1931, p. 65). 애쉬는 이 아카데미에서 다음과 같은 과정을 이수했다.

> 논리, 형이상학, 생체학, 성령론,[19] 자연철학, 신학, 연대기의 보통 과정; 이 무렵 그는 그의 강사가 이런 과학을 학생들에게 가르치기 위해 그렸던 세밀한 표들을 적어 놓았다(McLanchlan, 1931, p. 66).

프랭크랜드와 그의 조교는 오전 시간에 '몇 개 반의 학생들'에게 강의했다. 오후 시간에는 개인공부가 계속되고, 저녁에는 토론과 논쟁이 벌어졌다(McLachlan, 1931).[20]

위캠브룩(Wickhambrook, 1672?)

서포크(Suffolk)에 사무엘 크래독(Samuel Cradock)이 세웠던 아카데미였다. 이는 그가 임마누엘 칼리지(Emmanuel College)의 펠로우(fellow)가 된 후에 "케임브리지에서 가르쳤던 다양한 학습 내용을 가르치려고 세운 아카데미였다"(Bogue & Bennett, 1808~1812, vol. II, p. 61). 그는 장래 성직자가 될 학생들에게 신학뿐만 아니라 기예와 과학도 가르쳤다. 그는 1686~1688년에 에드먼드 캘러미(Edmund Calamy)와 함께 공부했는데, 이때 그는 '논리, 자연철학과 도덕철학, 형이상학'을 배웠다. 크래독은 "그가 다양한 저술가들로부터 뽑아서 만들어 낸 시스템들을 읽어 주었고 그의 어린 학생들은 나중에 각자 활용하기 위해 그것들을 모두 베꼈는데, 늘 엄청난 고역이었다' "(Whiting, 1931, p. 461: Calamy 재인용).[21]

자연철학이 포함된 이 교육과정의 폭을 생각해 본다면 그것이 포스트라무스주의 계통에 속하는 것이 아닐까 하고 짐작해 볼 수 있다. "그(크래독)가 다양한 저술가들로부터 뽑아서 만들어 낸 시스템들"을 언급하고 있는 것도 마찬가지다. 케커만이 1600년 무렵 그의 '시스테마타(systemata)'를 만든 후부터, 다양한 학문에 들어 있는 자료를 교육상 효율적으로 또 초보적으로 조사해 놓은 것들이 '시스템'이라는 명칭으로 유행했다(Hotson, 2007, pp. 148-158).[22]

뉴잉턴 그린 II (Newington Green II, by 1675)

또한 찰스 모튼(Charles Morton)도 자신의 '시스템'에 따라서 정치학, 논리, 자연철학, 수학을 가르쳤다. 그의 시스템은 각 교과를 영어로 간략하게 체계적으로 설명해 놓은 필사본이었으며, 그의 학생들은 그것들을 베껴야 했다. 모튼은 "책은 크면 클수록 그만큼 더 나쁘다."는 금언을 인용한 것으로 유명하다. 그가 만든 지도서(manuals) 중에서 가장 유명한 것은 『물리 체계(System of Physicks, Compendium Physicae)』와 『윤리학(Ethicks)』이었다.[23]

모튼에 관한 영국 인명 사전(DNB) 항목을 보면,

모튼이 1685년에 (런던의 뉴잉턴 그린을) 폐쇄하도록 강요받기 전까지 그의 아카데미는, 한때 50명의 아이들이 등록할 정도로, 비국교도 아카데미들 중에서 가장 인상 깊은 곳이었을 것이다. 당시의 종교적 · 고전적 교육과정 외에도 역사, 지리, 수학, 자연과학, 정치학, 근대어도 가르쳤으며, 그리고 실험실에는 공기 펌프, 온도계, 다양한 수학적 도구가 갖추어 있었다. 오락 시간을 위해 잔디 볼링장도 있었다. 수업은 영어로 했고, 여기서 교육을 받았던 대니얼 디포(Daniel Defoe)의 생각에 따르면, 그곳은 다른 어떤 학교보다 학생들에게 영어를 더 잘 숙달시켰다. 이 아카데미의 또 다른 학생이었던 사무엘 웨슬리(Samuel Wesley)도 모튼에서 보편적인 내용을 배웠다고 기록했다.

다른 아카데미 강사들과 달리, 모튼 자신의 대학교 교육은 베이컨의 새로운 과학으로부터 큰 영향을 받았다. 그는 베이컨의 과학이 자연에 들어 있는 신의 힘과 영광을 밝혀 준다고 보았다. 1649~1653년에 그가 공부했던 옥스퍼드의 와드햄 칼리지(Wadham College)는 이런 과학 활동의 중심지였고, 이 칼리지의 학장이었던 존 윌킨스(John Wilkins)는 크롬웰의 처남이었다(Trevor-Roper, 1967, p. 289). 요약집(compendia)을 기반으로 가르치는 방식, '시스템' 이라는 용어의 사용, 그리고 교육 과정의 보편적 성격 등은 모튼이 케커만을 계승한 교육적 전통에 속했다는 증거로 보인다.[24]

슈루즈버리(Shrewsbury, 1680?/1700)

프란시스 탤런츠(Francis Tallents)는 제임스 오웬(James Owen)의 조력을 받으면서, 1680년 무렵부터 슈르즈버리 아카데미에서 '몇 명의 젊은이들' 을 가르쳤다. 오웬이 1690년에 오스웨스트리(Oswestry)에서 가르치다가 1699년에 슈르즈버리로 돌아와서 이곳에서 아카데미를 운영했다는 점은 널리 알려져 있다. 여기서도 우리는 오전 강의와 휴식, 오후의 개인공부, 매주의 논쟁이라는 패턴을 보게 된다. 거기서 가르쳤던 교과들은 논리학, 형이상학, 기하, 천문학, 연대학, 교회사, 신학, 물리학 등이었다. 논리학 강의는 라무스, 뷔헤를스데이크(Burgersdyck), 히어보르트(Heereboord)를 기반으로 삼았다(McLanchlan, 1931, pp. 80-82).

오웬이 1706년에 죽은 후에는 사무엘 베니언(Samuel Benion)이 이어받았다. 베니언은 1695년에 글래스고 칼리지(Glasgow College)에서 공부했다. 그의 기록에 따르면 그가 포스트라무스주의 실천의 계승자임을 시사해 주는 것 같다.[25] 그는 "학생들이 배우는 라틴어 책들에서 결함으로 간주된 점을 보완하기 위해, 그 학생들에게 맞는, 라틴어에 정통한 자료를 만들려고 고심했다. 그가 셰마티스무스(schematismus)라고 불렀던 한 가지 자료는 몇 가지 학문들을 자연적 순서로 정리한 틀이다." 여기서 그는 "젊은이들이 조사해야 할 영역의 일반적 지도로서 (praecognita가 포함된) 영지학(gnostologia), 논리학, 형이상학, 물리학, 수학, 윤리학을 제시했다." 또한 그의 기록은 논리학, 기학(pneumatics), 신학 그리고 자연철학(?) 등에서 그의 '시스템'을 거론한다(McLanchlan, 1931, p. 83).[26]

베스날 그린(Bethnal Green, ca. 1685)

런던 동부 지역에 이 아카데미를 설립한 토마스 브랜드(Thomas Brand)는 1689년 무렵부터는 존 커(John Ker, MD)의 도움을 받았다. 그 이전에 존 커는 더블린에서 비국교도들을 가르쳤었다. 1698년 이전에 이 아카데미에 다녔던 사무엘 팔머(Samuel Palmer)의 상세한 설명에 따르면, 오전에는 날마다 강의가 있었다. 1학년의 경우 히어보르트를 기반으로 한 논리학 강의,[27] 2학년에는 형이상학, 3학년에는 '우리의 히어보르트 시스템'과 함께 윤리학, 4학년에는 자연철학 강의가 있었다. 수사학, 신학, 지리, 고전시대의 역사와 문학도 가르쳤다. 강의에 이어서 '우리의 방에서' 개인 공부를 했었는데, 추천된 도서를 기반으로 공부했다(McLanchlan, 1931, pp. 87-89).

포스트라무스주의의 접근방식으로부터 영향을 받았다는 증거는 강의식 가르침, 그 이후의 개인 공부, 그리고 학년별 공부 패턴에서 나타난다.[28]

교육과정과 교수법에 관한 자료에 대한 결론

전체적으로 볼 때, 8개 아카데미의 교육과정이나 교수법에는 포스트라무스주의 교수법의 전통에 속하는 특징이 많았다. 그중 7개 아카데미에서는 여러 해에 걸친 과정이 있었으며, 최소한 여섯 군데에서는 자연철학이 포함된 주요 지식 영역에 대한 종합적 입문이 집중적으로 가르쳐지고 있었다. 이런 지식 영역에는 윤리학이나 정치학과 같은 실천적 영역들이 자주 포함되었는데, 이런 사실은 알스테드뿐만 아니라 케커만이 채택했던, 다시 말해서 방법론적으로 '사변적(contemplative)' 학문과 '조작적(operative)' 학문을 구분했던 전통과 일맥상통한다고 볼 수도 있다(Hotson, 2007, pp. 151-152). 두세 개의 아카데미에서 학문의 내용에 접근하기 쉽도록 그 개요를 제공하는 '시스템'이 사용되었음을 알 수 있다. 이것은 케커만이 사용했던 '시스테마타(systemata)'라는 용어가 반영되었음이 분명하다. 또한 케커만의 백과전서적 작품은 5개 아카데미의 독서 목록에도 들어 있다. 이는 뷔헤를스데이크의 요약된 버전이나 이에 대한 히어보르트의 주석의 형태로 나타난다. 그중 세 곳의 독서 목록에 라무스도 들어 있다.

이런 아카데미에서는 학습에 대한 백과전서적 접근방식이 지속되었을 뿐만 아니라, 자료를 가르치는 방식도 포스트라무스주의의 전통과 일맥상통한 점이 있었다. 아카데미의 교수법의 특징은 17세기에 옥스퍼드와 케임브리지에서 일반적으로 통용되었던 방법과 아주 대조적인데, 집중적인 강의와 (강의 담당자에 의한) 치밀한 학생 지도, 예컨대 개인공부의 지도가 결합되었다는 (최소한 4개 아카데미의 기록에 남아 있는) 점이다. 이는 대학교가 전체적으로 모든 학생을 대상으로 강의를 제공하고 각 칼리지별로 개별적으로 지도했던 옥스퍼드와 케임브리지의 실제와 아주 다른 것이었다.[29]

이런 아카데미의 교수법 유형은 어디서 왔을까? 나중에 알게 되겠지만, 초창기의 강사들은 대부분 옥스퍼드나 케임브리지의 학생들이었고 일부는 펠로우였지만, 이 두 대학교의 전형적인 교수방식을 이런 아카데미로 끌어들이지는 않았다. 이는 두 대학교에서 강사였던 사람들 중에서 일부가 두 대학교에서 통용되었던 것보다 더 집중적이고 더 규제적인 방식으로 가르쳤을 가능성을 배제하지 못한다는 점을 의미한다. 그들이 그렇게 했을 가능성은 훨씬 더 큰 것 같다. 이는 그들이 고발당할 수 있음에도 불구하고 그런 교육에 몰두하는 교육기관을 설립·운영하는 데 나중에 헌신했던 점에서 짐작할 수 있다.

앞에서 살펴보았듯이, 라무스로부터 시작된(pp. 66-67 참조) 라무스주의/포스트라무스주의 교수법 전통의 토대는 (한 교과의 주요 특성을 일반적인 것으로부터 구체적인 것으로 배열하고 방법론적으로 제시하는 강의에 기반을 둔) 효율적인 학습, 학생 친화적인 교과서, (강의에서 배운 교과 내용에 대한 분석·연습·작문·화술 측면의) 개인공부, 그리고 강의 자료에 대한 시험 등이다. 이 모든 것은 공부한 내용을 철저하게 이해하고 있는지를 확인하기 위한 것이었다. 우리는 이런 종류의 시스템이 하버드 칼리지에서 1642년에 작동되고 있었음을 알게 된다. 이는 케임브리지 막달리나(Magdalene) 칼리지에서 문학석사 학위를 취득한 헨리 던스터(Henry Dunster)가 하버드의 총장으로 부임한지 8년 후의 일이었다(Henry Dunster, DNB). 그의 시스템은 라무스의 독특한 방법에서 파생된 것일 수 있다는 견해도 나타났다(Morrison, 1936, p. 140). 기록된 바에 따르면 초기의 여러 아카데미에서 가르쳤던 방법도, 그와 비슷하게 라무스의 방법으로부터 파생된 것이라고 볼 수 있는 온갖 특징을 보여 준다.

이런 교수법에는 또 다른 특징이 있다. 그것은 학년별 학생 집단에 맞게 효율적으로 공부시킬 수 있었다는 점이다. 던스터와 같은 강사 한 명이 평일 오전에 각 시간마다 강의할 수 있었고, 3개 학년의 학생들에게 각기 다른 과목을 가르쳤다. 1642년도 하버드의 시간표에 따르면 학년별로 강의, 개인공부, 토론 및 여타 활동이 어떤 프로그램이었는지를 보여 준다(Morison, 1936, p. 140; Cremin, 1970, pp. 212-215, 218). 이런저런 종류의 시간표에 따른 교육과정은 그 당시 옥스퍼드와 케임브리지에서는 아주 낯선 것이었을 것이다. 그러나 그런 종류의 가르침은 다수의 교과가 포함된 필수 교육과정을 제공한 것으로 알려져 있는 초기 아카데미에서도 행해졌을 것이라고 우리는 짐작할 수 있다. 최초의 아카데미였던 셰리프헤일스의 경우를 보자. 그 설립자인 존 우드하우스는, 앞서(p. 94) 언급한 것처럼, 놀랍게도 4개 학년을 대상으로 여러 학문을 가르쳤던 것 같다. 이를 위해 당연히 하버드 패턴과 같은 세심한 시간표가 필요했을 것이다.

강사

포스트라무스주의의 아이디어와 실천이 초기 아카데미에서 자리를 잡았다면, 그것은 어떻게 해서 그렇게 되었을까? 이는 그 아카데미의 강사들(tutors)과 이들의 지적 이력을 살펴보면 알아낼 수 있을까?[30]

우리의 주된 관심은 8개 아카데미의 강사들이다. 여기서 그들은 포스트라무스주의의 교수법과 연계되었을 것이다. 그런데 교육과정이 잘 밝혀지지 않은 아카데미의 강사들도 살펴볼 것이다. 물론 이 중 일부 혹은 전부가 포스트라무스주의의 계통일 수 있다. 여하튼 증거는 불충분하다.[31]

22명의 강사들을 살펴보면 대다수(17명)가 옥스퍼드나 케임브리지에서 공부했던 사람이다. 그 밖에 한 명은 자기 아버지(Chauncy)가 총장이었던 하버드의 학생이었고, 그 이후에 태어난 강사들 중에서 (이들에게 옥스퍼드와 케임브리지는 당시에 입학불허였음) 2명은 스코틀랜드의 대학 출신이고(커어는 에딘버러[와 라이덴], 베니언은 글래스고), 또 다른 2명(제임스 오웬과 토마스 로우)은 옥스퍼드 출신의 강사들(각각 사무엘 존스와 테오필루스 게일)의 제자였다.

강사들 중에서 몇 사람은 대학에서 가르치기도 했다. 2명은 케임브리지에서,[32] 7명은 옥스퍼드에서,[33] 2명은 더블린 트리니티 칼리지에서 가르쳤다.[34] 또한 1657년에 프랭크랜드는 올리버 크롬웰에 의해서 더럼 대학교의 강사로 임명되었다. 또한 옥스퍼드와 케임브리지의 펠로우였던 3명의 강사는 그들의 칼리지에서 학장이나 부학장이었다.[35]

앞에서 언급한 모든 대학들, 즉 케임브리지, 옥스퍼드, 더블린 트리니티 칼리지, 글래스고, 하버드에서는 라무스주의/포스트라무스주의 교수법의 전통이 (주류는 아니었지만) 남아 있었다.

앞에서 살펴본 것처럼 초기 아카데미의 교육과정과 교수법이 암시하는 바, 많은 강사들이 포스트라무스주의 교수법의 전통 속에서 활동하고 있었다. 그렇다면 어떻게 해서 이런 일이 생겼을까? 그 강사들은 아카데미에서 가르치기 이전부터 그런 방향으로 치우쳐 있었을 것이다. 이는 그들이 대학생이나 강사였던 시절에 쌓았던 경험에서 생겨난 것이라고 설명하는 것이 가장 설득력 있다. 우리가 이미 살펴본 것처럼, 대부분의 강사가 그런 경험을 쌓고 있던 시기는 포스트라무스주의 전통의 산물이었던 하트립 집단에 의해 국가교육 정책이 추진되고 있었을 때였다.

사회학적으로 볼 때, 거의 모든 강사들의 가정 배경은 16세기 중반 이후에 라무스와 그의 계승자들(하트립 개혁을 지지했던 지역 출신을 포함)과 연관된 효율적인 교수-학습 방식에 이끌렸던 사람들의 신상과 딱 맞아떨어진다. 우리가 아는 한, 특권 집단의 출신은 없다. 영국 인명사전(DNB)에 기록된 27명의 초기 강사들의 부친들 중에서 10명의 직업은 알 수 없고, 12명은 성직자, 2명은 신사, 그밖에 상인, 옷장수, 제화공, 농부가 각각 1명이었다.

그중에서 18명은 옥스퍼드와 케임브리지에서 공부했다. 거의 대부분이 1640년대 후반부터 공부했다. 이때는 청교도 혁명이 정점에 있었다. 그 두 대학교에서는 케커만으로부터 영향을 받았던 샌더슨과 뷔헤를스데이크의 요약집에 의존하는 포스트라무스주의의 교육실천이 퍼지고 있었음을 우리는 살펴보았다. 주로 성직자의 아들이었고, 아주 성실했으며, 장차 성직에 종사할 마음이 있었던 이런 젊은이들은 대학

시절에 귀족 출신의 동료와 달리, 학문에 더 매진했을 것으로 쉽게 상상할 수 있다. 그중 몇 사람은 왕정공백 기간에 청교도주의의 중심이었던 칼리지들에 속해 있었다.[36]

그들은 하트립 교육개혁의 프로그램을 알았고, 또 공감했을 것이다. 그들 중에서 칼리지의 펠로우가 된 사람들, 즉 케임브리지의 크래독(Cradock)과 탤런츠(Tallents), 그리고 옥스퍼드의 버튼(Button), 코울(Cole), 게일(Gale), 히크먼(Hickman), 존스(Jones), 랭글리(Langley), 머튼(Morton)은 특히 그랬을 것이다. 우리가 알고 있듯이, 크래독은 하트립의 친구였고(Webster, 1970, p. 71), 하트립과 [그의 옛 친구요, 펨브로크(Pembroke)의 선생인] 옥스퍼드의 헨리 랭글리는 개인적으로 가까운 사이였다(Webster, 1975, p. 243). 우리는 또한, 더럼 대학교가 설립된 과정에서 하트립의 역할도 알고 있다. 리차드 프랭크랜드는 올리버 크롬웰에 의해 그 대학의 강사로 임명되었다. 그는 1660년 이후에 더럼 지역의 고등교육을 지속시키기 위해 요크셔 북부의 라스멜에서 아카데미를 운영했다. 찰스 웹스터에 따르면(1975, p. 242), "더럼 대학교를 위해 … 구상했던 … 교육이론의 모형은 비국교도 아카데미들이 창설되면서 비로소 번성할 기회를 갖게 되었다."[37]

이 모든 이야기는, 이미 인용했던 웹스터의 다른 논평으로 되돌아간다.

하트립의 영향이 가장 일반적으로 수용되었던 곳은 1662년 이후 비국교도들이 여러 대학교에서 쫓겨난 후에 발전했던 비국교도 아카데미다. 비국교도 강사들과 아카데미들은 하트립 서클이 옹호했던 교육적 아이디어의 일부를 실천했고, 그들의 고등교육 교육과정은 듀어리의 '개혁학교'와 놀랍도록 유사했다. 비국교도 교육에 종사했던 많은 개척자들은 왕정공백 기간에 대학에서 교육을 받았으며, 고등교육에 대한 하트립 서클의 신랄한 비판을 들었다.[38]

아카데미의 강사들은 분명히 듀어리의 『학교개혁론』을 읽었을 것이고 그 영향을 받았을 것이지만, 더 폭넓게 그들을 당시에 발전하고 있었던 포스트라무스주의 교수법의 모든 전통의 계승자들이라고 보는 것이 아마 더 나을 것이다. 이 전통의 핵심 계승자가 바로 듀어리였다. 이 장에서 상세한 증거를 제시했는데, 그중에는 웹스터의 더 구체적인 제안보다는 오히려 나의 폭넓은 명제를 지지해 주는 것들이 많다.

이와 관련하여 듀어리의 교육과정에는 구체적인 사항들이 많이 들어 있는데 이런 점들은, 흥미롭게도 그보다 약 6년 전인 1644년에 출간되었던 밀턴의 『교육론』에서 끌어들인 것처럼 보인다.[39] 밀턴은 나중에 라무스주의 논리학을 저술하기도 했다. 그는 하트립 서클의 지지자였고, 하트립의 권유에 따라 『교육론』을 저술했다. 이 책에는 포스트라무스주의의 전통과 유사한 점들이 많다. 젊은이들의 하루를 온통 유용한 공부로만 가득 채워 넣고, 놀이 시간을 허용하지 않는 것을 강조했던 점도 비슷하다. 알스테드는 인간에게 신의 이미지를 회복시켜 주는 일을 교육과 연관시켰는데, 이런 점도[40] 다음과 같은 밀턴의 글에 반영되어 있다(1895, p. 4).

> 그렇다면 학습의 목적은 신을 제대로 알고, 이런 앎을 바탕으로 삼아 신을 사랑하고, 그를 본받고, 그와 같이 됨으로써 우리의 최초의 조상들이 손상시킨 바를 회복시키는 일이다.

이 글에 이어서 밀턴은 대학교 교육의 스콜라주의를 공격했는데, 이 것은 라무스가 했던 비난보다 오히려 더 심한 편이었다. 그에 따르면 젊은 대학생은,

> 엉터리로 해석된 몇 가지 단어를 배우는 데 엉뚱하게 골몰하는 답답하고 얄팍 한 문법에서 겨우 벗어나자마자, 곧바로 또 다른 분위기에서, 이해할 수 없는 어지러운 논란 속에서 흔들거리는 위트에 내팽개쳐지고 요동하는 길로 빠져드 는 가운데, 그들은 거의 모두 배움을 증오하고 멸시하며, 조잡한 생각과 허튼 소리로 모든 배움을 조롱하고 착각하지만 그들이 정작 기대하는 것은 가치 있 고 살아있는 지식이다(p. 7).

듀어리의 책에는 포스트라무스주의의 전통에 폭넓게 공감하는 목소 리가 더 많이 들어 있다. 이는 다음과 같은 점에서 볼 때 놀라운 것이 아니다. 듀어리는 폴란드의 발틱 연안의 도시인 엘빙(Elbing)에 살았을 때 하트립을 만났다. 그 후 1628년 무렵부터 두 사람은 교육문제를 중 심으로 밀접한 교분을 쌓게 되었다(Webster, 1970, pp. 8-10; John Durie, DNB). 또한 두 사람은 케커만이 태어나고 활동했던 단치히(Danzig) 인 근 지역이나 엘빙에서 케커만의 동료들과 교류하기도 했다.

밀턴과 마찬가지로 듀어리는 자신의 젊은 학생들에게 집중적인 지 적 공부에서 벗어날 틈을 주지 않았다(Dury, 1958, pp. 29-32). 그가 보 기에,

> 모든 인간 학습의 진정한 목적은 자연과 피조물(즉, 신이 창조한 현상)의 용도 에 관한 우리의 무지, 그리고 그것들을 사용하고 그것들을 성찰하는 우리의 자 연적 능력들의 무질서로부터 나오는 부족함을 우리 자신과 타인들에게 채워주

는 일에 있다(p. 37).

여기서 실천적 동기와 비실천적 동기가 결합된다. 우리에게는 신이 창조한 세계에 관한 두 가지 종류의 지식이 필요하다. 즉, 그것은 존재하는 것 자체에 관한 지식, 그리고 존재하는 것을 신의 목적을 위해 선용할 방법에 관한 지식이다. 여기서 우리는 케커만과 알스테드가 그들의 백과전서를 만들 때 사용했던 아리스토텔레스의 구분이 반영되어 있음을 엿볼 수 있다.[41]

인간의 자연적 능력에 대한 듀어리의 언급은 흥미를 끈다. 왜냐하면 나중에 능력 논변(faculty arguments)이 학문적, 지식 중심의 교육과정을 정당화하는 일에서 수행하는 역할 때문이다.[42] 인간의 능력은 질서화 및 강화를 필요로 한다. 이는 포스트라무스주의의 전통에서 옹호하는 방법론적 방식을 통해서, 지식을 획득함으로써 비로소 그렇게 될 것이다. 이 점은 학습의 진정한 목적에 관한 듀어리의 정교한 진술에서 분명히 나타난다. 그에 따르면,

과학들(즉, 지식의 형식들)을 바르게 정리한 다음에 그것들을 질서 있고 유용하게 가르치기 위해서는 그런 학문들의 다양한 목적들을 서로 종속시키는 것과 … 동일한 것을 가르치는 방식이 … 준수되어야 한다 … 왜냐하면 과학들의 백과전서는 인간의 능력들의 작동에 부응해야 하며, 이런 작동은 인간이 자신의 부족함을 채우는 피조물(신이 창조한 현상)의 작동에 부응해야 하기 때문이다(p. 38).

능력들 자체에 대해서는,

자연에서 감각은 상상력의 종이고 상상력은 기억의 종이고, 기억은 이성의 종인 것과 마찬가지로 기예와 과학을 가르침에 있어서 우리는 이런 능력들이 이런 질서 속에서 가르쳐야 할 모든 것에 있어서 그 고유한 대상을 향하여 작동하도록 해야 한다(p. 40).[43]

여기서 인간의 능력의 부족함을 바로잡는다는 언급이 등장한다. 이것은 인간에게 신의 이미지를 회복시켜 주는 일에 관한 알스테드의 설명이 영향을 미쳤음을 보여 주고 있는 것 같다.[44] 능력에 대한 듀어리의 범주화 방식은 알스테드의 그것과 다르다. 그러나 '백과전서에 숙달하는 것'과 '우리의 능력을 발달시키는 것'을 서로 연결시킨다는 아이디어는 두 사람에게서 비슷하게 나타난다. 19세기에 학문적 교육과정을 정당화시키려는 시도가 나타났을 때, 어떻게 해서 이런 시도가 지적 능력을 강화시키는 학문적 교육과정의 힘에 호소하게 되었는지를 우리는 나중에 알게 될 것이다.[45]

이제까지의 논의에서 분명해진 것은 웹스터가 주장한 것처럼, 듀어리의 『학교개혁론』은 포스트라무스주의 전통의 아이디어가 새로운 비국교도 아카데미의 강사들에게 전해지는 연결고리가 될 수 있었다는 점이다. 그러나 그런 아카데미의 교육과정과 강사에 관한 나의 설명에서 분명히 드러난 점은 그의 책이 수많은 그런 연결고리들 중에서 하나일 뿐이라는 것이다.

결 론

1630년에 라무스주의의 아이디어는 옥스퍼드와 케임브리지의 일부 논리학 교수나 학생들을 제외하고는, 잉글랜드 교육에 실제로 아무런 영향도 미치지 못했다. 라무스 자신이나 그의 헤르본 계승자들이 세웠던 중등학교나 아카데미에서는 백과전서적이고 실천 지향적인 과정을 여러 학년에 걸쳐서 제공하였고, 이를 라무스주의/포스트라무스주의의 방식으로, 즉 일반적인 개관으로부터 출발하여 더 구체적인 사항들을 체계적으로 채워 넣고 그리고 학생들로 하여금 강의-개인 공부-강사 평가로 이어지는 장시간의 학업에 몰두하게 하는 방식으로 가르쳤지만 잉글랜드에는 그런 중등학교나 아카데미가 없었다. 기껏해야 학생들에게 (주로) 라틴어 시인이나 학자들에게 친숙해지도록 하였고, 심지어는 학생들을 문법 규칙이나 난해한 텍스트를 가지고 헷갈리게 만들었으며, 아무런 도전도 받지 않고 있었던 전통적인 고전 기반의 교육이 옥스퍼드와 케임브리지 혹은 문법학교에서 행해지고 있었다. 1700년에도 이런 헤게모니는 변함없이 완벽하게 작동하고 있었다.

그런데 근본적으로 새로운 종류의 교육체제라는 씨앗이 네덜란드와 특히 북부 독일로부터 바다를 건너서 런던의 북부와 동부의 마을로, 그리고 사우스웨일스에서 서포크, 슈롭셔, 북요크셔에 이르는 농촌 지역으로 들어 왔다. 그 연약한 씨앗은 박해 속에서 싹이 텄고, 때때로 은밀하게 자랐으며, 영양 공급도 충분하지 못했다. 새로운 교육이 제공하려고 애썼던 과정과 교수법은 프레슬 칼리지나 도르트문트, 헤르본, 단치히의 학교들과 비교해 볼 때 빈약한 것이었을 것이다. 그러나 최초로 연약한 기반이나마 형성되기 시작했고, 그 위에서 비로소 다음 세기가 구축될 수 있었다.

하트립 시기의 천년왕국에 대한 홍분은 과거지사가 되고 말았다. 잉글랜드가 지상에서 급진적인 프로테스탄티즘을 구원해 줄 수 있는 곳이 되리라는 희망도 무너지고 말았다. 청교도주의가 국가의 지원을 받는 신앙으로 존속되었던 곳은 뉴잉글랜드뿐이었다. 라무스주의의 유산을 진지하게 받아들인 곳은 옥스퍼드나 케임브리지가 아니라 하버드 칼리지였을 것이다. 잉글랜드에서는 새로 정비된 기존 체제에 대해 미미하게 대항했던 도전의 사례만 남아있었다. 우리는 비국교도의 아카데미에서 종교적 동기와 더 세속적 동기가 차지했던 비중에 대해 별로 아는 바가 없다. 천년왕국설의 쇠퇴, 17세기 말 국가의 지원에 따라 나타난 관용의 분위기, 공직에서 배척당했던 비국교도들의 상업 진출 등을 감안하여 우리가 내릴 수 있는 합당한 판단은, 근대적이고 보다 현실적인 교육을 향한 세속적 이유가 두드러진 반면 영성적 이유가 점차 줄어들었을 것이라는 점이다. 이와 동시에 우리는 종교적인 생활영역과 경제적인 생활영역을 별개의 것으로 생각하지 않도록 조심해야 한다. 17세기 후반에 이 두 가지 현상은, 비국교도들에게는 여전히 서로 뗄 수 없는 관계에 있었다.

포스트라무스주의의 유산

비국교도의 아카데미는 마침내 18세기에 꽃을 피웠다. 비국교도 종
파에 대한 관용이 확대되면서 그들은 국가의 일부로 자리를 잡았고,
그들의 아이디어와 실천은 다른 종파의 사람들로부터 인기를 얻었다.
예를 들면, 노샘프턴에서 유명한 아카데미를 운영했던 필립 도드리지
(Philip Doddridge)의 도움을 받아서 존 웨슬리는 1749년에 킹스우드에
새로운 학교를 세웠다. 또한 나중에 언급하겠지만, 도드리지의 도움을
받았던 워링턴 아카데미(Warrington Academy)는 1756~1782년에 고등
교육의 센터로 유명해졌고, 강사들 중에는 유명한 조지프 프리스틀리
(Joseph Priestley)가 있었으며, 비국교도 가정뿐 아니라 부유한 성공회
가정의 자녀들도 그에게 찾아왔다.

노샘프턴의 도드리지와 워링턴의 프리스틀리는 포스트라무스주의의 교수법에서 파생된 아이디어가 18세기에 아카데미들이 실제로 형성되는 데 어떤 도움을 주었는가에 관한 이야기에서 핵심을 차지하는 인물이다. 이 이야기는 왕정공백 기간으로, 그리고 청교도 교육세계에서 빼어난 활약을 보였던 리차드 프랭크랜드(Richard Frankland)에게로 거슬러 올라간다. 프랭크랜드는 1657년에 새로 설립된 더럼 대학교의 강사로서 올리버 크롬웰에 의해 임명되었다. 왕정복고 이후, 더럼 지역의 고등교육을 지속시키기 위해 프랭크랜드는 1670년에 라스멜 아카데미를 설립·운영했고, 몇 군데로 아카데미를 옮겨 다니다가 1698년에 사망했다. 앞서 말했듯이(pp. 95-96) 1688~1700년에 라스멜 아카데미에서는 자연철학과 정신과학이 포함된 폭넓은 교육과정을 가르쳤고, 오전 강의와 오후 개인공부라는 포스트라무스주의의 교수법 패턴을 따랐으며, 라무스와 포스트라무스주의 책들이 논리학 교재로 지정되었다.

프랭크랜드의 교육 접근방식이 그 이후 두 명의 아카데미 강사를 거쳐, 필립 도드리지에게 전해졌다는 증거가 약간 남아 있다. 한 명은 티모시 졸리(Timothy Jollie)였는데, 그는 1673년부터 1675년까지 라스멜 아카데미에서 리차드 프랭크랜드와 함께 공부했다.[1] 졸리는 1691년에 셰필드 근처에 애터클리프 아카데미(Attercliffe Academy)를 설립했다. 이때 여기저기 옮겨 다니던 프랭크랜드가 셰필드에서 라스멜로 돌아왔다.[2]

1703년 이후 졸리가 가르쳤던 학생들 중에는 존 예닝스(John Jennings)가 있었다. 예닝스는 1715년부터 1723년까지 레스터셔(Leistershire)의 킵워스(Kibworth)에 있는 아카데미를 맡기 시작했다. 이 아카데미의 과정은 4년이었다. 그것이 어떤 과정이었는지는 1719년부터 1722년까지 거기서 공부했던 필립 도드리지의 설명을 통해 충분히 알 수 있다. 예닝스의 가르침에 대한 도드리지의 언급을 살펴보면, 포스트라무스주의 전통의 두 가지 주요 특징을 따랐음을 알 수 있다. 즉, 백과전서적 교육과정 그리고 강의에 이은 개인공부와 공부한 내용을 강사에게 설명하도록 하는 교수법 패턴이 그것이다. 킵워스의 4년 과정에서 다루었던 것은 기하학, 대수학, 웅변학, 히브리어, 그리스어, 라틴어와 프랑스어, 논리학, 지리학, 시민역사, 기계학, 수력학, 물리학, 해부학, 천문학, 천체론, 연대학, 성령론, 고대 유대사, 윤리학, 신학, 교회사 등이었다(Doddridge, 1728, p. 6). 그것은 도드리지가 노샘프턴에 도입하려고 했던 것과 비슷한, 종합적인 교육과정의 모델이었음이 분명하다(다음 참조).

또한 도드리지에 따르면,

> 예닝스 선생이 거의 모든 강의에서 사용했던 방법은 그가 직접 창안한 것이었다. 다른 사람들에 관한 주를 쓰는 대신에 그는 그가 알고 있는 거의 모든 상당한 저자들에 관한 교과 주석을 만들었다. 그리고 강의 시간마다 우리에게는 좋은 독서 목록이 생겨서 우리가 기거하는 곳에서 여러 시간에 걸쳐 그것을 공부했으며, 다음 시험 시간에 각 참고문헌의 내용을 설명해야만 했다(p. 9).

이 패턴은 세부적인 측면에서는 다를지라도, 라무스 자신이 프레슬 칼리지에서 선호했던 교수방식과 본질적으로 유사한 것이었는데(제2장의 p. 64 참조), 17세기에 하버드 칼리지에서도 따랐던 것이다(Morison, 1936, p. 140).

도드리지는 킵워스에서 배운 바를 그의 노샘프턴 아카데미에서 1730년부터 그가 사망한 1751년까지 한껏 활용했다. 4년 과정에서 공부해야 할 교과 목록은 모두 다음과 같다.

1학년: 논리학, 수사학, 지리, 형이상학, 기하학, 대수학

2학년: 삼각법, 원뿔곡선, 천체역학, 자연철학 및 실험철학, 신학, 웅변술

3학년: 자연사와 시민역사, 해부학, 유대 풍물학, 신학, 웅변술

4학년: 시민법, 신화론과 상형문자, 잉글랜드 역사, 비국교도 역사, 신학, 설교와 조언

기타: 프랑스어는 선택 과목, 히브리어, 그리스어, 라틴어 등은 설교에 사용되었고 야간 지도시간에도 가르쳤음(McLachlan, 1931, p. 147)

이런 불길은 노샘프턴으로부터 당시에 가장 유명했던 워링턴 아카데미로까지 퍼졌다. 워링턴 아카데미는 1757년부터 1782년까지 번창했고, 평민 학생들뿐만 아니라 성직자 학생들도 많이 끌어들였다. 초기 (1761~1767) 강사 중 한 명은 조셉 프리스틀리였다. 프리스틀리는 도드리지의 노샘프턴 아카데미의 학생이었고, 도드리지가 자신의 후계자로 삼았던 칼렙 애쉬워스(Caleb Ashworth)로부터 1752년부터 1755년까지 데번트리 아카데미(Daventry Academy)에서 가르침을 받았다. 애쉬워스는 "모든 질문의 모든 측면에서 저자들을 언급하고, 학생들이 그런 점들을 모두 설명하도록 요구한다는 도드리지 원칙"을 따랐다(Caleb Ashworth, DNB). 따라서 프리스틀리는 라스멜의 리차드 프랭크랜드로부터 티모시 졸리와 존 예닝스를 거쳐 이어지는, 도드리지의 강의 방

침을 고수한 셈이나 다름없다.

프리스틀리는 『시민생활과 능동적 삶을 위한 자유교육의 과정에 대한 에세이(Essay on a course of liberal education for civil and active life)』(1765)에서 한 시간의 강의를 제안했다. 이에 따르면, 학생들은 반론을 제기하도록 권장받는다. 학생들은 강의와 강의 사이에 교재를 읽고 베낄 수 있다. 강의 시간의 절반은 앞선 강의를 들었던 학생들로부터 설명을 듣고, 그들이 제대로 이해했는지를 확인하는 데 사용된다. 또한 연습의 기초로서 강의에 대한 질문이 구어나 문어의 형태로 제기된다(pp. 19-20).

강의를 조직화할 때 프리스틀리는 '정규적인 체제'에 집착했다. 이는 포스트라무스주의의 전통에 대한 애착이 상당히 깊었음을 보여 주는 증거다.

> 모든 항목은 인접 과목들로부터 최대한의 조명을 받는 곳에 놓인다. 가장 평범한 것들이 처음에 논의되고, 공리로 활용되도록 하며, 나중에 다루어질 것들의 토대가 된다. 모든 과학의 요소를 공부하는 데에 정규적인 방법이 적용되지 않는다면, 그에 대해 분명하고 종합적인 견해를 전혀 얻을 수 없을 것이다. 이와 달리 정규적인 제도를 따른다면 그 후에는 수업 계획의 모든 특정 부분들이 어느 때건 쉽게, 혼란 없이 확대될 것이다(p. 11).

워링턴의 교육과정은 우리가 노샘프턴, 킵워스 그리고 초기 아카데미들에서 이미 익히 보았던 엄격하게 조직화된 패턴을 따랐다. 1780년에 평민 학생들은 5년간의 성직자 과정 중에서 처음 3년 과정을 이수했다. 두 가지 과정에 속했던 대다수 학생들은 신학, 윤리학, 논리학,

고전뿐만 아니라 더 특수한 과정에서 (a) 수학, 이론적/실험적 자연철학, (b) 지리학, 역사학, 상업, 언어이론, 웅변술, 작문 등을 배웠다 (Mercer, 2001, pp. 39-40).

그렇다면 다음과 같이 생각해 볼 근거가 생기는 셈이다. 즉, 교육과정과 교수법의 측면에서 포스트라무스주의와 연관되는 교육 패턴은, 늦게는 18세기 말엽까지 아카데미 운동의 활동 중에서도 보다 활발했던 부분에서 찾아볼 수 있다. 물론 그 무렵에는 종전의 교과 내용 중에서 폐기된 것들이 많았다. 이런 내용상의 교체는 라무스가 아리스토텔레스의 논리학을 공격한 후 케커만에 의해서 그의 논리학이 재정비될 때부터 이미 그 전통의 특징이 되었다. 17세기와 18세기를 거치면서 과학에 대한 고전 텍스트의 사용은 과학적 혁명철학의 경험적 발견 내용이 나타나면서 사라지고 말았다. 이로 인해 아카데미에서 가르치는 내용이 달라졌다. 존 로크의 정치철학도 그런 변화를 일으키는 데 기여했다. 수업 언어로서 라틴어가 영어로 교체되었는데, 이는 도드리지의 노샘프턴에서 마침내 나타난 것이었다. 이는 새로운 교과들을 더 쉽게 가르치도록 만들었음에 틀림없다. 보다 자유로운 아카데미 강사들의 종교적 견해는 갈수록 계몽사상의 합리주의를 반영하게 되었다. 프리스틀리의 경우처럼 유니테리언의 방향으로 옮아가는 경우도 있었다. 하트립 서클과 그 직계 계승자들의 열정적 새천년주의가 통용되었던 시대도 사라지고 말았다.[3]

18세기 말엽까지 아카데미에 포스트라무스주의적 전통의 흔적이 남아 있었다라는 주장의 각주로 삼을 만한 것이 있다. 그것은 유니테리언파 강사였던 길버드 웨이커필드(Gilbert Wakerfield, 1756~1801)가 그 당시 수많은 아카데미에서 학생들로 하여금 고전들을 소홀히 다루도록 하면서 '3년 만에 모든 백과전서'를 소화하도록 만들려고 했다는 비난이다(McLachlan, 1931, p. 33). 이와 비슷하게, 맨체스터 칼리지의 후원자이자 방문자였던 윌리엄 터너(William Turner)는 1810년에 "거의 모든 비국교도 아카데미의 중대한 오류는 너무 많은 것을 가르치고 배우게 하려는 시도다."(Mercer, 2001, p. 47)라는 기록을 남겼다. 이 두 가지 논평 속에서 아카데미의 교육과정의 백과전서주의가 아주 분명히 지각되고 있었음을 알 수 있다.

왜 백과전서적 교육과정을? 18세기의 관점들

18세기에 비국교도의 아카데미는 왜 설립되었는가? 이러한 아카데미를 형성했던 강사와 학생의 동기는 무엇이었는가? 우리는 16세기와 17세기에 포스트라무스주의의 교육기관에서 세속적 이유와 종교적 이유가 뒤섞여 작동했음을 살펴보았다. 이런 동기는, 18세기에 들어와서도 비국교도 아카데미의 세계에서 여러 가지 형태로 지속되었다. 실천적 이유와 종교적 이유의 결합은 19세기에 들어오기 전까지 200년간 지속되었다.

실천적 이유

실천적 이유들은 늘 그 자체만으로도 복잡한 것이었다. 개별 학생의 차원에서 볼 때, 실천적 이유는 고전 기반의 교육보다는 미래의 전문직을 지향하는 교육에 대한 욕구와 더 관련되어 있었다. 앞서 살펴본 것처럼, 이런 동기는 이미 16세기의 유럽대륙에서 저렴하고 효율적인 것을 찾고 있었던 비특권층 가정에서 작동하고 있었다. 18세기 말에 잉글랜드의 수많은 비국교도 가정들은, 워링턴과 같은 자유로운 아카데미나 스코틀랜드의 대학에 다닐 수 있었던 사람들을 포함해서, 상업이나 제조업을 통해 커다란 부를 축적했다. 그들은 사회적 지위 때문에 자주 고민했고, 자기 아들만큼은 젠틀맨이 될 수 있도록 자유교육을 시키려고 애썼다(Mercer, 2001, p. 50). 그들은 이런 자유교육의 핵심 요소가 바로 과학이라고 생각했다. 그것은 "그때까지 사회적 · 정치적으로 배제되었다고 느꼈던 새로운 사회계급이 문화적으로 자기를 표현하는 방식"(p. 42)이었다.

바로 이 점은 참고할 만한 가치가 있다. 경제사를 연구하는 학자들 중에는 비국교도 아카데미를 가리켜서 일차적으로 평민 출신 학생들에게 상업/산업 직종을 위해 준비시켜 주는 공리주의적 기관이라고 보는 사람도 있다. 그러나 이에 관한 증거는 별로 없다(p. 40). 오히려 근대적 교과들에 기반을 둔 일반 교육이 중요한 것이었다. 이런 교육의 이면에 오랫동안 깔려 있었던 종교적 이유가 1780년대부터 앞서 언급했던 사회적 지위라는 이유와 결합되었다(p. 42).

개인 차원의 실천적 이유뿐만 아니라 더 폭넓은 사회적 관심이 16세기 후반부터 가끔씩 나타났다. 그 무렵에 학교와 아카데미를 설립했던 북서 독일의 상업 공동체들과 작은 공국들에서는 지적으로 준비가 잘된 상인과 공무원이 필요했다. 17세기 중반 하트립, 듀어리, 코메니우스 및 그들의 동료들은 종합적인 사회개혁안의 일부로서 '범지론적' 교육을 애호했다. 또한 18세기 후반의 자유로운 비국교도 아카데미에서는 프리스틀리와 같은 강사들 사이에서 급진적인 정치적 동기가 작동했다.

종교적 이유

개인적 야망과 폭넓은 사회적 목적이라는 이 두 가지의 실천적 이유는, 특히 16세기 후반 칼뱅주의와 포스트라무스주의의 전통이 밀접하게 결합되었던 때부터 종교적 이유와 긴밀하게 결부되었다. 칼뱅주의가 일상생활과 사업 활동에 대해서 종교적 중요성을 부여했기 때문에, 실천적 이유와 종교적 이유는 단순히 결합된 관계라기보다는 서로 뗄 수 없는 관계에 있었다.

실천적 이유만으로는 지식의 전 영역을 포괄하는 교육과정에 대한 관심을 제대로 설명할 수가 없다. 여기서 총체성(totality)에 대한 강조가 중요한 부분이다. 앞서 지적했던 것처럼(p. 77) 17세기에 백과전서주의는 베이컨, 알스테드, 코메니우스의 지식관과 연관되었다. 그것은 인류의 타락, 그리고 전지한 신의 형상을 인간에게서 되살려야 할 필요성과 관련된 것이었다.

18세기에 이르러 과학혁명의 성공은 신이 창조한 우주의 다양하고도 영광된 모습에 대한 경외와 연관되어 비로소 이성이 빛을 보기 시작했음을 설명하는 데 도움을 준다. 우주의 영광스러운 모습은 뉴턴의 물리학, 생물학 및 다른 경험과학, 그리고 인간의 본성에 관한 역사학과 기학(pneumatics)을 통해서 밝혀졌다.

말할 필요도 없이, 종교적 이유가 가장 두드러졌던 것은 초기 비국교도 아카데미를 설립한 사람들의 마음에서였을 것이다. 그들은 온갖 역경을 무릅쓰고, 미래의 성직자나 다른 사람들을 그들의 신앙의 본질 속으로 끌어들이려고 노력했다. 도드리지는 1719년부터 1722년 사이에 예닝스의 아카데미에서 자기 자신과 비슷한 학생들에 대해서 다음과 같이 기록하고 있다(1728, p. 48). "그들은 자신이 밟았던 과정의 각 분야에서 신을 인정하고 그들의 탐구와 노고를 신의 영광에 바치도록 가르침을 받았다."

이와 같은 사고방식에서 훨씬 더 중요한 것은, 교육과정의 어떤 영역에 대한 개인적 선호가 아니라 지식의 전체 영역을 종합적으로 파악하는 것이었다. 이 점은 토머스 시커(Thomas Secker)의 설명에서도 나타났다. 시커는 나중에 캔터베리 대성당의 주교가 되었는데, 그는 1711년에 튜크스베리 아카데미에서 사무엘 존스로부터 받았던 교육에 대해 다음과 같이 말했다.

> 나 자신을 이야기한다면 우리가 강의를 받았던 온갖 과목에서, 어느 것을 선호하거나 하지 않고, 나의 모든 것을 바쳤다. 왜냐하면 우리가 몰두했던 모든 것은, 가장 관심을 끄는 것들을 철저하게 이해하거나 또는 그런 것들을 다른 사람에게 잘 설명할 수 있는 사람에게 필수적인 혹은 극히 유용한 것이라고 보았기 때문이다(Bennett, 1830, p. 224).

백과전서적인 교육과정에 대한 종교적 이유는 아카데미의 역사에서 그 이후로도 오랫동안 두드러지게 나타났다. 이 점은 자유로운 맨체스터 아카데미의 교장이었던 토마스 반스(Thomas Barnes)가 1786년 개교식에서 연설했던 내용에서도 분명히 나타난다.

모든 과목 중에서 신학은 동질적인 과학이나 심지어는 겉으로 보기에 거리가 먼 과학의 도움을 굉장히 요구하는 것처럼 보인다. 그 대상은 신과 인간이다. 신의 완전성 혹은 인간의 본성, 능력, 역사를 밝혀 줄 수 있는 것이라면 어느 것도 결코 빼놓을 수 없다.

그러나 이런 교과들은 얼마나 폭넓은 세계를 열어 주는가? 자연철학은 가장 넓은 의미에서, 지구, 대기, 대양에서 자연의 움직임의 역사나 속성과 관련된 모든 것을 포괄하고, 또 자연사, 화학 등을 포함하는 것인데, 신체에 관해서 해부학과 생리학이 발견할 수 있는 모든 것, 그리고 마음에 관해서 형이상학, 도덕철학, 역사학 혹은 계시가 밝혀 주는 모든 것이 들어 있다. 그러나 이런 영역은 우리 앞에 더욱 더 확대된다. 역사학은 계시와 마찬가지로 언어에 관한 지식을, 그리고 이는 또다시 인습과 기예에 관한 지식을 요청한다 … 과학의 흐름은 더 많은 더 넓은 길로 뻗어 간다. 그리고 마음을 최고로 가꾸는 데 필요한 것은 교양 있는 취향에 속하는 과목인데, 이는 상상력을 조절하고 감성을 순화시키는 것이고, 활력에 올바름을 그리고 힘에 우아함을 부여해 주는 것이다 (Sell, 2004, pp. 11-12).

반스는 근대적인 교육과정을 종교적으로 뒷받침하고 있는데, 이런 점은 조지프 프리스틀리에게서도 나타난다. 그의 생애는 실험과학, 역사 및 다른 교과를 연구하고 가르치는 데 헌신했다. 그런 삶에는, "진리에 대한 무제약적 추구와 전파에 의해서 평화, 형제애, 정의의 새천년의 새벽이 열릴 수 있다."(Watts, 1998, p. 33)는 그의 유니테리언적 입장이 반영되어 있다.

교육과정을 근대화시키려고 했던 프리스틀리의 동기는 지식을 힘이라고 보는, 다시 말해서 유덕한 존재를 창조하고 또 자연의 에너지를 선을 위해 통제하는 힘이라고 보는 그의 지식관에서 나온 것이었다(p. 38).

이것은 근본적으로 종교적인 생각이다. 이런 생각은, 친밀한 관계에 기반을 둔 올바른 양육은 신에 대한 사랑으로 사람을 이끄는 힘을 갖는다는 그의 믿음과 연결된 것이다. 그의 "심리철학과 교육철학은 유니테리언 목사라는 그의 일차적 직업과 잘 맞아 떨어진다"(Watts, 1998).

요약해 보면, 아카데미의 교육을 옹호하는 세속적 논변과 종교적 논변은 18세기 말에도 여전히 통용되었다. 세속적 측면에서 보면, 우리가 하트립 개혁에서 주목했었던 공리주의적인 강조점보다는 자기 아들을 위해서 신사 교육을 시키려고 했던 부유한 중산층의 욕망이 더 두드러졌다. 이로부터 발전된 다음과 같은 아이디어는 20세기에 이르러 친숙한 것이 되었다. 이는 과학, 역사, 외국어 및 다른 일반 교육 교과들을 공부하는 것은 '그 자체를 위해서' 추구할 가치가 있는 것이라는 아이디어다.

종교적 측면에서 볼 때 신이 창조한 세계의 영광스러움을 인식한다는 것은 여전히 강력한 동기였고, 이는 19세기에도 계속 유지되었다. 또한 19세기에는 근대적인 일반적 교육과정을 옹호하는 **심리학적** 논변이 나타났다. 제5장에서 살펴볼 것이지만 이런 논변은 종교적 뿌리에서 뻗어 나온 것이었고 이런 뿌리는 이미 17세기에 제자리를 잡았다.

비국교도 아카데미에 대한 의문

비국교도의 아카데미는 교육과정의 역사에서 얼마나 큰 기여를 했는가? 이에 대해 전반적인 평가를 내려 보자. 이와 관련하여 거창한 주장들이 나타났다. 교육학자인 프레드 클라크(Fred Clarke)는 1940년에 다음과 같이 주장했다.

> 비국교도 아카데미들은 '근대적' 교육과정을 생각해 내고 이를 실천에 적용시
> 키려 했던 열정적 · 지속적 노력을 대표하는 것으로서 잉글랜드 교육사에서 중
> 요한 것이다. 교양(culture)을 위한 교육이라는 주요 아이디어에서 벗어나지
> 않고, 또 철저하게 잉글랜드적인 기질로 남아 있었던 그런 아카데미들은 고전
> 의 단련과 귀족주의의 성취라는 당대의 전통에서 벗어나 그들 자신의 현실 세
> 계를 열린 눈으로 바라보았고, 이런 세계에서 효과적인 삶을 준비시켜 줄 교육
> 과정을 만들어 냈다. 이것이 발전되면서 그 안에서 고전과 인습적인 언어 공부
> 는 큰 자리를 비워 주었고, 그 대신 영어, 역사, 근대외국어 및 다량의 수학과
> 과학이 그 자리를 차지했다(Clarke, 1940, p. 16).

20년 후에 레이몬드 윌리엄스(Raymond Williams, 1961, pp. 133-134)
는 다음과 같이 말함으로써 클라크의 주장에 암암리에 동의했다. 비국
교도의 아카데미에서,

> 18세기에 일반교육의 내용에 대한 새로운 정의가 내려지고 실천되었다. 여기
> 서 처음으로, 교육과정은 근대적 형태를 띠기 시작했고, 수학, 지리, 근대외국
> 어, 그리고 특히 자연과학이 추가되었다.

흥미롭게도 두 사람은 '근대적' 교육과정이라는 아이디어의 기원을
아카데미에서 찾고 있다. 그런데 앞서 2개의 장에서 이미 제시했던 증
거로 볼 때, 그것은 잘못된 생각인 것 같다. 이 장에서 이미 살펴본 것
처럼 아카데미의 교육과정과 포스트라무스주의 전통의 교육과정 간의
연관성은 충분히 밝혀졌고, 이것은 아카데미의 교육과정의 뿌리를 포

스트라무스주의 전통에서 찾을 수 있다는 점을 거의 확실하게 보여 준다. 물론 그것은 그런 **뿌리**의 전부가 아니라 **일부**일 뿐이다. 나는 단선적인 인과적 설명을 고집하지 않으려고 애썼다.

아카데미들의 근원에 대한 이와 같은 증거를 한쪽으로 제쳐 놓고 생각해 보자. 아카데미의 교육과정이 오늘날 우리가 친숙하게 알고 있는 교육과정의 유일한 전례라고 말하는 클라크와 윌리엄스의 주장은 과연 옳은 것일까? 이들의 견해는 이렌 파커(Irene Parker, 1914)와 H. 맥라클란(H. McLachlan, 1931)의 초기 연구에서 처음 나타난 것이었지만 그동안 보편적으로 공유되었던 견해는 아니다. 니콜라스 한스(Nicholas Hans, 1951)는 『18세기 교육의 새로운 동향(New Trends in Education in the Eighteenth Century)』이라는 세밀한 연구에서 그와 다른 견해를 제시했다. 그는 비국교도 아카데미들이 교육의 진보를 위해서 공헌한 바가 '아주 귀중하고 중요한' 것이었다는 점을 인정하면서도 이런 점보다는 오히려 사립 아카데미와 학교, 공개 강의, 개인 강사 그리고 심지어는 일부 문법학교와 대학 체제 등이 근대화에 영향을 미쳤던 점을 더 강조했다.

한스(1951, pp. 38-41)는 몇 개의 선도적인 문법학교에서 일부 근대적 교과를 가끔 가르치기도 했음을 밝혀냈다. 그럼에도 불구하고 전반적으로 문법학교의 교육이 실제로 고전에만 집중되지 않았음을 보여 주지는 못한다. 사립학교와 사립 아카데미에서 가르쳤던 근대적 교과들에 관해서 그가 내놓은 증거는 그보다 훨씬 더 광범한 것이긴 하지만, 그가 인정하듯이, 그런 학교나 아카데미 중에서 "상세한 교육과정을 출판한 곳은 아주 극소수였다"(p. 63). 학생들이 의도했던 종착 지점(대학, 해군, 육군, 사업과 법률, 일부 전문기술직 등)을 중심으로 집단이 구성되었고, 이에 따라 그 교육과정도 다양해졌다. 그러나 "모든 집단에서 영어, 수학, 지리, 기하, 역사를 배웠을 것이고, 대다수 학생들은 프랑스어와 제도(drawing)를 배웠으며, 그리고 모든 학생들이 스포츠에 참여했을 것이다"(p. 65).

사립 아카데미에 관한 이런 진술은 비국교도 아카데미를 옹호했던 클라크와 윌리엄스의 주장에 대해서 날카로운 도전이 될 수 있다. 그러나 공통(common) 교육과정에 관한 한스의 진술을 뒷받침해 줄 증거는 없으며, 사립 아카데미에서 가르쳤던 교과목에 관한 〈표〉(p. 67)와 모순된다. 모든 학생들이 배웠다고 하는 역사는 그 〈표〉에 있는 28개 아카데미 중에서 7~11개 아카데미에서만 가르쳤다. 지리는 20개 혹은 21개 아카데미에서, 스포츠는 기껏해야 13개 아카데미에서 가르쳤다. 게다가 어느 아카데미에서 한 교과를 가르쳤다는 사실로부터 그것이 모든 학생들에게 필수였다는 점이 도출되지는 못한다. 그뿐만 아니라 한스가 〈표〉(p. 67)에서 가르쳤다고 말하는 교과들이 실제로 가르쳤던 것이라는 증거를 제시하지 못한다. 그 〈표〉의 아래 부분에서 분명히 밝혀놓은 것을 볼 때, 그가 〈표〉에 포함시키는 판단의 기준은 신문 광고에 기반을 둔 것이었다.

한스는 한 가지 의제를 갖고 있었다. 이 의제는 1950년대 초 그가 그의 독자들이 사립 아카데미에 대해서 다음과 같이 믿기를 원했다는 점에서 드러난다. 사립 아카데미들은,

실제로 오늘날 1944년 교육법 이후로 교육계에서 아주 널리 논의되고 있는 핵심 공통교과와 선택교과를 갖고 있었던 '종합' 중등학교였다(p. 65).

이것은 억지로 역사를 끼워 넣은 사례에 속한다. 그의 열정 때문에 증거에 대한 신중함이 결여되고 말았을 것이다. 이런 점은, 한스의 책의 다른 부분들에 대해 사이먼(Simon, 1979)이 논평한 것에서도 밝혀지고 있다.

사립 아카데미나 다른 곳에서 근대적 교과들이 많이 가르쳐졌다고 할지라도, 지도적인 비국교도 아카데미들에서 찾아볼 수 있는 **종류의 교육과정**이 그런 교육기관에도 있었다는 증거는 별로 없다. 이런 교육과정은 여러 가지 교과를 여러 학년에 걸쳐서 가르쳤던 통일되고, 계획된 과정이었고, 그리고 윌리엄스가 말한 것처럼 (평민 학생들은 성직자 학생들에 비해 더 단기적인 과정을 밟은 경우가 많았다는 점을 인정한다면) 모든 학생들의 일반 교육을 위해서 제공하려고 했던 과정이었다.

워링턴, 노샘프턴 및 그 밖의 아주 많은 아카데미에서 우리가 찾아볼 수 있는 것은 중요한 지식의 전체라고 간주되었던 것들을 모두 포괄적으로 다룬 공통 과정이다. 그것은 복잡한 시간표 안에 제각기 분할된 교과로 **빽빽하게** 배치되었다(McLachlan, 1931, p. 227 참조).[4]

이런 측면에서, 개괄적으로만 살펴본다면, 그런 아카데미들의 교육과정은 오늘날 1988년의 잉글랜드 국가교육과정과 같은 전통적인 학문적 교육과정을 떠올리게 만든다. 한스가 연구했던 사립 아카데미나 다른 교육기관에서 가르쳤던 대부분의 과정에 대해서 그와 똑같은 이야기를 할 수는 없다. 아무튼 거기서 강사들의 면밀한 지도하에 지식 기반적인, 광범위한 교과들을 가르치는 장기간의 필수 과정을 학생들이 따랐다는 증거는 별로 없다.

클라크/윌리엄스의 명제로 되돌아가자. 그것은 비국교도의 아카데미에서 발견되는 교육과정이 오늘날 우리가 갖고 있는 일반적인 학교

교육과정의 기원이라는 명제였다. 내 생각으로는 이 명제가 부분적으로만 참이기 때문에 더 구체적으로 이야기할 필요가 있다. 나는 여기서도 단선적인 인과적 설명에 대한 통상적인 경고를 잊지 않고 있다. 그런데 이 책에서 다루는 긴 이야기 속에서는 십 년이 지날 때마다 어떤 새로운 요인들이 나타났고, 이것이 그 이후의 현상이 만들어지는데 어떤 식으론가 개입했던 것 같다. 더 구체적으로 말한다면, 18세기에 영국에는 또 다른 교육기관들이 있었고, 여기서 공통된, 폭넓은, 일반 교육(general education)이 제공되었을 뿐만 아니라 일반 교육의 진보에 관한 이후의 이야기에도 영향을 미쳤을 것이다(Spens Report, 1938, ch. 1 참조).

여기서 나는 4개의 스코틀랜드 대학교를 특별히 염두에 두고 있다. 제2장에서 나는, 이런 대학교들이 이미 16세기부터 라무스주의의 아이디어에 의해 얼마나 큰 영향을 받았는지를 살펴보았다. 그 영향은 17세기를 거쳐 18세기로 이어졌다. 17세기 초에 모든 스코틀랜드의 대학교들은 다양성에도 불구하고, 하나의 공통된 패턴으로 기울어져 있었다. 이는 신학, 의학, 혹은 학예(arts)에서 4년 과정을 마친 후 MA 학위를 수여하는 패턴이다. 그런데 4년 과정이 주요 교육과정이었다. 1학년에는 그리스어, 2학년에는 논리학과 형이상학, 3학년에는 윤리학과 기학, 그리고 4학년에는 일부 수학을 포함해서 자연철학을 가르쳤다(Knox, 1953, pp. 16-17).

제5장에서 살펴볼 것이지만, 스코틀랜드의 대학교들은 비국교도 아카데미들과 함께 19세기에 영국 중산층을 위한 일반 교육이 발전하는데 모두 기여했다. 스코틀랜드 대학교들의 주요 공헌은 1826년에 설립된 런던 대학교, 그리고 그 이후의 연합 칼리지들의 교육과정이 만들

어지는 데 도움을 주었다는 점이다. 런던 대학교가 중등교육의 역사에서 수행했던 역할에 대해서는 나중에 거론할 것이다.

스코틀랜드의 대학교들이 더욱 광범한 영향을 미쳤던 까닭은 비국교도의 아카데미들과의 연계성 때문이었다. 이것은 1670년대부터 나타나기 시작했다. 이때 프랭크랜드는 그의 라스멜 학생들이 애딘버러에서 공부를 제대로 마칠 수 있도록 준비시켰다. 그때부터 19세기 초반까지, 비국교도의 학생들은 스코틀랜드의 여러 대학교에서 공부할 수 있도록 정기적으로 학비를 후원받았으며 그중 많은 사람들이 비국교도 아카데미의 강사가 되었다.[5] 1707년 스코틀랜드와 잉글랜드가 새로운 영국으로 통합되었고, 이것이 그런 유대를 강화시키는 데 도움을 주었음에 틀림없다. 1750년부터 스코틀랜드 계몽주의의 활동은, 허치슨(Hutcheson)과 애덤 스미스(Adam Smith)와 같은 학자들의 지도하에 글래스고 칼리지를 중심으로 전개되었는데, 잉글랜드 비국교도나 이들의 아카데미와 아주 긴밀한 관계가 있었다(McLachlan, 1931, pp. 29-31).

스코틀랜드에서 일반적인 교육과정은 대학교에만 한정되어 있지 않았다. 대학 이전의 단계에 속하는 것으로서, 나중에 '아카데미'라고 일컫게 된 에이어(Ayr) 지역의 자치도시 학교(burgh school)는 그 당시로서는 상당히 실천적인 교육과정의 선구자였다. 1727년부터 강사였고 1746년부터 교장이었던 존 메이어(John Mair)는 영어, 수학, 부기, 지리, 항해, 조사법, 일부 자연철학, 라틴어, 그리스어를 중심으로 그런 교육과정을 만들었다(Strawhorn, 1983, p. 20). 1761년에 메이어는 이와 비슷한 성격을 가진 퍼스 아카데미(Perth Academy)를 세웠다. 그의 사례를 뒤따라 스코틀랜드의 여러 도시에서는 2년제 고등학교 과정을 제공하는 아카데미가 세워졌다. 퍼스 아카데미를 살펴보면,

1학년에 공부할 과목은 자연과학, 수학, 항해, 천문학, 영어였고, 2학년에는 자연철학, 실천기하학(Practical Geometry), 시민 역사, 논리학, 종교원리였다. 모든 수업과 연습은 영어로 했다. 시간이 흐르면서 아름다운 글쓰기, 제도, 미술, 화학이 교육과정에 포함되었다(Strong, 1909, p. 161).

포스트라무스주의의 전통에 속하는 일반 교육을 증진시킨 영국의 교육기관으로는 비국교도 아카데미 이외에 스코틀랜드의 대학교들이나 아카데미만 있었던 것은 아니다. 18세기에 발전되었고 특히 19세기에 의미 있게 나타났던 한 가지 경향은 그런 일반 교육이 더 어린 연령부터 시작되었다는 점이다. 고등의 혹은 대학 수준의 교육을 받고자 했던 남자 아이들을 주목했던 아카데미가 있었다. 그들은 오늘날의 대학생보다 더 어렸다. 이런 상황에서 등장한 것이 바로 더 어린 아이들을 위해서, 이와 동일한 일반교육을 제공하는 형태의 학교였다.

특히 흥미로운 사례는 전통적인 비국교도들의 자녀를 위한 학교와 다른 것인데, 존 웨슬리가 1749년에 브리스톨 근처의 킹스우드에 세운 학교였다. 웨슬리의 새로운 학교의 모델은 그의 친구인 필립 도드리지가 운영했던 노샘프턴 아카데미의 교육과정과 교수법이었다(Pritchard, 1949, pp. 40-42). 또한 코메니우스도 영향을 미쳤을 것이다(p. 20). 웨슬리의 학교는 6세 아동부터 받아들였다. 그 교육과정의 기반은 읽기 · 쓰기 · 수학 · 영어 · 프랑스어 · 라틴어 · 그리스어 · 히브리어, 역사 · 지리 · 연대학, 수사학 · 논리 · 윤리 · 기하 · 대수 · 물리 · 음악이었다 (Wesley, 1749, p. 2). 웨슬리는 이 모든 지식을 전수하기 위해 엄격하고 빡빡한 시간표를 만들었다. 웨슬리는 "우리는 단 하루도 노는 시간을 허용하지 않았다."(p. 5)는 유명한 말을 남겼다.

웨슬리는 오래된 비국교도 공동체의 일원이 아니었지만, 우리가 이미 살펴보았던 것처럼, 비국교도들과 긴밀한 관계를 유지했다.[6] 만약 그가 비국교도였다면 법적으로 학교를 세우거나 가르치도록 허용받지 못했을 것이다. 이를 금지했던 법은 1779년까지 남아 있었다. 그 이후로 아카데미 유형의 교육과정과 교수법이 새로운 비국교도 학교들로 퍼져 갔다. 나는 19세기를 다루는 제5장에서 그것에 관해 더 많은 이야기를 할 것이다.

스코틀랜드의 대학교와 아카데미, 킹스우드 학교 그리고 1779년 이후의 비국교도들을 위한 학교에 관해서 이미 지적했던 모든 사항은 클라크/윌리엄스의 명제의 범위를 확대시키는 데 도움을 주고, 그들의 명제를 더 옹호받을 수 있는 것으로 만들어 준다. 이 장과 다음 장에서 더 보완하겠지만, 부분적으로 포스트라무스주의에 기원을 두고 있는 아이디어와 실천이 19세기와 그 이후에 잉글랜드 중등학교의 교육과정과 연결될 수 있도록 주요 연결고리를 제공해 준 것은 비국교도의 아카데미들만이 아니라, 일반적으로 영국의 비국교도 교육기관들[7]이었다.

이처럼 확대된 명제는 실제로 더 넓게 확장되어, 영국 지역 이외의 급진적인 프로테스탄트 학교와 칼리지를 포괄할 수 있다. 나는 이 점에 대해서 제5장에서 더 이야기할 것이다.

이제까지 클라크/윌리엄스의 주장을 논의하였는데, 이제 나는 비국교도 아카데미의 혁신적 역할을 가볍게 보려고 했던, 한스의 저서 이외의 또 다른 최신의 연구를 언급하고자 한다. 머서(Mercer, 2001)의 주장에 따르면, 파커와 맥라클란은 평민 학생들에게 진보적 교육을 제공하는 일에서 아카데미들이 수행했던 역할을 과장했다고 한다. 머서는 다음과 같이 말한다. 워링턴, 맨체스터 칼리지, 해크니 뉴 칼리지와 같은 몇 개의 자유로운 아카데미에서는 그런 역할을 했던 것이 사실이지만, "1750년 이후 대다수의 아카데미는 비국교도 성직자를 양성하기 위한 소규모의 정통 신학교였다"(p. 35).

그런데 머서의 명제는 다만 1750년 이후에 관한 명제일 뿐이다. 또한 그는 "18세기 초에 최소한 그런 아카데미의 절반 정도는 성직 이외의 직업으로 나아갈 학생들에게 개방되었다."(2001, p. 35)고 말한다. 그가 언급하지는 않은 점으로, 평민 학생들을 받아들였던 아카데미의 비율이 1750년 이후로 1/2에서 1/8로(pp. 35-36) 감소한 데에는 그럴 만한 이유가 있었다. 우리가 앞서 살펴본 것처럼, 1779년 이후부터는 비국교도들도 법적으로 교직에 종사하도록 허용되었다[그 이전에도 비국교도 학교가 법외로 존재했는데, 한스(1951, pp. 58-62)는 그런 사례를 몇 가지 지적한다]. 따라서 아카데미의 강사나 졸업생들은 비국교도와 연관된 다른 교육기관으로 이동할 수 있었다. (여기서 워링턴의 역할에 대해서는 McLachlan, 1943, pp. 137-143를 참조하기 바란다.) 그 한 가지 사례가 밀힐 학교(Mill Hill School)다(또한 이 책의 p. 142 참조). 이런 방향에서 생각해 보면 아카데미가 직접적인 가르침을 통해서 혹은 그 강사들이 다른 곳에 가서 가르침으로써, 근대적 교육과정에 영향을 미쳤다는 주장의 근거는 더욱 확실해진다.

머서는 소규모의 정통적인 신학 칼리지였던 '대다수'의 아카데미와 구별되는 '소수의' 자유로운 아카데미가 1750년 이후에 수행했던 역할을 과소평가하지만, 나의 연구에서 더 의미 있는 것은 이런 자유로운 칼리지/아카데미들이 지각되었던 방식, 그리고 더 넓게는 그런 칼리지/아카데미들이 교육개혁 사상에 미쳤던 영향이다. 이런 영향이 실질적인 것이었다고 생각할 만한 근거는 충분하다(Simon, 1960, ch. 1;

Watts, 1998, ch. 2, 3). 특히 워링턴의 영향이 실질적이었다. 워링턴은 조지프 프리스틀리를 포함해서 "수많은 영특한 강사와 학생들을 1757년부터 1786년 사이에 끌어들였다"(Watts, 1998, p. 34). 프리스틀리는 워링턴을 계승했던 해크니의 뉴 칼리지에서 1791년부터 1795년까지 가르쳤다. 이와 마찬가지로 워링턴을 계승했던 맨체스터 칼리지(또한 이 책의 p. 140 참조)를 포함하여 이 모든 아카데미에서 과학 및 역사와 같은 공민 과목이 부각된 아주 폭넓은, 근대적 교육과정을 제공했다.

이를 뒷받침해 줄 한 가지 이론적 근거는 프리스틀리의 『시민생활과 능동적 삶을 위한 자유교육의 과정에 관한 에세이』(1765)에 들어 있다(또한 앞부분의 p. 117 참조). 프랑스 혁명 이후에 영국에서 나타난 정치적 반동은 그런 자유교육의 발전에 종지부를 찍었으나, 이와 동시에 전통적인 교육과는 전혀 다른 형태의 교육을 제공하고 있었던 비국교도의 아카데미들이 더 많은 대중에게 지각되도록 하는 데 분명히 도움을 주었을 것이다.

과학의 발흥, 계몽사조, 식어 버린 프로테스탄티즘 등으로 인해 나타난 온갖 변화를 통해서, 우리는 포스트라무스주의의 교육전통의 흔적을, 영국의 다른 비국교도 교육기관에서뿐만 아니라 아카데미 운동의 보다 자유로운 부분에서도 18세기 말엽에 이르기까지 찾아볼 수 있다. 그 이후 비국교도들이 공적 생활로 되돌아왔던, 그리고 문법학교와 대학교의 고전 기반적인 교육에 대한 불만이 고조되었던 19세기에도 그런 흔적이 계속 남아 있었음을 우리는 제5장에서 살펴볼 것이다.

  비국교도들이 학교교육이나 그다음 단계의 교육에서 선호했던 '근대적' 교육과정은 17세기 말까지 위험한 상황에 처해졌다가 18세기에 거기서 벗어났고, 비국교도 집단이 아닌 사람들 사이에서도 인기가 높아졌다. 그럼에도 불구하고 그것은 고전적 교육과정이 잉글랜드의 대학교나 문법학교에서 차지하고 있었던 높은 지위를 결코 밀어내지 못했다. 그러다가 19세기에 더욱 더 극적으로 발전했다. 학교교육에서만 그런 것이 아니었다. 그것은 19세기가 끝나자마자 이윽고 영국의 모든 중등학교의 공식적 교육과정으로 자리 잡게 되었다.

  근대적 교육과정의 발흥을 어느 한 가지 원인으로 돌리는 것은 어리석은 일이다. 거기에는 여러 가지 이유가 있었다. 산업국가로서 그리고 세계 교역의 지도적 국가로서 영국의 등장, 계몽주의 사상에서 파생된 공리주의나 다른 사상의 영향, 그리고 그 밖의 이유들이 분명히 있었다.

그런데 19세기 초에 포스트라무스주의의 교육 전통이 비록 희미하긴 하지만 식별될 수 있는 흔적을 계속 남기고 있었다는 점도 또 하나의 요인일 것이다. 바로 이 요인이 내가 이번 장에서 다룰 다섯 가지 주제 중에서 첫 번째다. 나머지 네 가지 요인은 시험의 역할, 동기의 변화, 이 책의 방법론, 그리고 교육과정에 대해 이 책에서 사용되는 용어 등이다.

(1) 제4장에서 우리가 살펴보았듯이, 18세기 초에 포스트라무스주의의 노선에 따라 종합적인 근대적 교육과정을 제공했던 잉글랜드의 교육기관들은 왕정복고 이후에 청교도에 가해졌던 반격 속에서 지탱하기조차 힘들었다. 18세기 말에는 워링턴이나 그 밖의 자유로운 칼리지들이 놀라울 정도로 성공함으로써 지도적인 비국교도의 아카데미들에서 제공되었던 교육은, 스코틀랜드의 대학교에서 제공되었던 교육과 비슷하게 보다 급진적인 집단 속에서는 미래의 방향을 제시해 주는 것으로 간주되었다. 이때에는 새로운 중산계급이 부유한 산업가들로부터 전문가 집단이나 무역 종사자들에 이르기까지 형성되었다. 중산계급에 속하는 대다수 사람들은 비국교도에 뿌리를 두었고, 정치권력에서 더 많은 몫을 차지하는 데 골몰했다. 이런 야망은 19세기에 실현되었다. 비국교도들은 1828년에 공적인 세계에 다시 진입할 수 있도록 공식적으로 허용되었고, 자유당은 중산계급의 주요 정치기관으로 활약하다가 20세기 초에는 보수당으로 교체되었다. 이 시기는 지주계급과 상위 중산계급 간의 구별이 완화되던 때였다.

그 교육적 의미는 다음과 같이 말할 수 있다. 즉, 문법학교, 사립학교, 대학교 등에서 영국 국교인 성공회 체제가 선호했던 고전적 교육과정이 더욱 부유해진 사회집단 내에서 점차적으로 도전을 받게 되었다. 다시 말해서, 포스트라무스주의의 유산으로 남아있었던 것이 종전의 힘든 상황에서 벗어나서 마침내 주류를 차지하게 되었다. 여기서 핵심 역할을 수행한 것이 그 당시 새로 설립된 런던 대학교다.

런던 대학교의 입학시험은 일반 교육과 고등 교육의 관계보다는 일반 교육과 학교교육의 관계가 오늘날 그런 것처럼, 더욱 밀접한 것이 되도록 만들었던 한 가지 요인이다. 앞 장에서 우리는 아주 어린 아이들을 위한 일반 교육, 즉 백과전서적 교육의 여러 가지 사례들을 각각 살펴보았다. 16세기에 라무스가 설립했던 프레슬 칼리지에서는 8세 이상의 아이들을 위해 아주 폭넓은 교육과정이 제공되고 있었다. 18세기에 웨슬리의 킹스우드 학교에서는 6세 아이들도 받아들였다. 그 교육과정은 노샘프턴 아카데미에서 도드리지가 가르쳤던 교육과정으로부터 영향을 받았고, 또 중복되는 점이 많았다. 그러나 전체적으로 볼 때, 18세기에 백과전서적 전통은 잉글랜드의 비국교도 아카데미와 스코틀랜드의 대학교에서 계속 살아남았다. 19세기 말에 런던 대학교와 같은 진보적인 대학교에서는 일반 과정이 전공 과정으로 전환되었지만 중등학교에서는 오래된 백과전서적 전통에 속하는 교육과정이 표준으로 자리를 잡아가고 있었다.

(2) 이와 밀접한 연관 속에서 19세기에는 대학 이전 단계의 교육이나 전문가 양성에서 시험이 등장하였고 중산계급 교육의 핵심 요소로 자리를 잡았다. 이는 느닷없이 나타난 것이 아니고, 급진적 프로테스탄티즘이라는 뿌리에서 생겨난 것이다.

(3) 또 다른 주제는 동기의 변화다. 19세기 초에 일반 교육을 추구했던 공리주의적/실천적 이유는 일반화되었고, 이와 동시에 비도구적/종교적 이유도 찾아볼 수 있었다. 후자의 경우 순수한 종교적인 이유

는, 19세기가 진행되는 가운데 능력 심리학에 기반을 둔 이유로 바뀌는 경향이 나타났다. 능력 심리학은 일반적으로 심리학이라는 새로운 학문과 마찬가지로 종교적 뿌리에서 생겨난 것이었지만 점차 그 자체로서 하나의 학문 분야로 간주되었다.

(4) 이 장에서 내가 논의할 또 다른 이슈는 이 책 전체의 방법론에 관한 것이다. 이 책의 주요 동기는 포스트라무스주의가 특히 급진적 프로테스탄티즘과 연계됨으로써 오늘날의 일반적인 학교교육과정에 공헌했다는 점이다. 나는 단선적인 인과적 설명을 피하기 위해서 역사적 원인이란 결코 단순한 것이 아니며, 라무스주의의 유산도 기껏해야 중요한 한 가지 요인에 불과하다는 점을 강조했다. 그러나 이런 소박한 주장을 입증하는 데에도 더 많은 노력을 기울일 필요가 있다. 앞선 몇 개의 장에서 우리는 포스트라무스주의의 교수법과 북서부 독일/네덜란드/잉글랜드/스코틀랜드/뉴잉글랜드 간의 지리적 연관성을 18세기에 이르기까지 살펴보았다. 이 장에서 나는 그런 유산을 아메리카와 프러시아로 확대시켜 볼 것이다. 왜냐하면 이 지역의 교육발전이 19세기 영국의 교육발전에 대해서도 영향을 미쳤기 때문이다. 이 모든 이야기가 과연, 백과전서적인 교육이 북유럽이나 북아메리카의 프로테스탄트 세계와 **특별한** 관계를 갖고 있다는 점을 얼마나 뒷받침해 주는가? 그 당시 가톨릭이 지배하고 있었던 유럽 지역에서는 어떤 일이 벌어지고 있었는가? 만일 스페인, 포르투갈, 이탈리아, 프랑스에서 오래된 고전 기반적 패러다임을 근대적 교육과정으로 바꾸려는 비슷한 움직임이 있었음을 우리가 찾아낼 수 있다면 이는 이 책의 주요 주제에 대한 도전이 될 것이다. 그리고 프랑스의 계몽주의와 혁명은 그런 이야기 속에서 얼마나 중요한 것인가? 혹은 그런 방향에 대한 반대 증거

를 우리가 찾아낼 수 있는가?

(5) 마지막으로, 나는 용어에 관하여 짧게 이야기할 것이다. 이 점은 중요하다. 왜냐하면 내가 이 책 전체에서 '백과전서적인' '일반적' '광범한(폭넓은)' '근대적' '전통적' 이라는 용어를 서로 뒤섞어 사용함으로써 특정 교육과정을 이야기하고 있는데, 만약 내가 어떻게 해서, 또 어찌하여 이런 용어들을 뒤섞어 사용하고 있는지를 충실하게 밝혀 주지 못한다면, 독자들은 혼란에 빠질 위험이 있기 때문이다.

런던 대학교와 학교 개혁

일찍이 기존의 교육 질서에 도전했던 것들 중 한 가지는 1826년에 설립된 런던 대학교(London University)였다. 이것은 나중에 유니버시티 칼리지 런던(University College London: UCL)으로 바뀌었다. 이 대학교는 스코틀랜드의 대학교의 실천을 모방했다(Bellot, 1929, pp. 8, 79; Simon, 1960, p. 120). 그뿐만 아니라 프로테스탄트 사상이 지배했던 프러시아와 미국의 고등교육(Bellot, 1929, p. 8) 그리고 공리주의가 또 다른 영향을 미쳤다. 벤담(Bentham)의 『명문집(Chresthomathia)』(1816~1817)은 백과전서 기반의, 실천 지향적인, 중산계급 교육을 개관하는 책으로 "급진적 부르주아의 교육 사상 및 실천에 지대한 영향을 미쳤다"(Simon, 1960, p. 79). 벤담의 백과전서적인 경향이 18세기 프랑스의 백과전서주의보다는 오히려 포스트라무스주의의 백과전서 운동으로부터 **직접적인** 영향을 받았다고 보아야 할 이유는 없다. 물론 후자가 전자에 대해서 어떤 영향을 미쳤다고 본다면(p. 172 참조) 모종의 간접적 영향이 있었을 것이다.

UCL은 '가우어 거리(Gower Street)의 무신론적 기관'이라고 간주되었는데, 그것은 원래부터 비국교도 대학교로 구상된 것이었기 때문이다. 1870년대까지 잉글랜드의 비국교도들은 옥스퍼드와 케임브리지에 들어갈 수 없었다. 비국교도 아카데미들은 그때에는[1] 부적절한 모델로 간주되었기 때문에 UCL은 부분적으로는 "프리스틀리가 대표하는 자유 운동"(p. 12), 즉 워링턴, 맨체스터, 해크니(Hackney)와 같은 자유 아카데미들로부터 영감을 받았다. UCL의 초창기 교수들 중에는 비국교도와 연관된 사람들이 많았다.[2]

옥스퍼드나 케임브리지와는 달리, 런던 대학교의 4년제 일반과정은 강의 중심이었다. 1학년과 2학년에는 라틴어·그리스어·수학을, 3학년에는 논리와 마음철학·화학·자연철학을, 4학년에는 법률·정치경제학·자연철학·도덕/정치철학을 가르쳤다(Bellot, 1929, p. 79). 이는 구체적인 내용에서 차이가 있겠으나, 17세기나 16세기로까지 거슬러 올라가는 스코틀랜드의 전통적인 교육과정의 구조와 놀라울 정도로 유사하다(이 책의 p. 82, 129 참조).

그 교육과정은 백과전서적 전통에 속한 것이었고, 그 방법은 라무스주의와 포스트라무스주의의 교수법과 비슷한 점이 많았다. 이런 교수법은 라무스 자신의 실천에서, 독일에서, 하버드 칼리지에서, 그리고 예닝스, 도드리지, 프리스틀리로 이어지는 비국교도 아카데미에서 통용되었던 것임을 우리는 앞서 살펴보았다.

벨롯(Bellot, p. 79)에 따르면,

교육체제는 … 강의와 연습, 시험으로 이루어져 있었다. 그것은 기존 대학의 방법에서 의도적으로 탈피한 것이고 스코틀랜드의 실천을 모델로 삼은 것이다.

런던 대학교가 설립된 이후 그런 패턴의 교육과정은 이윽고 더 어린 연령층으로 내려가기 시작했다. 즉, 그것의 백과전서적 교육관은 1838년 이후 학교교육에 반영되었다. 이때 런던 학위 과정을 밟기 위한 예비조건으로서 런던 입학시험이 도입되었다. 이 시험은 초기 UCL 과정에서 가르쳤던 것들, 혹은 보다 일반적으로 런던 BA 학위과정에서 요구하는 것들과 비슷하게 학문적인 교과들에 기반을 둔 것이었다. 여기에 수학, 자연철학, 화학, 그리스어와 라틴어, 영어, 역사와 지리의 개요 그리고 (우수한 명예 학생들의 경우에는) 자연사가 포함되었다(Harte, 1986, p. 92; London University Calendar, 1844, p. 6). 이것은 모두 "폭넓은, 거의 백과전서적인 지식"을 확인하기 위한 것이었다(Montgomery, 1965, p. 59).

그것은 1858년에 수정되었고(Harte, 1986, p. 105), 라틴어, 수학, 잉글랜드 역사를 포함한 영어, 근대지리, 두 가지 자연과학, 그리스어 (1874년까지) 그리고 프랑스어 혹은 독일어가 포함되었다(Spens Report, 1938, p. 39).

그 시험은 이윽고 런던 대학교와 연합한 칼리지, 즉 (비국교도와 연관성을 갖기도 했던) 오웬 칼리지, 맨체스터 칼리지 및 기타 칼리지의 입시에서도 채택되었다(London University Calendar, 1844, p. 57). 또한 그것은 곧바로 학교 시험으로 채택되었는데, 대학 입시 준비생들만 그런 시험을 치른 것은 아니었다. 그런 시험의 존재 자체가 중등학교가 근대적 교육과정으로 이행하도록 촉진하였다. 톤턴 위원회의 보고서가 말하는 것처럼(1868, vol. 1, p. 327) "상당히 많은 사설학교 및 사립학교가 자체의 교육과정을 그런 시험의 요구사항에 맞추었다."[3]

물론, 런던 대학교의 입학시험이 생기기 전부터 이미 고전적 교육과정보다는 근대적 교육과정을 따른 학교가 많았던 것도 사실이다. 브라이언 사이몬(Brian Simon, 1960, pp. 109-117)은 18세기 말과 19세기 초에 그런 학교가 늘어났음을 지적한다. 그는 이런 현상을 1779년까지 추적하였다. 이때 우리가 말한 것처럼, 비국교도들도 법적으로 교사가 되도록 허용되었다. 이들은 "부분적으로 기존의 아카데미들을 모델로 삼아"(p. 110) 학교를 설립하기 시작했고, 새로운 도시산업가나 상위 중산계급에게 필요한, 보다 실천적인 교육을 자기 아들에게 제공했다.

예를 들어, 1807년에 설립된 밀 힐 학교(Mill Hill School)는 조합교회파 및 다른 비국교도들이 프로테스탄트 비국교도들의 자녀를 위해 세운 문법학교였다(Brett-James, n.d., p. 9). 이 학교는 비국교도 아카데미의 직계에 속한다. "살아남은 몇 개의 아카데미들은 밀 힐과 같은 유형의 사립학교가 되었다"(McLachlan, 1931, p. 5). 밀 힐의 초대 교장은 존 앳킨슨(John Atkinson)이었는데, 그는 그전에 런던에 있는 헉스톤 독립교회파 아카데미(Hoxton Independent Academy)에서 가르쳤다(McLachlan, 1931, p. 239). 로우치(Roach, 1986, pp. 176-177)는 "그 당시의 온전하고 다양한 교육과정"을 상세하게 제시한다. 1817년 무렵까지 그 학교에서는 그리스어와 라틴어뿐만 아니라 영어, 프랑스어, 대수, 수학, 역사, 지리, 제도를 가르쳤다(Brett-James, n.d., pp. 46-47).

토트넘(Tottenham)의 그로브 하우스 학교(Grove House School)는 1828년 퀘이커 재단(Quaker foundation)이 설립하였다. 이 학교의 초창기 학생인 포스터(W. E. Forster)는 자유당의 장관이 되어 1870년의 교육법을 만들었다. 이 교육법에 따라 국가 차원에서 초등학교가 도입되었다. 여기서 계획된 교육과정에는 라틴어와 그리스어, 종교 자유의 원리, 영국헌법, 성서와 연관된 지리와 역사, 고급 및 응용 수학, 자연철학이 들어 있다. 자연철학이 도입된 이면에는 정신훈련이라는 이유가 있었지만, "자연 법칙의 놀라운 규칙성 속에 담겨 있는 지고한 존재의 지혜에 관해 보다 분명하고 넓은 비전을"(Brown, 1952, p. 8) 아이들이 습득하도록 도와주려는 이유도 깔려 있었다. 여기서 비국교도 전통과의 연계성은 아주 분명히 드러난다.

이와 유사하게, 자연철학이 포함된 교육과정의 패턴은 1829년 퀘이커 교도들이 요크에 세웠던 부텀 학교(Bootham School)에서도 나타났다(Pollard, 1926, p. 29). 카밀라 리치(Camilla Leach, 2006)는 1790년부터 1850년 사이에 여성 퀘이커교도가 작성한 아동용 과학 교재들에 관해 언급하고 있다.

비국교도와 연관된 또 다른 유명한 상위 중산계급의 학교들도 근대적 교육과정을 따랐다. 사이먼(Simon, 1960)도 자주 언급하지만, 스튜어트와 맥캔(Stewart & McCann, 1967)도 다수의 사례를 지적한다. 예를 들어, 헤이즐우드 학교(Hazelwood School)는 1819년 유니테리언 교파의 토마스 라이트 힐(Thomas Wright Hill)이 버밍엄에 세운 것이었다. 그는 비국교도 아카데미의 영향을 크게 받았다(pp. 100-101; 놀랄 정도로 폭넓은 교육과정 속에서 과학이 특별히 강조된 경우는 pp. 112-118 참조). 또 1774년 비국교도인 데이비드 윌리엄스(David Williams)가 첼시에 세웠던 로렌스 스트리트 아카데미(Laurence Street Academy)가 있다(그의 인상적인 교육과정의 세부적인 부분은 pp. 46-51 참조). 또한 1749년에 감리교의 웨슬리가 세웠던 킹스우드 학교는 19세기에도 번창했다. 루스 와트(Ruth Watts, 1998, ch. 6)는 헤이즐우드를 비롯한 유니테리언

교파의 일부 학교가 근대적인 중산계급 교육을 제공했던 역할을 거론한다.[4]

상류층, 중산층 계급의 학교뿐만 아니라 중하층 계급의 학교도 폭넓은, 근대적 교육과정을 선호했다. 예를 들어, 사이몬(1960, p. 113)은 맨체스터의 사립학교에 관한 1834년도 보고서를 언급한다. 대부분의 학교가 1820년 이후에 세워졌고,

> 교사는 대부분 비국교도였다. 교육과정을 분석해 보면 평균적으로 남학교에서는 읽기, 쓰기, 문법, 산수, 지리, 역사, 수학과 언어를 15세 정도까지 가르쳤음을 보여 준다. 몇 개 학교에서는 자연사와 제도를 가르쳤고, 도덕과 종교를 약간 가르친 곳도 있었다.

톤턴 보고서

급진적 프로테스탄트의 전통에 속했던 학교는 톤턴 위원회(Taunton Commission)가 1868년에 '중산계급'의 학교를 위해 제안했던 교육과정의 주된 원천이었다. 1860년대에는 유명한 교육위원회가 세 가지 있었다. 톤턴은 그중 하나다. 다른 두 가지도 위원장의 이름을 따라 뉴캐슬 위원회(Newcastle Commission)와 클라렌든 위원회(Clarendon Commission)라고 불렀다. 세 위원회의 과제는 그 당시 사람들이 지각했던 주요 사회계급을 위한 미래 교육 체제였다. 뉴캐슬 위원회는 노동 대중을 위해 읽기, 쓰기, 셈하기의 기초 기능을 가르치는 학교를 선호했다. 클라렌든 위원회는 상류계급을 가르쳤던 9개의 최고 사립학교가 근대적 요소를 추가한 폭넓은 고전적 교육을 계속 따를 것을 제안했

다. 톤턴 위원회는 중산계급 중에서도 가장 부유한 계층이 후원하는 사립학교에서는 주로 고전 기반의 교육을, 그리고 중산계급의 중하위 계층을 위해서는 라틴어가 포함된 대체로 근대적인 교육과정을 옹호했다.

따라서 '이류'에 속하는 학교들은 16세에 졸업하는 남자아이들을 위해 그리스어가 아닌 라틴어, 영문학, 정치경제, 수학, 과학에 기반을 둔 교육과정을 갖게 되었고, '삼류'에 속하는 학교들은 14세쯤에 졸업하는 남자아이들을 위해 "기초 라틴어 혹은 근대 외국어, 영어, 역사, 기초 수학, 지리, 과학을 포함시켜야 했다"(Simon, 1960, p. 324).

톤턴 보고서는 주로 남자아이들의 교육에 관한 것이었지만 여자아이들을 위해 중등교육을 제공했다는 점에서 전환점이 되었다. 즉, 큰 도시에 주간 학교를 세워 여자아이들에게도 학문적인 교육을 제공할 것을 제안했다(Jordan, 1999, p. 211). 18세기 후반부터 유니테리언 교파의 교육개혁가들은, 그들이 남성이건 여성이건 관계없이 가정에서 근대적 노선에 따라 여자 아이들을 교육시키려고 했고, 그리고 더 일반적으로 양성 평등을 주장했다는 점에서 독특했다(Watts, 1998, ch. 2, 3, 6). 그러나 여자아이들이 남자아이들처럼 근대적·학문적인 중등 교육과정을 배운 것은 19세기 후반과 20세기 초가 되서야 비로소 가능한 일이었다.

자료를 통해서 잘 알려진 것처럼, 톤턴 위원회가 제안했던 교육과정의 주된 모형은 그 당시 영국의 사립학교나 사설 학교에서 찾아볼 수 있는 패턴이었겠지만, '이류' 학교 및 다른 것에 관한 그 위원회의 아이디어에 중대한 영향을 미쳤던 것은 프러시아의 **실과학교**(*Realschule*)다. 매튜 아놀드(Matthew Arnold)는 부위원장으로서 여러 국가의, 특히 프러시아의 중등교육을 조사하도록 파견되었다. 프러시아에 관한 그의 보고서는, 특히 실과학교의 근대적 교육과정에 대한 그의 논평은 아주 인상적인 것이었다.[5] 이 학교의 기원은, 코메니우스의 사상에서 파생된 측면을 포함시켜 나중에 논할 것이다.[6] 그 밖의 국가에서 그가 관찰했던, 근대적 교육과정에 기반을 둔 학교체제도 그 위원회의 생각에 영향을 미쳤다. 그중 뉴잉글랜드와 스위스(취리히 주)도 금욕적 프로테스탄티즘의 역사를 지니고 있었고, 포스트라무스주의의 전통과 연계성을 갖고 있었다.[7]

아놀드는 뉴캐슬 위원회에서 일할 때, 근대적 교육과정을 갖고 있었던 툴루즈(Toulouse)의 리세(Lycée)도 방문했다(Smith & Summerfield, 1969, p. 85). 그를 통해 톤턴 위원회의 생각에 반영되었던 것으로 보이는 프랑스의 영향은 프랑스 계몽주의와 프랑스 혁명 시기에 옹호했던 근대적 교육과정으로 거슬러 올라갈 수 있다(Barnard, 1969, p. 246).[8]

또한 톤턴 위원회는 일반적인 학문적 교육과정을 추구했던 동기를 탐색했다.

> 그들의 증언에서는 일반 교육을 애호하는 데 대체로 의견의 일치가 있었다. "비록 일부 특정 직업에서 특별히 유용한 것이지만, 지력의 일반적 함양에 잘 맞는 혹은 이렇게 되기가 쉬운 모든 교과를 가르치는 것에 대해 아무런 반대가 나올 수 없었던 것은 당연했다. 그런 교과가 기여하는 이중의 목적은 그것을 옹호해 주는 믿음직한 논변이 될 수밖에 없었을 것이다"(Spens Report, 1938, ch.1, section 17).

일반적인 지적 함양을 강조할 뿐만 아니라 실천적 유용성도 인정하고 있는 이런 증언은 포스트라무스주의자들과 그 이후 비국교도들의 교육 전통에서 나타났던 비슷한 긴장과 해결을 다시금 생각하게 만든다. 이런 전통에는 신이 창조한 세계에 관한 종합적인 지식에 대한 애착, 그리고 이런 지식이 이 세계에서 신의 목적을 증진하는 데 이용될 수 있음에 대한 인식이 들어 있었다.

나중에 시험에 관해 몇 가지를 더 언급한 후에, 나는 근대적 교육과정을 채택하게 된 이런 저런 동기에 관해 더 많은 이야기를 할 것이다. 그전에 톤턴 위원회에 관해서 한마디만 덧붙이고자 한다. 그것은 중산계급의 중하위 계층에게 필요하다고 보았던 일반 교육에 대해 생각하는 데 도움이 되었지만 그 위원회의 제안은 19세기 말엽에 이르기까지 실행되지는 못했다는 점이다. 1904년이 되어서야 잉글랜드에서 국가적으로 설립된 중등학교에서 그 위원회가 옹호했던 종류의 교육과정은 법적인 것이 되었다. 이런 교육과정의 출현과 그 과정에서 극복해야 했던 반발에 대해서는 제6장에서 재론할 것이다.[9]

시 험[10]

런던 대학교 입학시험이 생겨났고, 이것이 학교졸업시험으로 이용되었는데 이 점이 어떻게 해서 백과전서적인 교육과정의 위력을 강화시켰는지는 앞에서 살펴보았다. 그 이면에는 역사적인 이야기가 깔려 있다. 교수법에 대한 포스트라무스주의의 접근은 교육과정 내용이 기업적 방식으로 시험 볼 수 있게 되었음을 의미한다. 이와 동시에 시험이라는 생각은 급진적 프로테스탄트 사상의 핵심 개념이었다. 코메니우스(1638/1907, pp. XXIV, 6, 9)는 명상, 기도, 시험이 진정한 기독교인의 핵심이라는 루터의 믿음을 끌어들였다.

> 시험은 우리의 경건성의 진보를 끊임없이 검사하는 것이며, 이것은 우리 스스로 혹은 다른 사람들에 의해 행해질 것이다. 거기서 인간적, 악마적, 신성한 유혹들이 나타난다. 왜냐하면 인간은 신의 의지에 충실하고 이를 실행하는지를 알아보기 위해 자신을 시험해야 하기 때문이다. 그리고 우리는 다른 사람들, 우리의 친구들, 그리고 우리의 적들에 의해서 반드시 검사받아야 할 필요가 있다.

청교도들이 구원의 한 가지 조건으로 지식에 대해 부여했던 비중을 생각해 볼 때, 인간의 도덕적 진보와 지적 진보의 상태는 그의 자기시험(self-examination) 속에서 정기적으로 점검되어야 하는 것으로 기대받을 것이다. 자기시험은, 코메니우스가 밝힌 것처럼 타인들의 시험으로부터 전적으로 분리되어서는 안 된다. 프로테스탄트들은 개인이지만 원자적 의미에서의 개인이 아니라, 비슷한 마음을 가진 개인들의 공동체의 일부라는 의미에서의 개인이었다. 이런 개인은 각자의 구원을 촉진시키기 위해 집단적으로 일했다.

젊은이들의 지적 검사에서 초기의 프로테스탄트 부모/성직자/교사가 수행했던 역할이 어떤 것이었는지를 파악하려면 더 충실한 연구가 필요할 것이다. 그러나 제2장에서 제시한 자료에서 분명히 드러났던 점은, 그것이 라무스주의/포스트라무스주의 교육혁명의 중심 특성이었다는 것이다. 우리는 그것을 라무스 자신의 일상적 실천, 즉 그의 학생들로 하여금 각자의 개인공부 시간에 학습한 것을 선생에게 피드백하도록 했던 점에서 엿볼 수 있고(p. 66 참조), 시간 관리에 관한 인용문에 들어 있는 알스테드의 제언, 즉 격주마다 학생들의 공부를 점검해야 하고 또 학기마다 시험을 보게 해야 한다는 점에서도 엿볼 수 있다(p. 72 참조).

규칙적인 점검과 정기적 시험이라는 패턴은 비국교도 아카데미에서 지속되었다. 맥라클란(McLachlan, 1931, p. 41)에 따르면,

> 검사와 시험을 통해서 아카데미는 대학에서 얻을 수 있는 것보다 훨씬 높은 수준을 유지했다.

또한 그는 19세기 초의 케임브리지 졸업 예정자들이 BA 학위를 받기 전에 아주 쉬운 질문에 대해서도 제대로 대답하지 못했다는 증거를 문헌에서 찾아냈다.

> 그중 한 학생은 Anno Domini가 영어로 무엇인가라는 질문을 받고서 멍청하게도 답하지 못했다. 또 다른 학생은 구세주가 탄생한지 얼마나 되었느냐는 질문에 대해 백 년이라고 말했다(McLachlan, 1931).

이와 달리 아카데미의 교사들은 검사나 시험을 자주 시행했다. 제4장에서 우리는, 예닝스가 킵워스에서 행했던 교육에 관한 필립 도드리지의 설명에서, 날마다 행해졌던 피드백의 한 가지 사례('우리의 다음 시험에서')를 살펴보았다. 맥라클란에 따르면, 수많은 아카데미에서 "학업 기간에 학생들이 쓴 글은 해마다 공적으로 점검을 받았으며, 이는 그 일을 위해 임명된 사람들에 의해 수행되었다"(p. 42). 1696년에

도 장로교파와 독립교회파의 연합 형제단(United Brethren)은 톤틴 아카데미에서 5년 과정을 이수하는 학생들을 재정적으로 지원했으며, 그 수혜자들이 논리학이나 다른 과목을 배우기 위해 재정 지원을 받으려면 그 이전에 "그들의 라틴어 및 그리스어 기능을 만족스럽게 보여줄" 것과 다음 사항을 요구했다.

> 그 재단의 후원을 받은 철학과 신학의 학생들은 매년 회중 앞에서 시험에 통과할 것 혹은 학습의 숙달 정도에 관해 입증하도록 할 것(McLachlan, 1931, p. 71).[11]

또한 이보다 더 광범한 연구를 통해, 공식적 시험의 부과라는 실천이 19세기 초에 이르러 헌신의 한 가지 절차로서(자기시험을 비롯하여) 시험에 관한 초기 프로테스탄트의 사상으로부터 얼마나 멀리 벗어났는가를 밝혀낸다면, 이는 흥미로운 것이 될 것이다.[12] 또한 사회계층의 상층부에서 비국교도와 국교도 간의 구별이 약화되었던 점을 특별히 염두에 두면서, 시험에 대한 비국교도들의 애착을 다른 집단들이 어느 정도까지 공유했는가를 알아보는 것도 유익할 것이다.

19세기에 비국교도들을 중심으로 중산계급이 성장했던 까닭은 시험이 직업과 직접 연관되었고, 또 일반 교육에서 점점 더 많이 사용되었기 때문이기도 했다는 점에 대해서는 논란이 없는 것 같다. 소명(vocation)과 일반 교육(general education)이라는 두 가지 개념은 프로테스탄트의 흐름에 속하는 것이다.

직업상으로는 상위 중산계급의 전문직들이 최초로 영향을 받았다. 19세기 초에 학위를 취득한 소수 대학생들은 성직자나 의사가 되었다.

1836년에 법률학회는 변호사 시험을 도입했다. 고급 공무원과 인도 지역 공무원을 위한 시험이 1850년대에 최초로 도입되었다(Gunn & Bell, p. 131).[13] 도제가 아니라 시험에 기반을 둔 전문화는 회계, 조사, 공학 등 하위 부르주아 직업으로 확대되었다.[14]

직업을 위해 직접적으로 활용되었던 시험은 간접적으로 활용되기 시작했다. (1836년 이후) 새로운 런던 대학교는 그 자체가 거대한 시험 기관으로서, 학위 취득을 실제로 확산시키는 데 일조했다. 그것이 그대로 직업상 잠재력을 가진 것은 아니었다. 1900년에 이르러 옥스퍼드와 케임브리지 대학생들은 대부분 "자신의 학위를 취득해야겠다는 생각을 최소한 갖게 되었을 것이다"(Gunn & Bell, 2002). 대학 진학에 대한 압력이 고조되면서, 학교도 그런 영향을 받게 되었다. 19세기 후반과 20세기 초기에 대학에 매달린 중등학교 학생들이 치렀던 가장 대중적인 시험은 옥스퍼드 지역시험 위원회(Oxford Local Examinations Delegacy)와 케임브리지 신디케이트(Cambridge Syndicate)가 시행한 것이었다(Montgomery, 1965, p. 56). 게다가 이미 지적했듯이, 런던 대학교 입학시험은, 런던 대학교를 목표로 삼지 않았던 학생들에게도 일반적인 학교졸업시험으로 간주되기 시작했다(Montgomery, 1965).

변화하는 동기

이 장의 첫머리에서 언급했던 네 가지 주제 중에서 세 번째를 자세히 논하고자 한다. 이것은 백과전서적인 교육과정을 추구하는 동기의 지속과 변화에 관한 것이다. 제4장에서 우리는 엄밀하게 구별할 수 없는 실천적 이유와 종교적 이유가 18세기 내내 지속적으로 서로 결부되었음을 살펴보았다. 이런 이유들이 19세기로 넘어갔다.

유용한 전문 기술을 제공해 줄 수 있는 학교교육에 대한 현실적 요구는 점차적으로 성장하는 중산계급 사이에서 높아지고 있었다. 이들은 지역의 문법학교가 그런 점에서 부적절했기 때문에 고심하게 되었다. 앞 장에서 언급했던 머서(Mercer)의 견해에 따르면, 중산계급 중에서 더 부유한 가정들은 사회적 지위라는 이유 때문에 자유 교육, 즉 일반 교육을 애호하게 되었다. 그것은 과학을 매우 강조하고, 신사에게 적합한 것으로 간주되었던 교육이다.[15] 다시 말해서 세속적인, 비공리주의적 논변이 마침내 등장하기 시작했다. 또 다른 사례는 톤턴 위원회에서 나온 다음 글귀에서 찾을 수 있다. 일반 교육이란 "지력의 일반적 함양에 아주 적합한 것"[16]이다.

세속적 · 백과전서적 이유

최소한 다윈(Darwin) 이전까지, 그리고 특히 비국교도 집단들 사이에서는 다음과 같은 가정이 일반적으로 퍼져 있었다. 즉, "자연의 탐구는 신의 창조물에 대해 더 충실하게 알도록 해 준다." 백과전서적인 교육과정에 대한 종교적 이유는 그로브 하우스 학교에서처럼 여전히 남아 있었다(p. 143 참조). 또한 이런 관점의 일부로서 지리와 같은 특정 교과를 가르치는 것을 지지하는 데에도 종교적 이유가 동원되었다. 19세기 후반에 널리 유행했던 '곶과 만(Capes and Bays)' 접근방식은 "우주의 암묵적 질서와 조화라는 아이디어와 연결되었고, 이에 대해 잘 요약된 진술은 신이 창조한 우주의 영광을 증언해 주는 것이었다.

다른 교과와 마찬가지로 지리는 종교 수업에 종속되는 것으로 간주되었다"(Price, 1986, p. 192).[17]

19세기 후반에 이르러 백과전서적인 교육과정에 대한 **세속적 정당화**가 프랑스와 잉글랜드에서 나타났다는 증거도 있다. 잉글랜드의 사례는 매튜 아놀드의 정당화에서 나타난다. 그는 프러시아의 실과학교[18]를 방문했던 경험을 바탕으로 다음과 같은 중학교 교육과정을 제안했다. "모국어, 초급 라틴어와 주요 근대 외국어의 요소들, 역사/산수와 기하/지리, 자연지식의 요소들"(Arnold, 1964, p. 300)이 그것이다. 이런 교육과정은 바람직한 교육에서 찾아볼 수 있는 두 가지 종류의 지식을 제공해 준다. 그 "일차적 목적은 인간으로 하여금 자기 자신과 **세계를 알 수 있도록 하는 것**"(p. 290, 아놀드의 강조임)이었다. 아놀드는 두 가지 지식을 합쳐서 "지식의 서클(the circle of knowledge)"(p. 291)이라고 불렀다. 왜 백과전서적인 지식을 교육의 목적으로 삼아야 하는가의 이유를 그가 충실하게 설명하지는 않았지만, 다음과 같은 그의 주장 속에서 그 정당화의 파편을 찾아볼 수 있다.

> 모든 인간은 적성을 갖고 태어나는데 이것은 그로 하여금, 인간과 그의 활동을 공부하는 길이나 혹은 자연과 그 활동을 공부하는 길을 통해서 핵심적인 형성적 지식에 접근하게 해 준다(pp. 290-291).

아놀드는 고등학교에서 학생들이 자신의 타고난 적성에 맞는 특수한 길을 찾아갈 것으로 전망했다. 그러나 "지식의 서클은 양자를 포괄하며, 그리고 우리는 모두 지식의 서클 전체에 대해 아무튼 어느 정도의 생각을 갖추어야 한다"(p. 300). 따라서 중등교육의 초기에는 백과전서적 제공이 필요하다고 하였다.

아놀드의 정당화는 미흡하다. 그것은 두 가지의 근거 없는 주장에 의존하고 있다. 첫째는, 교육의 목적이 무엇이어야 하는가는 사람들의 천성적 특성, 즉 그들의 '적성'으로부터 나와야 한다는 주장이다. 이 주장의 난점은 인간 본성에 호소하는 모든 주장이 충돌하게 되는 점이다. 무엇이 어떠어떠하다는 사실로부터 무엇이 어떠어떠해야 한다는 당위가 어떻게 도출될 수 있는가? 한 사람이 어떤 특수한 능력/경향을 갖고 태어날지라도 그런 능력/경향을 발달시키는 것이 좋은 일이라는 점이 그처럼 쉽게 도출되지는 못한다. 예를 들어, 타인의 불행에서 쾌감을 느끼는 능력은 우리가 모두 타고난 것일 수 있고, 어떤 사람은 그런 성향을 일찍부터 발달시킬 수 있겠으나, 타인의 불행에서 기쁨을 느끼는 일은 장려하기보다는 오히려 막아야 할 일일 것이다.

둘째는 타고난 적성이 사람들을 자연 공부나 인문학 공부로 '이끌어 주는가'에 따라서 인간을 두 집단으로 구분한다는 주장이다(p. 300). 이런 주장은 전적으로 근거 없는 것처럼 보인다.

아무튼 이와 같은 난점과는 별도로 아놀드의 '적성' 논변은, 그가 제안하는 폭넓은 저학년의 교육과정을 정당화시켜 주는 데 충분한 것이 못된다. 자연 공부에 대한 적성을 갖고 태어나지 못한 아이들도 나중에 그들이 특수한 길로 나아가기 전에, 그런 공부에 몰두해야 한다(그리고 다른 집단도 마찬가지다). 왜 그래야 하는가? 아놀드는 이에 대해서 아무런 이유도 제시하지 못한다. 물론 이것은 좋은 이유를 찾을 수 없다는 뜻이 아니라, 아놀드가 그런 이유를 제공해 준 것처럼 보아서는 안 된다는 뜻이다.[19]

이제 영국에서 프랑스로 넘어가 보자. 20세기 초반에 에밀 뒤르켐은 그의 『교육사상의 진화(Evolution of Educational Thought)』(1977, pp. 347-348)에서 다음과 같이 말했다.

이렇게 본다면 우리는 교육이 백과전서적인 것이어야 한다는 의미를 파악할 수 있다. 우리가 살펴보았듯이, 백과전서적인 문화라는 아이디어는 우리의 학문적 진화의 최초 기원으로부터 꾸준히 살아남아 발전해 온 것이기 때문에 그것을 단순한 환상이라고 볼 수는 없다. 그런 아이디어는, 부분에 대한 이해는 그 전체를 생각하지 않고서는 불가능하다는 매우 심오한 통찰에 대한 한 가지 반응이다. 그러나 바람직하고 실천 가능한 백과전서적인 지식의 유일한 형태는, 예컨대 라블레(Rabelais)가 흔히 꿈꾸었던 그런 것이 아니다. 인류 지식의 모든 내용을 젊은이의 머리에 집어넣으려고 시도하는 것처럼 심각한 시간 낭비는 없다. 그러나 젊은이들의 마음이 온갖 다양한 지적 태도에 친숙해지게 함으로써, 나중에 상이한 범주의 사물들에 직면할 때에 필요할 것을 미리 갖추도록 대비시키는 것은 가능한 일이다. 이런 조건하에서 백과전서적인 교육은 지나치게 야심적이거나, 지나치게 과중한 것이 될 필요는 없을 것이다.

뒤르켐의 논변에서 검토해 볼 가치가 있는 점은 두 가지다. 첫째는, 과거의 종교적 이유는 사라지고 이를 대신하여 논리적으로 당연한 생각, 즉 부분은 전체와의 관계 속에서만 이해될 수 있다는 생각이 나타났다는 점이다. 그렇지만 이것은 종합적 교육과정의 정당화로서는 결함이 있는 생각이다. 예를 들면, 역사, 지리, 프랑스어 문법을 포함한 지식의 총체를 이해하지 않고서도 수학을 제대로 이해하는 것은 가능한 일이다. 그런데 뒤르켐은 이렇게 생각하지 않았다. 왜냐하면 그에게 있어서 과학은 하나의 통일체(unity)이고, 상이한 부분들은 유기적인 전체를 형성하고 있어서 서로 뗄 수 없는 관계에 있다고 보았기 때문이다. 여기서 그는 콩트(Comte)뿐만 아니라 더 중요하게는 코메니우스를 따르고 있다. 뒤르켐이 보기에 교육은 "그런 통일체에 대한 인식을 존중하고, 또 이런 인식을 낳을 수 있는 방향으로 조직되어야"(p. 294) 한다. 그러나 뒤르켐처럼 아무 논변도 제시하지 못하면서 통일체를 가정한다는 것은 백과전서적인 교육을 무작정 옹호해 버리는 것이요, 그것을 제대로 뒷받침해 주지 못하는 것이다.

뒤르켐의 논변의 둘째 특징은 백과전서적인 아이디어를 진지하게 받아들일 경우에 우리가 획득해야 할 지식이 엄청나게 많아진다는 문제를 다루려고 시도했다는 점이다. 케커만, 알스테드, 코메니우스도 그런 문제에 부딪쳤었다. 이런 문제는 더 많이 알기를 원하는 학생들이 백과전서 자체를 포함한 보다 종합적인 텍스트들을 통해서 그렇게 하기 전에, 축약된 요약집으로 그들을 입문시킴으로써 해결되도록 하였다. 뒤르켐의 해결책은, "다양한 지적 태도에 친숙해지게 함으로써, 나중에 상이한 범주의 사물들에 직면할 때에 필요할 것을 미리 갖추도록 대비시키는 것"이다. 이는 포스트라무스주의의 전통에서 크게 벗어난 것은 아닐 것이다. 뒤르켐과 케커만은 모두, 상세한 내용으로부터 벗어나야 한다는 과제를 갖고 있었다. 이렇게 하자면 그만큼 더 일반적 원리에 집중해야 하는데, 이런 원리에는 상이한 영역에서 사용되는 상이한 방법론이 반영된다. 이와 비슷한 현대적 사례 중 하나는, 2007년 잉글랜드의 국가 교육과정에서 각 교과에 들어 있는 '큰 아이디어들(big ideas)'을 전면에 부각시킴으로써 교과들을 '정돈(declutter)'하려고 했던 시도다.[20] 나는 나중에 20세기의 관점에서 일반 교육을 옹호하는 이유를 논할 때, 뒤르켐의 해결책을 다시 거론할 것이다.[21]

여기서 나는 뒤르켐의 문제, 즉 습득해야 할 엄청난 양의 지식을 다루어야 하는 문제가 생기는 것은 오직 백과전서적인 교육이 바람직하다는 가정하에서만 그렇다는 점에 주목할 뿐이다. 이런 가정을 지지해 줄 타당한 이유는 아직 충분하지 못한 편이다.

바로 이 점이 중요하다. 그 까닭은, 우리가 살펴본 것처럼 백과전서적인 아이디어가 톤턴 위원회를 비롯해서 19세기 후반의 교육관을 이끌었던 것이기 때문이다. 이 시기는 백과전서적인 아이디어를 옹호해 주었던 과거의 종교적 근거가 퇴색되고, 그 대신 더 세속적인 문화가 자리를 잡기 시작한 때였다. 이제 비도구적인 이유에서 일반 교육의 가치를 정당화시킬 수 있는 길은 무엇인가?

심리학적 이유

19세기를 거치면서 학문적 교육과정에 대한 심리학적 정당화가 비로소 나타나기 시작했다. 이는 인간의 능력(faculties)에 관한 주장에 기반을 둔 것이었다. 우리는 이미 듀어리의 학습관 속에서 이런 종류의 사고방식이 작동하고 있었음을 살펴보았다. 듀어리의 학습관은 인간의 능력의 무질서를 극복하는 데 도움을 준다는 점에서 알스테드의 학습관과 유사하다(p. 109 참조). 이런 생각을 보다 직접적으로 지적으로 뒷받침해 주는 것은, 토마스 리드(Thomas Reid)의 『인간의 지력에 관한 에세이(Essays on the Intellectual Powers of Man)』(1785)와 같은 스코틀랜드 철학파의 능력 심리학에 들어 있다. 리드는 학자가 되기 전에 장로교 성직자였는데, 물리 세계에 관한 연구인 자연철학처럼 지적 세계에 관한 연구인 성령론(pneumatology)의 발전에 공헌하는 것을 자신의 과업으로 삼았다.[22] 그에 따르면,

인간의 마음은 신의 가장 숭고한 작품으로서 이성이 우리에게 밝혀 주는 것이며, 그 존엄함 때문에 우리가 연구할 가치를 갖는 것이다(p. xxxv).

리드의 '지력(intellectual powers)'에는 감각-지각, 기억, 착상, 추상, 판단, 추론, 취향이 포함되어 있었다. 이 중에서 취향은 언급할 만한 가치가 있다. 착한 장로교 신자였던 리드는 미적 경험의 추구가 지식 습득의 한 가지 형식이라고 믿었다. 따라서 취향은 지력, 즉 진리를 추구하는 힘이었다. 그것은 진리의 영역에 속하는 것이었다.

우리가 다른 것을 다루기 전에, 이런 능력 심리학 학파의 유산에 관해 여기서 두 가지 지적할 점이 있다. 첫째, 이런 사고방식은 종교적 기원을 갖고 있었던 것인데, 19세기를 거치면서 미국에서도 대중화되면서 과학적 심리학의 한 가지로 세속화되었다(White, 2006a, pp. 100-106).

둘째, 우리는 두 가지 질문을 서로 구분해야 한다. (a) 능력 심리학의 접근은 마음을 이해하는 데 유익한 방식인가? (b) 능력 심리학의 접근은 교육과정의 과목들, 특히 근대적인, 일반적 교육과정을 구성하는 과목들을 정당화하는 데 유익한가? (a)에 대해서, 리드가 지적인 '능력들'을 구분했는데 그중 많은 것들이 오늘날에도 마음철학(philosophy of mind)에서 핵심 요소를 차지한다. (b)에 대해서, 더 가혹한 판단을 내릴 수밖에 없음을 곧 알게 될 것이다. 나는 19세기의 몇 가지 사례를 가지고 이야기를 시작할 것이다.

뉴잉글랜드의 예일 칼리지(Yale College)에서 1828년에 수업 과정에 관한 유명한 보고서가 출간되었다. 우리는 다음과 같은 인용문을 통해서, 그 교육과정이 확실히 백과전서적인 전통에 속한 것이었다고 판단하게 된다.

대학에서는 삶의 높은 경지로 나아갈 운명을 타고난 사람들이 알아야 될 지식의 분야들은 누구나 배워야 한다. 여기서 지금 공부하고 있는 과목들 중에서 그 체계를 전혀 손상시키지 않은 채 제외시킬 수 있는 것은 어떤 것인가? 여기서는, 고대 언어만 특별히 말하는 것이 아니다; 균형 잡힌 우수한 교육을 목표로 삼는 사람들 중에서 수학, 혹은 역사와 고대 문물, 혹은 수사학과 웅변술, 혹은 자연철학, 혹은 천문학, 혹은 화학, 혹은 광물학, 혹은 지질학, 혹은 정치경제, 혹은 정신철학과 도덕철학 등 다양한 분야의 요소를 몰라도 될 사람은 누구인가? (http://collegiate-way.org/reading/yale-report-1828/p. 19).

이 보고서는 이런 일반과정을 각 교과에서 특수하게 발달시킬 정신 능력에 의해 정당화시키고 있다.

철저한 교육의 토대를 갖추기 위해서는 모든 중요한 정신 능력이 발휘될 필요가 있다… 마음이 완전한 상태에 충실하게 도달하기 위해서는, 자연이 설계했던 공정한 비율이 다양한 힘들에게 부여되도록 다양한 능력들을 단련시켜야 한다. 만일 대학생이 추론하는 능력만 발휘한다면, 그는 상상력과 취향에서 열렬하고 인상 깊은 웅변에서 부족한 사람이 될 것이다. 만일 그가 증명에 의한 증거에만 주의를 쏟는다면, 개연성과 관련된 경우에서 올바른 결정을 내리는 데에는 불충분할 것이다. 만일 그가 주로 그의 기억에만 의존한다면, 그의 발명 능력은 활용되지 못한 채 손상될 것이다. 이 대학에서 수업과정의 목적은, 문학과 과학이라는 상이한 분야가 서로 균형을 유지하게 함으로써, 학생들에게 적절하게 균형이 잡힌 인격이 형성되도록 하는 것이다. 그는 순수 수학으로부터 증명을 하는 추론 기술을 배운다. 그는 자연과학을 수강함으로써 사실, 귀납의 과정, 확률적 증거의 다양성 등에 친숙해진다. 그는 고대 문학에서 가장 세련된 취향의 모형을 몇 가지 찾게 된다. 그는 영문학을 읽음으로써 말하고 쓰는 언어의 힘을 배운다. 그는 논리와 정신 철학을 통해 사고의 기술을 배운다. 그는 수사학과 웅변술을 통해 말하는 기술을 배운다(pp. 6-8).

영국에서 능력 심리학을 교육적으로 응용했던 사람은 조지 콤(George Combe)이었다. 그의 영향력은 1830년 이후에 나타났으며(p. 307, 주4 참조), 능력에 의한 정당화는 1860년대 이후부터 근대적 교과에 적용되기 시작했다. 럭비(Rugby)의 과학 교사였던 윌슨(J. M. Wilson)은 1867년에 패라(Farrar)가 편집한 책에서 다음과 같이 말했다.

> 과학 공부에서 얻어지는 정신 훈련이야말로 과학을 학교에서 가르치는 주된 이유다… 자연과학을 배우는 학생은 그것을 공부한 결과, 보다 능동적이고 독창적인 마음, 보다 건전한 판단, 그리고 보다 명석한 두뇌를 갖고, 철학이나 정치학의 연구, 혹은 기업 혹은 전문직 등 온갖 분야로 진출할 것이다(Adamson, 1930, pp. 313-314 재인용).

그다음 해인 1868년의 톤턴 보고서에서는 '정신 능력' 혹은 '지적인 능력들의 일반적 함양'을 옹호했다.

> 그들이 보기에 자연과학의 위대한 장점은 '정신 단련에서 중요한 것'이라는 점이고, 기하학의 가치는 '엄밀한 추론의 발휘'에 있다. 제도는 "정확한 관찰 습관을 강화시킨다." … 라틴어는 "부분적으로 그것이 정신 단련으로서 탁월하다는 점을 칭송하는 데 모든 교사가 동의한다는 이유 때문에" 유지되어야 했다(Adamson, 1930, p. 260).

1879년에 심리학자였던 알렉산더 베인(Alexander Bain)은 그의 유명한 『과학으로서의 교육(Education as a Science)』을 출간했다. 그의 주장에 따르면, "가르침의 전체적 목적이 아닌 일차적 목적은 정신적 단련이었다"(Adamson, 1930, p. 476). 예를 들어, 수학의 '최고 정당화'는 '추론의 총체적 메커니즘'(Bain, 1879, p. 152)을 단련시키는 역할과 관련된 것이다. 이와 달리, '실천과학 혹은 응용과학'은 "그 직접적인 응용 이외에 아무런 목적을 갖지 못한다. 그것은 방법, 단련 또는 훈련의 과학으로 간주될 수 없다"(pp. 163-167). 실천과학이나 응용과학에 속하는 것은 항해, 공학, 농업, 의학, 정치학, 윤리학, 법학, 문법, 수사학이었다.

듀이(1916, p. 286)는 능력 정당화가 아주 잘 드러나 있는 인용문을, 출처를 밝히지 않은 채 인용한다.

기억력은 대부분의 교과에서 훈련되지만, 언어와 역사에서 가장 잘 훈련된다. 취향은 언어의 고급과정에서 훈련되지만 영문학에서 더 잘 훈련된다. 상상력은 높은 수준의 모든 언어교육에서 훈련되지만 주로 그리스어와 라틴어의 시에서 훈련된다. 관찰력은 라틴어와 그리스어의 초보 단계에서도 조금 훈련될 수 있지만, 실험실의 과학 공부를 통해서 훈련된다. 표현력을 훈련시키는 데는 그리스어와 라틴어의 작문이 으뜸이고, 그다음은 영어작문이다. 추상적 추리능력을 훈련시키는 데는 수학이 거의 독보적이다. 구체적 추리능력의 훈련에는 과학이 첫째요, 기하가 그다음이다. 사회적 추리능력을 기르는 데는 그리스 로마의 역사가와 변론가의 글을 읽는 것이 첫째요, 일반 역사가 그다음이다. 따라서 조금이라도 더 완전한 교육이 되도록 하려면, 최소한 라틴어, 하나의 근대어, 약간의 역사, 약간의 영문학 그리고 하나의 과학을 가르쳐야 한다.

정신의 능력이나 힘에 의거하는 정당화는 별로 설득적이지 못하다. 수학은 수학 안에서는 추상적/증명적 추론의 좋은 수단이다. 그러나, 예컨대 도덕철학에서 요구되는 다른 종류의 추상적 추론을 준비시키는 데에서도 수학이 똑같은 도움을 준다고 가정하는 데에는 전혀 타당한 이유를 찾을 수 없다.

그런 정당화 속에는 또 다른 가정이 들어 있다. 이는 모든 범위의 지적 능력을, 혹은 예일 보고서의 표현대로, '모든 중요한 정신능력들'을 함양시키는 것이 바람직하다는 가정이다. 왜 그래야 하는가? 그 답은 보이지 않는다. 그저 진리를 추구하는 힘들을 모두 발달시키는 것이 그 자체로서 좋은 일이라는 점을 당연한 것처럼 간주하고 있는 것 같다.[23]

19세기 이전처럼 덜 세속적이었던 시대에는 해답을 찾기가 더 쉬웠을 것이다. 당대를 사로잡았던 데카르트의 철학에 따르면, 인간 존재의 핵심은 마음이다. 마음은 비물질적 실체로 간주되었고, 인간의 물리적 부분인 몸과 어떤 식으로든 연결되어 양자가 다양한 방식으로 상호작용하는 것이었다. 인간이 죽으면, 구원을 받는 사람의 경우 그의 마음이나 영혼은 계속 살아남지만 그의 몸과 이에 의존하는 열정과 같은 것은 더 이상 살아남지 못한다. 데카르트의 그림 속에서 마음은 전적으로 지적인 것으로서 합리적 탐구에 몰두한다. 상이한 분야에서 지식을 습득하는 데 인생을 바칠수록 인간의 지적 능력들, 즉 그의 마음은 그만큼 더 강화된다. 이는 인간이 신성한 의식과 밀접한 관계를 갖고 영원한 삶을 살 수 있도록 준비시켜 주는 것이다.

이런 형이상학적인 틀 속에는, 상이한 분야의 지식 추구가 지적 능력들의 발달이라는 측면에서 정당화되어야 할 타당한 이유들이 들어

원회에 제출했던 이탈리아 교육에 관한 보고서에서는 그 시기 이후에는 피에몬테(Piedmontese) 학교들이 1840년에 근대적 교육과정을 도입할 때까지 별다른 변화가 없었다고 기록한다(Arnold, 1964, p. 152).

스페인의 경우 15세기와 16세기에 나타난 교육발전은 "17세기에 와서 스페인이 가톨릭 종교개혁의 지도적 국가로서 보수주의의 노선을 견지하려고 했던 시기였기 때문에 지체되었다"(Bowen, 1981, p. 125). 또한 "포르투갈은 제약이 훨씬 더 많은 사회였고, 그 교육발전은 스페인보다 훨씬 더 초보 단계에 있었다"(p. 126).

신성로마제국의 가톨릭 지역에서도 사정은 비슷했다. 합스부르크 오스트리아, 이탈리아 그리고 독일의 일부 지역이 그랬다. 여기서 "학교는 전적으로 보수적이었고, 교회의 강력한 통제 아래 예수회 수사들이 중등교육을 거의 완벽하게 독점했다"(p. 127). 독일의 영토에서 김나지움의 교육과정은 "북부 지역의 진보적 프로테스탄트보다 뒤처져 있었고, 1752년이 되어서야 비로소 라틴어가 지배적이었으나 독일어와 약간의 과학을 포함시킨 새로운 학령(Order of Studies) 속에서 자체의 교과과정을 발전시켰다"(Bowen, 1981). 1774년에 오스트리아의 학교는 근대적 노선을 따라서, 그런데 "비(非)고전적 · 현대적 교육과정의 성격을 지녔던 프로테스탄트 프러시아의 **실과학교**를 모델로 삼아"(Bowen, 1981) 비로소 개혁되었다.

프랑스에 관해서는 별도로 이야기할 것이 있다. 혁명이 발발하기 전에 2세기 동안 중등교육과 대학교육은 근대적 교육과정을 옹호하려는 기미가 거의 없었다. 예수회 및 교육령에 따라 중등교육이 제공되었다. "남자아이들의 **콜레주**에서 교육과정의 핵심은 라틴어와 그리스어였다. 물론 일부 교육령[특히 오라토리(Oratory; Barnard, 1922, p. 165ff)]

에서는 수학과 역사의 수업을 제공했으며… 종교수업과 종교의식은 모든 유형의 학교에서 똑같이 큰 비중을 차지했다"(Barnard, 1969, p. 9). 가난한 장교들의 아들을 위해서, 아마 루이 15세가 세웠던, 그리고 가톨릭 훈령에 따라 운영되었던 10개의 군사학교는 진보적 교육과정의 증거를 더 많이 보여 주었는데, 이는 예외적인 것이었고 또 특수한 목적이 있었던 것이라는 점에 주목해야 한다.[25]

팔머(Palmer, 1985, pp. 16-18)는 프랑스 혁명이 일어나기 직전의 콜레주 교육에 대해 설명하고 있다. 그는 이와 같은 대체로 보수적이었던 설명을 수정하려고 했다. 그는 8년 프로그램이 끝날 무렵의 2년 간의 철학 과정에 주목한다. 그 과정은 "형이상학, 도덕철학, 고급 수학 그리고 점차적으로 자연과학"(p. 16)에 집중된다. 팔머가 자연과학에 대해 기록한 바에 따르면, "오직 물리학만을, 그것도 대다수 학생들이 거의 밟지 못했던 철학 과정의 2년차에만 가르쳤던 것처럼 보이지만, 구체제가 끝나가는 마지막 몇 십 년의 어느 한 해에는 물리학을 공부했던 젊은이들이 5,000명으로 추정된다"(p. 18). 이 마지막 사실은 놀라울 정도다. 그러나 그는 더 상세한 내용을 제시하지 못한다. 그는 그런 교육과정의 공식적 처방에만 의거하여 말했을 뿐이고, 당시의 과학적 아이디어에 그 정도로 많은 수가 실제로 몰두했다는 증거를 근거로 했던 것은 아닌 것 같다.[26]

여학생 교육은 "대개 아주 초보적인 것이었다. 그것은 읽기, 쓰기, 가사로 이루어졌고, 산수가 포함될 때도 있었다"(Barnard, 1922, p. 39). 앤(Anne de Xainctonge)과 그 추종자들이 1606년과 1621년 사이에 세웠던 우술린(Ursuline) 학교들은 그중에서도 가장 조직적인 교육을 제공했으며, 돌(Dole)에 있었던 앤 자신의 학교에서는 "초보 수준의

'우주론', 천문학, 제도 등에 관한 수업"(Barnard, 1922, p. 70)도 제공했다.

대학교육을 살펴보면 파리 대학교의 여러 콜레주에서 "17세기의 교육과정은 여전히 중세적이었다"(p. 182). 프랑스 혁명 때까지 달라진 것이 거의 없었다. 1789년의 21개 프랑스 대학교들에 대한 비판은 일반적으로 "전통에 얽매이고, 진보와 연구에 적대적이고, 당대의 발전과 동떨어져 있다."(Barnard, 1969, p. 12)는 것이었다.

일반적으로 말해서, 다소 전향적인 사고도 드문드문 나타났지만 프랑스의 가톨릭 교육은 압도적으로 과거에 갇혀 있었다. 프랑스나 혹은 이탈리아, 스페인, 포르투갈, 신성로마제국의 역사에서 근대적 교육과정과 급진적 프로테스탄트의 결합과 같은 도전은 거의 없었다. 인간과 신의 직접적인 연결에 대해서, 그리고 신과 신이 창조한 세계에 관한 좋은 이해에 대해서 프로테스탄트들이 가졌던 믿음을 생각해 볼 때 그런 점은 별로 놀랄 일이 아니다.

• 프랑스: 계몽주의와 혁명

프랑스 혁명과 그 이후 시대에 정점에 도달했던 프랑스 계몽주의의 사상과 실천은 급진적/비급진적 프로테스탄티즘이나 가톨릭과 그다지 긴밀한 관계를 갖지 못했다. 그것은 자체적으로만 하나의 이데올로기적 흐름을 형성했다.[27] 계몽주의 시대와 1789년 이후 프랑스 교육의 사상과 실천은 일반적 교육과정과 얼마나 가까웠는가?

혁명 이전의 몇몇 사상가들은 교육의 고전적 전통에 대해 비판적이었고, 보다 유용한 공부를 옹호했다. 라 샬로테(La Chalotais)의 『국민교육론(Essai d'Education Nationale)』(1763)은 직업적 · 개인적 · 시민적 목적을 위해 유용한 공부를 옹호했다(Barnard, 1922, p. 223).[28] 1770년대 초 디드로(Diderot)의 『대학계획안(Plan of a University)』[29]에서는 순수/응용 과학과 수학이 최상위를 차지하는 중등/대학 과정을 제시했다 (Barnard, 1969, pp. 24-26). 필리퐁(Philipon)의 『콜레주 교육(De l'éducation des Colleges)』(1784)도 그 교육과정 속에 지리와 외국어뿐만 아니라 물리, 화학, 수학을 포함시켰는데, 라틴어에 할당된 시간으로 볼 때 "콜레주 과정의 기반이라고 말할 수 있는 것은 여전히 고전적인 것이었다"(p. 50).

근대적 노선에 따른 교육개혁 방안은 혁명 시기에 많아졌고 급해졌다. 거기에 포함된 것은 다음과 같다.

- 남자와 여자 모두를 위한 일반적 교육에 관한 탈레랑(Talleyrand)의 1791년 보고서[30]
- 수학, 자연사, 응용화학, 윤리와 사회과학 및 상업에 기반을 둔 중등학교 과정에 대한 콩도르세(Condorcet)의 1792년 보고서 (Barnard, 1969, p. 86)
- 근대적 교과를 통해 중등교육을 제공하는 '중앙(central)' 학교에 관한 라카날(Lakanal)의 1794년 보고서[31]

계몽주의 사상 및 혁명과 연관된 이 모든 사항은 계획이나 이론에 그쳤을 뿐이었고 실천되지는 못했다. 현실적으로 실현된 것으로는 앞서 언급한 중앙 학교(écoles centrales)를 위한 프로젝트가 유일한 것이었다. 중앙 학교에는 통일된 교육과정이 없었다.[32] 가르쳤던 교과가 모두 선택이었다는 점이 약점이었다. 등록생에 관한 한 가지 연구에 의하면 '제도(drawing)'가 가장 대중적인 교과로서 등록생의 3할 이상에게 인기가 있었으며, 물리와 화학의 인기는 7% 이하였다(Palmer, 1985, p. 249).

중앙 학교는 1802년 보나파르트(Bonaparte)의 리세(lycées)로 대체되었다. 이 학교는 해마다 두 종류의 필수 교과군을 가르쳤다. ① 라틴어와 프랑스어 및 약간의 역사와 지리, ② 고급 수준의 수학, 자연사, 천문학, 화학, 지도제작, 역학, 물리, 전기, 광학(Palmer, 1985, p. 301). 이 교육과정은 중앙 학교의 백과전서적인 패턴을 버리고, 그 대신 '1789년 이전의 콜레주의 고전적 전통으로의 복귀' 그리고 '나폴레옹의 새 질서에 필요한 것으로 간주되었던 과학 기반 교육과정' 간의 타협처럼 보이는 것을 택했다.

계몽주의 및 혁명의 사상과 실천이 영국에서 있었던 것과 같은, 백과전서적 교육과정의 역사에 기여한 공헌에 대해서 우리는 어떤 결론을 내릴 수 있는가? 이에 대한 세 가지 논평이 도움을 줄 것이다.

(1) 검토된 자료는 고전적 교육과정에서 벗어나 근대적 교육과정으로 나아가려는 욕구를 분명히 보여 준다. 이런 종류의 **방안**들이 많다. 그러나 증거가 부족한 것은 근대적 교육과정이 작동되었는가 하는 점이다. 언급된 사례 중에서 두 가지는 비국교도의 교육과정이나 그 전신과 상당히 다르다. 중앙 학교의 교육과정은 종합적인 것이었지만 필수가 아니었다. 이와 달리 톤턴 이후 영국 중등교육의 발전 과정에서 일찍부터 유지되어 온 것은 모든 주요 지식 형식으로의 입문을 **필수화**시킨다는 아이디어였다. 나폴레옹의 리세의 과정들은 필수적인 것이었지만 종합적인 것은 아니고 양분화된 것이었다.

(2) 19세기 중반에 들어서면 일부 프랑스 리세는 최소한 약간은 더 일반적인 방향으로 움직이고 있었다. 1859년에 매튜 아놀드가 뉴캐슬 위원회 활동의 일부로서 툴루의 리세를 방문했는데 그의 설명에 따르면, 프랑스어, 라틴어, 그리스어가 모두 리세 시간표를 지배했지만, 매주 두세 시간 동안 과학, 수학, 역사, 지리, 근대 외국어를 각각 가르칠 여지는 있었다(Arnold, 1863~1864, p. 85).

이런 리세 교육과정은 전국적으로 동일한 것이었다는 아놀드의 주장과 반대되는 증거가 있는데 그것은, 그가 방문했을 때, 그 중등교육이 논란이 많았던 양분 체제, 즉 고전적 교육과정과 과학적 교육과정을 선별적으로 제공하는 '분할' 체제에 따라 조직되었다는 점이다(Brown, 1981, p. 318). 그럼에도 불구하고 아놀드가 프랑스에서 관찰한 바를 기록한 『프랑스의 이튼(the French Eton)』(1863~1864)은 이 무렵에 활동을 개시했던 톤턴 위원회의 사고에 영향을 미쳤을 것이다.

과연 리세 교육과정이 프랑스 백과전서파에 의존했던 것인가를 탐구하는 것은 흥미 있는 일일 것이다. 에밀 뒤르켐의 『교육사상의 진화』(1977)를 번역했던 사람에 따르면 확실히 에밀 뒤르켐은,

> 프랑스 교육사상의 발전 과정에서 지배적이었던 한 가지 특성, 즉 백과전서적인 종합성을 추구하려는 열망을 따르고 있었음을 충분히 인식하였다. 나는 이 점에 대해 뒤르켐이 틀렸는지를 보여 줄 설득력 있는 논변이나 증거를 전혀 알지 못한다. 아마 교육적 백과전서주의에서 잘못된 점이라면 그것은 다만, 기독교와 마찬가지로, 결코 시도된 적이 없었다는 점이다(p. xxv).

(3) 앞선 사항과 관련하여, 계몽시대의 백과전서주의를 가리켜 마치

그것이 포스트라무스주의적인, 급진적 프로테스탄트의 전통과 전혀 관계 없는 것이라고 생각한다면 이는 잘못일 것이다. 디드로와 달랑베르(Diderot & D'Alembert)의 『백과전서(Encyclopédie)』(1751, ff.)는 에프레임 챔버스(Ephraim Chambers)의 『예술과 과학의 백과전서, 혹은 보편적 사전(Cyclopaedia, or Universal Dictionary of Arts and Science)』(1729)을 프랑스어로 번역하려는 제안 속에서 생겨난 것이었다. 이 책은 백과전서식 편찬의 전통에 속하는 것인데, 이는 17세기 후반의 베일과 모레리(Bayle & Moreri)에서 알스테드와 케커만으로 거슬러 올라간다. 알스테드가 그의 자료를 '평범한 것들(common-places)'을 중심으로 배열한 점, 혹은 소재를 체계성 있게 논리적으로 배치한 점은 챔버스의 책에서도 나타난다. 그러나 챔버스의 책에서 주된 편성 원칙은 당시의 지식 폭발이 반영된, 알파벳순이었으며, 이런 점에서 디드로와 달랑베르의 『백과전서』, 『영국 백과전서(Encyclopaedia Britannica)』 그리고 그 이후의 모든 후속편들의 편성 방식을 예견해 준다(Yeo, 1996).

강 화?

프랑스가 아닌 프러시아와 아메리카로 관심을 돌려보자. 여기서 우리는 근대적 교육과정이 급진적 프로테스탄티즘과 특별한 연관성을 갖고 있음을 알게 된다.

• 프러시아

프러시아의 교육적 아이디어가 영향을 미쳤던 것은 런던 대학교의 창설(1826), 그리고 40년 후 톤턴 위원회에서 **실과학교**를 중심으로 벌

어진 논의에서였다.[33]

　실과학교의 기원은 17세기 말로 거슬러 올라간다. 1648년 웨스트팔리아 조약(Treaty of Westphalia)에 따라 브란덴부르크-프러시아가 칼뱅주의 국가로 탄생하였다. 1690년대에 교육개혁가인 프랑케(A. H. Franke)는 할레(Halle)에 여러 학교와 신학교육원(pedagogical seminary)을 세웠다. 그는 코메니우스의 교육이론의 영향을 크게 받았고 다음과 같은 교육과정을 만들었다. 그것은,

> 기존의 전통의 모든 요소를 버리지 않으면서도, 학생들로 하여금 현실세계의 사회적 관계와 일에서 성공적으로 살아가도록 노력하는 것을 도와주기 위해 설계된 교육과정이다. 이런 교육은… 실천적인 사회적 작업을 강조하는 프랑케의 경건주의의 영향을 크게 받은 것이다(Gagliardo, 1991, p. 191).

　프랑케의 제자인 헤커(Hecker)는 1738년 베를린에 자신이 세웠던 여러 학교에서 스승의 작업을 이어갔다. 그는 "라틴어에서 점점 더 멀어졌고, 새로운 수학적 · 과학적 교수방법으로 나아갔으며", 1760년대에 그의 아이디어는 전반적으로 프러시아의 교육법으로 스며들었다(p. 192).

　헤커의 **실과학교**는 1747년에 설립되었고 1832년에 정부의 규제 아래 들어갔는데, 매튜 아놀드의 톤턴 위원회 보고서보다 40년이나 앞서서 부르주아 가정이나 숙련공 가정의 아들에게 직업 훈련을 제공하고자 했던 최초의 성공적 시도였다. 그들은 대학교에 갈 의향도 없었고, 그렇다고 해서 라틴어 학교가 그들에게 적합한 것도 아니었다. 또한 헤커는 교실에서 아이들을 개별적으로 가르치지 않고 집단적으로 가

르치는 방법을 도입하여 전파했다는 점도 주목할 만한 것이다 (Gagliardo, 1991, p. 192, note 6).

여기서 우리는 열망을 품고 있었던 비(非)엘리트 집단에게 전통적 노선에서 탈피하고, 현실적으로 유용한 교육을 제공하려고 했던 또 다른 시도의 사례를 보게 된다. 처음으로 그것을 시도한 사람은 라무스 자신이었다. 그 이후 독일 북서부의 케커만과 알스테드에게서, 그리고 그 이후 잉글랜드에서 내전과 왕정공백 기간에 새뮤얼 하트립이 조직했던 교육개혁 운동에서도 그런 사례를 찾을 수 있다. 아이들을 집단적으로 가르쳤던 헤커의 방법은 아마 코메니우스에게서 비롯된 것이라고 짐작할 수 있다(Comenius, 1638/1907, pp. XIX, 16-29 참조).

• 아메리카

앞에서 보았듯이, 런던 대학교의 설립자들은 새로운 대학교를 세우면서 특히 미국 고등교육의 경험을 끌어들였다. 우리는 하버드 칼리지의 초창기 역사에서 백과전서적인 교육과정과 급진적 프로테스탄티즘 간의 연관성을 뒷받침해 줄 몇 가지 증거를 살펴보았다.[34] 하버드 칼리지를 기점으로 라무스의 논리학과 교육과정 지도(maps)는 "뉴잉글랜드의 도시와 시골로 확산되었고 가정, 학교, 직장, 교회를 비롯한 뉴잉글랜드의 교육제도 속으로 스며들었다"(Triche & McKnight, 2004, p. 40).[35] 여기서 말한 연관성은 벤자민 프랭클린(Benjamin Franklin)이 세운 아카데미에서도 찾아볼 수 있다. 청교도 가정에서 태어난 프랭클린이 설립한 이 아카데미는 새로운 종류의 중등학교로서 고전 기반의 문법학교와 대조적인 것이었다. 그 교육과정에는 "글쓰기, 산수, 회계, 기하, 천문학, 영어, 웅변, 역사, 지리, 연대기, 도덕, 자연사 등이 포함되어 있었는데 이 모든 과목은 진정한 자유 교육을 제공하는 완전한 교육과정으로 제안되었다"(Bowen, 1981, p. 274).[36]

우리는 19세기에 들어와 예일 칼리지에서 1828년에 가르쳤던 백과전서적인 교육과정과 그에 대한 정당화를 살펴보았다. 또한 19세기 초에 생겨난 미국의 고등학교를 살펴볼 때 폭넓은, 필수적인, 학문적 교육과정의 인기를 짐작할 수 있다.

> 1827년에 매사추세츠에서 통과된 법에 따르면, "이 공화국 안에서 50가구/가정이 살고 있는 도시나 지역은 어디서나" 학교를 설립하여 "철자법, 읽기, 쓰기, 영문법, 지리, 산수 및 도덕"을 가르치도록, 또 100가구/가정이 살고 있는 도시/지역은 어디서나 그 밖에 미국역사, 단식부기, 기하, 조사법, 대수를 더 가르치고, 또한 거주자가 4,000명이 되는 도시/지역에서는 라틴어, 그리스어, 역사, 수사학, 논리를 더 가르치도록 했다(Bowen, 1981, p. 363).

흥미로운 점은, 백과전서적인 틀이었지만 과학이 전혀 언급되지 않고 있다는 것이다. 그러나 19세기 미국 고등학교에 대한 리즈(Reese)의 1995년 연구에 따르면(p. 176 참조) 19세기 후반에는 과학이 확고한 위치를 차지하게 되었다.

리즈의 연구에 따르면 고전적 전통이 여전히 강한 편이었지만, 압도적으로 강조되었던 것은 남학생이나 여학생이나 모두 실천적 목적으로 공부했던 근대적 교과들이었다.

> 고등학생들을 대체로 고전어가 아닌 영어로 가르쳤으며, 수도원 생활이 아닌 현실적 활동을 위해 준비시켰다는 점은 자부심을 불러일으켰다. (1877년에) 새로운 뉴잉글랜드 학교위원회는 그런 정신을 표방했다. "편하게 살 수 있는

집을 만드는 사람은 공적 혜택을 제공하는 사람이고, 그리고 그리스어의 문장론의 난해한 부분으로는 전혀 못 들어가고 소리만 지껄이는, (혹은) 한두 가지의 죽은 언어만 그것도 일부만 알고 있는, (그리고) 대학 졸업장만 가지고 학문적 명예에만 사로잡혀 은둔하고 사는 학생들보다 더 나은 사람이다."(p. 94)

리즈는 이 시기에 사용되었던 온갖 교과서를 분석함으로써 종교적 목표와 실천적 목표가 혼재되어 있었음을 밝혀낸다. 에드워드 유먼스(Edward Youmans)의 최고 인기 도서였던 『화학 교과서(A Class-Book Chemistry)』(1851)에서는 화학을 다음과 같이 소개했다.

인류의 산업 과정을 (가르치며), 그 작동과정을 우리의 일상경험과 연결시키고, 생사의 조건을 다루고, 창조주가 세계를 관리하는 숭고한 계획을 밝혀 준다(Reese, 1995, p. 108).

유먼스와 비슷하게, 1860년대와 1870년대에 인기가 많았던 또 다른 과학 교과서의 저자인 스틸(J. Doorman Steele)도 "화학이나 모든 과학은 실천적인 것이지만 신성한 영감을 주는 것이라고 비슷하게 보았다. 신은 인간의 행복과 이득을 위해 자연을 지배하고 정복하도록 인간을 지구 위에 두었다"(Reese, 1995, p. 109).[37] "스틸의 지질학 교과서는 독자들로 하여금 인간은 신의 가장 위대한 창조물이고, '고릴라는 결코 그런 특허를 받지 못했다.'는 점을 환기시켰다"(Reese, 1995).

비슷한 종교적 메시지가 스며들어 있는 교과들이 또 있었다. 1830년대 이후 역사 교과서에서는 전형적으로 창조에서 출발하여 구약 역사를 거쳐 기독교로, 그다음에는 프로테스탄티즘의 승리와 아메리카의 창건으로 나아갔다(p. 117). 미첼(Mitchell)의 지리 교과서에서는 다음과 같이 가르쳤다. "신이 정해 놓은 자연법칙들이 이해됨으로써 기독교가 팽창되었다. '모든 합리적 존재가 관찰 가능한 세계의 질서와 경제를 연구하는 것은 기독교인의 의무'였다."(p. 119) 정치경제학은 "신의 자연 질서 안에서, 특히 풍요로운 미국 내에서 사회계급은 상호 의존적이며, 호혜적이었다."고 가르쳤다. 프란시스 보윈(Francis Bowen)의 1870년도 교과서에 따르면 자기이익(self-interest)은 신의 모든 자녀에게서 찾아진다. "자기 자신의 장점과 이익만을 생각하는 사람들조차도 의식하지 않은 채 타인에게 확실한 이익을 주게 된다는 것은 신의 현명하고 자비로운 뜻이다."(Reese, 1995, p. 120)

리즈의 여러 가지 발견 내용은 흥미롭다. 왜냐하면 그런 점들은 영국과는 달리, 19세기 말엽까지 거의 전적으로 급진적 프로테스탄티즘의 견해를 갖고 있던 미국에 관한 것이기 때문이다. 19세기 초에 영국의 성공회 체제에 동화·순응하지 않았던 영국의 비국교도들은 고전적 교육에 대한 그들의 대안적 교육의 전통을 고수하느라 싸우고 있었지만, 이와 달리 미국의 고등학교에서는 분할된 교과로 구성된 근대적 교육과정이 제대로 정착되고 있었다. 일반 교육 안에 들어 있는 상이한 지식 형식들에 대한 종교적 이유는 19세기 미국에서 아주 뚜렷하게 나타난다. 17, 18세기 유럽의 급진적 프로테스탄트 집단에서 그랬던 것처럼, 그런 종교적 이유는 실천적 이유와 밀접하게 연결되고 있었다. 이 모든 점은 내가 이 책에서 옹호하고자 하는 명제에 힘을 실어 준다.

존 듀이는 자신이 받은 칼뱅주의적 양육으로부터 마침내 결별한 이후에 미국의 학교교육과정을 비판하였다. 그의 비판은 실천적 이유와 긴밀하게 연결되어 있다. 듀이는 뉴잉글랜드 회중파 가정에서 1859년에 태어났다.[38] 그는 나중에 종교에 등을 돌렸다. 물론 1897년 그의 『교육 신조(Pedagogic Creed)』(1897)를 쓰기 전까지는 그렇지 않았다. 그 책의 끝부분에서 그는 다음과 같이 썼다. "이런 점에서 교사는 언제나 참된 신의 예언자이며 신의 진정한 왕국을 알리는 사람이라고 나는 믿는다."

듀이의 『민주주의와 교육(Democracy and Eduaction)』(1916)에 나타난 핵심 사상은 교과에 대한 그의 비판적 견해다. 그에 따르면 '교과'란 다음과 같다.

> 정보를 여러 학문 분야에 따라 배열하고 각각의 학문을 다시 세부적인 단위로 쪼개어 각각의 조각을 순서에 맞게 전체적으로 조직해 놓은 것을 가리킨다. 예를 들어, 17세기에는 그 전체 덩어리가 별로 크지 않아서, 교과 전체를 백과전서식으로 완전히 습득하는 것을 이상으로 삼을 수가 있었다. 이제 그런 덩어리는 너무나 커져서 어느 한 사람이 그것을 모두 소유하는 것은 누구에게나 불가능한 일이다. 그러나 교육적 이상은 크게 달라지지 않았다. 각각의 학문 분야에서, 혹은 선정된 일부 학문 분야에서 최소한 약간의 정보를 획득하도록 하는 것이 초등학교에서 대학에 이르기까지 교육과정 구성의 기본 원리로서 남아 있다. 이는 어린 나이에는 비교적 쉬운 부분을 배정하고 나중 단계에는 더 어려운 것을 배정하는 것이다(p. 220).

듀이는 당시의 과학 수업을 가리켜 다음과 같이 이야기한다.

> 교과를 완성된 형식으로 제시하는 것이 학습의 왕도라고 간주하는 생각이 우리 마음을 강하게 사로잡고 있다. 미성숙한 학생들이 학습할 때, 유능한 학자들이 쌓아놓은 것들을 가지고 시작한다면 시간과 정력을 절약할 수 있고, 또

쓸데없는 오류에서 벗어날 수 있다고 가정하는 것보다 더 자연스러운 것이 있을까? 그런 가정의 결과가 교육의 역사에 여기저기 기록되어 있다. 학생들은 교과서를 갖고 공부를 시작하는데, 그 속에서 교과는 전문가들의 순서에 따라 주제별로 조직되어 있다. 처음에는 전문적인 개념과 정의가 소개된다. 법칙은 아주 초기 단계에 소개되는데, 어떻게 해서 법칙에 도달하게 되었는가에 대해서는 기껏해야 한두 마디만 밝혀 놓고 있다 … 학자들의 방법이 대학교육을 지배하고, 대학의 접근방법이 중고등학교로 그리고 그 아래 단계로 계속 내려가는데 이 과정에서 교과를 더 쉽게 만들기 위해 조금씩 삭제되는 부분이 생길 수 있다(p. 227).[39]

백과전서적 전통에 대한 듀이의 날카로운 비판은 20세기 초에 영국에서는 나타나지 못했거나 기대할 수 없는 것이었다. 미국과는 다르게 영국에서는 이런 교육과정의 접근방식이 계속해서 지배하고 있었다.

용어에 관하여

마지막으로, 나는 용어에 대해서, 그리고 보다 실질적인 문제와 용어의 관계에 대해서 언급하고자 한다. 나는 이 책에서 논하는 교육과정을 가리키면서 몇 가지 단어를 사용했다. '백과전서적인' '종합적' '일반적' '폭넓은' '근대적' 등이 그것이다. 나중에 21세기에 관하여 논할 때 '전통적' 이라는 용어도 사용할 것이다.

이런 용어 사용에 대해 설명을 덧붙임으로써 혼란을 줄일 필요가 있을 것이다. 이 책에서 내가 주장하는 점은 라무스와 포스트라무스주의자들이 애호했던 종류의 교육과정이 있었고, 그리고 지난 3세기에 걸처 비국교도들의 교육기관, 초기 런던 대학교, 톤턴 보고서의 제안, 1904년 이후의 영국 중등교육, 1988년의 국가교육과정 등에서 찾아볼 수 있는 교육과정이 있는데 이 두 가지 교육과정 간에 역사적 연계성이 있다는 것이다.

그런 교육과정들을 서로 연결시켜 주는 점은, 거기에 모두 들어 있는 다수의 학문적 교과들은 여러 해에 걸쳐 필수적으로 공부해야 하는 것이고, 자연세계와 인간세계에 관한 광범한 유형의 지식을 포괄해야 한다는 것이다. 이런 측면에서 볼 때, 그런 교육과정들은 고전적 교육이나 3R 훈련과 다르다. 다시 말해서, 그런 교육과정들 속에서 교과들은 분할된 실체로 가르쳐지고, 내부적으로 핵심 특성이나 하위 분야를 중심으로 조직화된다.

이런 종류의 교육과정의 이면에 깔려 있는 지배적 아이디어는 라무스와 그의 헤르본 후계자들에 의해 발전된 것으로서, 현존하는 모든 지식의 주요 분야를 교육과정에서 다루어야 한다는 것이다. 이는 명백하게 백과전서적인 아이디어이며, 모든 교과를 의미할 뿐만 아니라 한 교과의 모든 지식을 의미하는 것이기도 하다. 지식의 **총체**를 습득한다는 생각은 여러 세기에 걸쳐서 나타난다. 그것은 대표적인 비국교도 아카데미들, 스코틀랜드 대학들, 초기 런던 대학교의 프로그램에서 분명히 나타난다. 세부적인 면에서는 다를지라도, 대체로 4년이라는 긴 시간에 수학, 자연철학, 논리학은 모든 교육기관에서 가르쳤던 것이고, 고전어, 윤리학, 역사, 지리 등은 거의 대부분의 교육기관에서 가르쳤던 것이다. 또한 신학, 수사학, 정치철학, 법률, 경제학도 그런 목록에 추가되는 경우가 많았다. 교과의 명칭은 달라졌을지라도 모든 프로그램의 목적은 자연세계와 인간세계의 핵심 특성에 관한 지식이라고 간주되는 것을 학생들에게 제공하는 것이었다.

19세기 후반과 20세기를 거치면서 이런 종류의 폭넓은 교육과정은 중등학교에서 더욱 현저하게 나타났으며 고등교육에서는 비교적 덜 그랬다. 교육 대상의 연령층이 낮아지는 경우에는 대학 수준에서 가르쳤던 윤리학, 정치철학, 논리학과 같은 보다 철학적인 교과들이 제외되었다.[40] 이와는 별도로 영어, 수학, 과학, 역사, 지리, 외국어, 때로는 라틴어가 한 세기 반 동안 중등 교육과정의 표준적인 구성요소가 되었다.[41] 앞에서 거론했던 매튜 아놀드의 견해에서 보면, 이런 교과는 모두 '지식의 서클'을 포괄하는 것이고, '인간과 그 업적' 그리고 '자연과 그 활동'에 관한 공부를 포함한다.

'지식의 서클'이라는 용어는 '백과전서적인 지식'과 똑같은 생각을 혹은 최소한 그 핵심을 가리킨다. '백과전서적인 지식'은 요즈음 학교 프로그램을 가리키는 용어로는 별로 사용되지 않고 있음을 나는 알고 있다. 그런데 앞서 지적한 것처럼(p. 155), 20세기 초반에 에밀 뒤르켐은 그 용어를 좋아했다. '백과전서적인 지식'이란 오늘날 총체적인 지식의 세부 사항을 완벽하게 갖추고 있음을 암시한다. 요즈음 TV 퀴즈 쇼에서 경탄할 만한 실력을 발휘한 우승자는 엄청난 상금을 받는다. 19세기의 근대적인 학교의 교과서에는 지리적·역사적·과학적 사실로 가득 차 있어서, 학생들은 이를 모두 암기해야 했지만 오늘날에는 이런 패턴에서 상당히 벗어나 있다.

그렇지만 '백과전서적인' 교육이라는 이상의 핵심이 잊혀졌다고 말할 수는 없다. 급속도로 팽창된 지식을 전부 혹은 거의 전부 알 것으로 기대할 수는 있는 사람이 없다는 점은 이미 오래전부터 명확해졌다. 그러나 완전히 사라진 것도 아니다. 아이들에게 세세한 것들까지 폭넓게 가르치지는 않을지라도 여전히 학문의 구조, 그 주요 특성, 그 작동 방식을 가르칠 수 있다고 보고 있다.

여기에 백과전서주의의 핵심이 여전히 남아있다. 왜냐하면 교육은 여전히 **주요 유형의 지식**이라는 총체를 중심으로 구축될 수 있기 때문이다. 제6장에서 더 자세히 살펴보겠지만, 20세기에 이런 종류의 교육과정 개혁을 여러 차례 시도했다는 증거가 있다. 예를 들어, 1943년도 중등교육에 관한 노우드 보고서(Norwood Report)에 따르면 "문법학교는 체계적 지식의 주요 영역에 대한 입문을 통해 증진되는 학문적 사상이라는 이상을 지지하는데, 이는 첫째로 그 자체를 위해서, 둘째로 삶에 필요한 것들을 충족시키기 위해서 중요한 것이다"(이 책의 pp. 195-196 참조). 20세기 후반기의 가장 유명한 사례는 1960년대에 영향력을 미쳤던 폴 허스트(Paul Hirst)의 '자유(liberal)' 교육이론일 것이다. 이는 인간 사회가 현재까지 축적해 놓은 '지식의 형식들(forms of knowledge)'의 총체로의 입문을 제공하는 교육이다(이 책의 pp. 200-201 참조). 허스트의 틀 안에서 지식의 형식으로 제시되는 것들은 그 나름의 핵심 개념 및 진리 검증 방식을 갖는다. 만약 아이들이 학교에서 각 지식 형식의 개념과 방법론의 독자성을 이해한다면 이것으로 충분하다. 그렇게 된다면 아이들은 하나의 틀(framework)을 갖게 되고, 나중에 그들이 원할 경우에는 그 틀 안에서 더 상세한 내용을 흡수할 수 있게 된다.

학생들은 각 교과의 뼈대(bones)를 습득해야 하며, 학교에서 구체적인 온갖 내용으로 곧바로 들어가야 하는 것은 아니라는 아이디어가 오늘날 널리 받아들여져 있다. 그런데 이것은 현대적인 아이디어가 아니다. 실제로, 그것은 라무스와 그의 계승자들의 교육혁명에서 핵심 아이디어였다. 그렇기 때문에 그들은 나무 형태의 그림, 정형화된 교과서, 요약집(compendia), **시스템**(systemata) 등에 몰두하였다. 이런 초기 시대와 우리의 현재 시대 간에는 차이가 있다. 즉, 그때는 종교적으로 아주 열정적이었던 구성원들 간에 신의 전지를 모델로 삼은 인간의 전지(omniscience)라는 이상에 사로잡혀 있었던 시대였다. 이런 이상에 따르면, 각 교과의 구조에 숙달하는 일은 나중에 그 구조 안에 더 많은 내용을 채워 넣을 수 있는 준비 단계가 된다. 19세기 이후부터 우리는 더 이상 그런 식으로 생각하지 않았을 것이다. 모든 것을 안다는 것은 퀴즈 쇼 프로그램에서는 예외적으로 남아 있지만, 일반적으로 경탄의 대상은 아니다. 그 뼈대는 여전히 남아 있을지라도, 제6장에서 알게 되겠지만, 그 근거나 이유는 문제가 있는 것이다.

지금까지의 논의가 보여 주듯이, '백과전서적인'이라는 용어는 낡은 것이 되어 버렸지만 그 아이디어는 살아날 수 있고, 실제로 살아 있다. 이 단어를 대신해서 그런 아이디어를 표현해 주는 것이 바로 '일반(적)'이라는 용어다. 톤턴 보고서는 내재적 이유와 외재적 이유에서 '일반(적) 교육'을 옹호했다(이 책의 p. 147 참조). 1904년 중등학교 규정의 서문에서 로버트 모란트(Robert Morant)는 그 교육과정이 '일반적'이면서 '온전한(complete)' 것이 되기를 요구했다(이 책의 p. 206 참조). 이런 백과전서주의는 오늘날 능력 심리학의 언어로, 즉 "일반 교육이란 합당한 수준에서 능력들의 전체를 연습, 발달시켜 주는 그런 것이 되어야 한다."라고 진술되고 있다. 1946년도 하버드 보고서인 『자유사회의 일반 교육(General Education in a free Society)』도 그와 비슷하게, 지식의 특수한 영역들과 연결된, 하나의 전체를 구성하는 능력들에 의존한 것이다 (p. 209 참조).

'일반' 교육과 비슷한 용어로 자주 사용되고 있는 것이 '자유' 교육

(의 한 가지 의미)이다. 우리가 알고 있듯이, 폴 허스트는 1960년대에 이 용어를 사용했다. 그리고 1990년대 말에 하버드의 심리학자인 하워드 가드너(Howard Gardner)는 지식 그 자체를 위한 '자유 교육'의 전통 속에서 한 가지 유형의 학교교육을 옹호했다. 이런 교육은 "물리적 세계, 생물학적 세계, 인간 존재의 세계, 인간이 제작한 것들의 세계, 그리고 자아의 세계 등 몇 가지 세계에 대한 향상된 이해를 위한 기반을 제공해 주는 것이어야 한다"(Gardner, 1999, p. 158). 모란트와 하버드 보고서에서, 그리고 아마 가드너의 경우에서도 능력 심리학은 결코 멀리 떨어져 있는 것이 아니다. 가드너의 경우, 능력 심리학은 '다중 지능'의 형태를 띠고 있는데, 이는 대체로 그의 다중적 지식 세계들과 대응하는 것이다.

결론을 내려 보자. 이 책에서 내가 백과전서적인 교육과정이라는 용어를 왜, 그리고 어떻게 사용하고 있으며, 또 그것과 '일반(적)' '자유'라는 다른 용어와 어떻게 연결되는지가 이제는 밝혀졌을 것이다. 때때로 문체상의 이유 때문에 똑같은 용어를 반복하지 않고 '종합적' '근대적' '폭넓은' 교육과정이라고 표현하고 있지만 의미 차이가 있어서 그렇게 한 것은 아니다. 1988 국가교육과정과 같은 최근의 현상을 가리킬 때 '전통적 교육과정'이라고 표현하고 있는데 이것도 마찬가지다. 이런 표현은 최근의 교육과정과 (정도의 차이는 있지만 포스트라무스주의자들의 완전한 백과전서주의로까지 거슬러 올라가는) 과거의 패턴 사이에 연속성이 있음을 강조하기 위한 것이다.

또한 모든 측면에서 똑같은 하나의 교육과정이 수세기에 걸쳐 지속되었다는 것은 결코 나의 주장이 아님을 독자들은 이해할 것으로 나는 믿는다. 변종들은 늘 나타났었다. 어떤 경우에는 교육의 단계가 달랐기 때문에, 또 어떤 경우에는 지식 영역이 상이한 명칭으로 구분되었기 때문에, 그리고 직업적 열망, 심미적 관심, 개인적/시민적 목표 등을 수용하는 과정에서 기존의 핵심 교과에 새 교과가 추가되는 경우가 많았기 때문에 변종들이 나타났었다.

결론

비국교도의 아카데미가 전성기를 누리고 있었을 때 일반(적) 교육과정은 고등교육과 연관되어 있었다. 그렇지만 19세기 말 잉글랜드에서는 스코틀랜드와 달리, 그런 연관성이 단절되었다. 옥스퍼드와 케임브리지, 그리고 19세기 말까지 세워진 런던 대학교 및 수많은 새로운 대학교와 칼리지들의 학부 과정은 점점 더 특정 교과들 중심의 전공 과정으로 바뀌었다.[42]

그러나 고등교육에서 일반적·종합적 교육과정이 쇠퇴했던 것과 달리 중등학교에서는 오히려 더 확고해졌다. 고전적 교육은 사회의 최상층에서 표준이었지만 이에 대항했던 근대적 교육은 점점 더 중산계급의 학교를 장악하게 되었다. 20세기에 들어와서 근대적 교육은 1904년에 대체로 로버트 모란트에 의해 만들어진 새로운 국가 중심 교육체제 속에서 자리 잡게 되었다. 이런 개혁에 대해서는 제6장에서 더 많은 이야기를 할 것이다.

이와 동시에 새로운 정당화가 일반(적) 교육과정을 위해서 등장하고 있었다. 직업적 적용과 관련된 공리주의적 논변들이 부상하는 가운데, 공리주의가 아닌 쪽에서는 심적 능력의 강화에 관한 심리학적 주장들이 마침내 전면으로 등장하기 시작했다. 이런 심리학적 주장은 이보다 앞서 나타났던 종교적 논변들의 일종에서 파생된 것이며, 이들을 대체한 것은 아니었다.[43]

20세기 이전까지 몇 세기에 걸쳐 영국 이외의 국가에서 나타난 일반적 교육과정의 발전을 검토해 본다면, 그것이 급진적 프로테스탄티즘과 연결되어 있었음을 수긍하게 된다. 물론 프랑스 계몽주의의 백과전서주의도 어느 정도 영향을 미쳤을 것이라는 증거도 없지는 않다.[44] 이탈리아, 스페인, 포르투갈과 같은 가톨릭 국가들, 혁명 이전의 프랑스 등은 전통적 · 고전적 패턴에 사로잡혀 있었던 것처럼 보이는 반면, 프러시아와 아메리카는 그런 패턴으로부터 단절되었다. 이 두 국가의 교육사에 라무스주의/포스트라무스주의의 뿌리가 있었다거나 혹은 이 두 국가가 잉글랜드의 개혁을 위한 모델로 간주되었다는 점은 결코 우연이 아니었다.

19세기 말까지 백과전서적인 교육과정의 영향력은 북유럽이나 아메리카를 넘어서 확대되기 시작했다. 대영제국에 편입되었던 인도는 그것을 일찍부터 수용했다. 이곳에 백과전서적인 교육과정이 도입되었던 역사는 급진적 프로테스탄티즘과의 연결성을 또 다시 수긍하게 해 준다. 물론 도입은 성공했지만 도입에 수반되었던 종교적 희망은 무산되고 말았다.

알렉산더 더프(Alexander Duff, 1806~1878)는 스코틀랜드의 장로교 선교사로서 상당한 영향력을 미쳤던 사람인데, 1830년 캘커타에 중등학교를 설립했다. 그가 비가 내리는 현상을 과학적으로 설명했을 때 어떤 학생들이 상당히 혼란스러워하면서 다음과 같이 질문했다고 전한다. "만약 선생님의 설명이 사실이라고 한다면 우리의 샤스트라

(*Shastra*, 인드라 신의 코끼리 뿔에서 비가 생겼다고 설명하는 힌두교 경전)는 어떻게 되는 거예요?" 이런 일은 더프에게 마치 어떤 계시처럼 영향을 미쳤다. 그의 기록에 따르면,

> 이제 지리, 일반 역사 및 자연철학은 (힌두교를 파괴시키는 데 직접적인 영향을 미친 점에서) 그 세속성이 탈각되고, 신성함의 인상으로 각인된 것처럼 보였다. 이런 관점에서 볼 때 그런 분야를 가르치는 것은 선교 사업의 간접적이고 이차적인 부분, 애매한 부분이 아니라 어떤 의미에서 종교 자체를 가르치는 선교 사업의 직접적이고 일차적이며 명백한 부분으로 생각되었다.

장기적 관점에서 볼 때, 인도에 도입된 근대적 교육과정은 세계에 관한 힌두교적 설명의 장악력을 실제로 약화시켜 버렸음에도 불구하고, 수많은 학생들로 하여금 그다음 단계로, 즉 기독교적 관점을 포용하도록 이끌어 가지는 못했다(Seth, 2007, pp. 49-51).

인도에 유입된 근대적·서구적 교육과정이 전적으로 외부 세력에 의해 주도되었던 것과는 달리, 일본에 그런 교육과정이 도입된 것은 자생적인 것이었다. 일본에서는 1872년에 제1차 국가교육개혁안(Gakusei)이 공포되었다. 이는 메이지 혁명이 250년간의 봉건적 무사정권을 종식시킨지 4년이 지났을 때였다. 이 계획안은 서구적 노선에 따라 국가교육체제를 조직한 것이었다. 6~14세 아동을 위한 초등학교 교육과정에는 15~20개의 교과가 들어 있었다. 여기에 모국어, 수학, 역사, 도덕 그리고 체육과 음악이 포함되었다. 또한 10세 이상의 아이들을 위해 다양한 자연과학 과목이 포함되었다(Duke, 2009, p. 75). 이런 교육혁명을 주도했던 가장 대표적 인물이 후쿠자와 유기치

(Fukuzawa Yukichi)라는 사무라이 학자였다. 그는 1860~1867년에 외교사절단의 일원으로 미국에 두 번, 유럽에 한 번 장기간 방문하여 그곳을 시찰했는데, 15개월 중에서 8할을 프로테스탄트 국가에 머물렀다. 당시에 베스트셀러가 되었고, 또 정치적으로 영향을 미쳤던 그의 『서구의 조건(Conditions in the West)』(1867)에 들어 있는 다음과 같은 주장은 일본의 독자들에게 충격적인 것이었다.

> 서구 제국 중에서 학교가 없는 도시나 마을은 하나도 없다. 학교는 정부나 민간에 의해 세워진다. 모든 아이들은 남자건 여자건 관계없이 6세나 7세 때 초등학교에 들어간다. 그들은 먼저 읽기와 쓰기를 배우고, 그다음에 자기 나라의 역사, 지리, 산수, 기본 과학, 미술, 음악을 공부한다(Duke, 2009, p. 64 재인용).

20세기 말엽에 이르러 이처럼 분명한 형태를 가진 일반적 혹은 백과전서적인 학교교육과정이 인도와 일본으로, 그리고 20세기 초에는 중국으로 유입되었다. 여기서 우리는 그런 교육과정이 세계적으로 헤게모니를 갖기 시작했음을 알 수 있다. 다음 장에서 우리는 그런 교육과정이 20세기의 잉글랜드에서 계속 전개되었던 과정을 살펴볼 것이다.

제5장에서는 학교교육과 아카데미, 칼리지, 대학교 등 학교 이후의 교육을 모두 다루었다. 종종 비국교도의 기원이 되는 19세기 중산계급의 등장 때문에, 광범한 '근대적' 교육과정은 양쪽에 모두 바람직한 것이었다. 1838년 영향력 있는 런던 대학의 입학시험이 시행되었을 때, 그 대학의 일반과정에 합격하는 것은 학교의 여러 교과에서 최고 성적을 받은 것으로 간주되었다.

19세기말에 중요한 변화가 있었다. 신설 대학을 포함하여 잉글랜드의 대학들은 오늘날과 같은 전문화된 학사학위 쪽으로 변화하기 시작하였다. [1949년의 키일 대학교(Keele University)의 설립은 스코틀랜드 모형의 비전공 과정들을 부흥시키려는 예외적인 시도였다(White, 2006a, p. 121)].[1] 그러나 일반 교육은 대학교들로부터 이동되어서 점차 중등학교 기초 교육과정으로, 좀 더 정확히 말하자면 톤턴 위원회가 대부분의 '중산계급 학교'에 추천한 교육과정으로 간주되었다.

이는 세 가지 쟁점을 제기한다. 첫째, 정당화에 관한 문제다. 대학 수준이 아닌 학교에서의 일반 교육의 적절성을 평가할 때, 다양한 고려사항들이 검토되어야 하는가?

둘째 쟁점은 교수법에 관한 것이다. 우리가 알고 있듯이, 수세기 동안 아카데미나 대학교 수준에서 일반 교육과정을 가르치는 전형적인 방법은 교실 강의를 통한 것이었다. 이 강의들은 각각 한 시간 동안 지속되고 신중하게 짜놓은 시간표에 맞아야 하는 경향이 있다. 강의가 끝난 학생들은 다음 시간에 강사를 만나 배웠던 것을 설명하기 전에 개인 독서와 연습을 통해 정리할 충분한 시간이 주어졌다.

톤턴 위원회가 제안하여 1904년 이후 국가가 수립했던 중등교육에 일반 교육이 정착되면서 어떤 일들이 일어났는가? 분명한 것은 만약 교실 수업에서 전 교과를 가르쳐야 했다면, 이것은 아카데미/대학교의 유형과 같은 세밀한 시간표가 필요했을 것이다. 가장 단순한 해결책은 전통을 따라 시간표를 대략 한 시간 정도의 짧은 시간들로 나누는 것이었다. 그러나 이 시간들이 어떻게 채워질 것인가? 만약 전체를 강의로 채운다면, 학교에서 개인공부, 연습, 피드백을 받을 시간이 없을 것이다. 대안은 그 전통의 다양한 특징들을 소형화해서 이전에 강의만 배치되었던 시간표 안에 그 대부분을 배치하는 것일 것이다. 그 유형은 이럴 것이다. 교사가 투입을 하고 연습을 하며 따라오게 하고, 많은 시간을 배당하여 학습한 것을 평가하게 될 것이다. 비록 이런 소형화된 것들이 과제의 일부가 될 수 있다 하더라도, 개인적인 독서나 성찰을 위한 시간은 희생될 것이다. 아카데미와 대학교들에서 발견되던 포스트라무스주의적 전통의 교수법이 약화된 모습으로 영국의 많은 중등학교 조직에서 오늘날도 발견되고 있다.

세 번째 쟁점은 학습자의 동기유발과 관련된 것이다. 1904년과 그 이후의 새로운 공립 중등학교에서, 이전의 아카데미와 대학교에서 그랬던 것처럼, 학생들에게는 다수의 필수과목이라는 교육과정이 부과되었다. 그들에게 이 모든 것들이 부과되든 아니든 간에 그들은 그것들을 공부해야만 했다. 우리는 나중에 시커 대주교가 학생들이 튜크스버리 아카데미에 재학하는 동안 이런 식의 체제에 얼마나 우호적이었는가를 앞에서(p. 56) 살펴보았다. 그는 이렇게 쓰고 있다. "나는 우리의 개설 과목 중 특정 한 과목을 선호하는 것이 아니라 모든 과목에 성실하게 적용했다." 그의 연구들을 강조한 이론 구조 그리고 앞에서 우리가 자세하게 언급했던 것을 감안하면, 시커의 관점은 좋은 의미를 갖는다. 그에게 있어서 모든 종류의 지식은 획득할 가치가 있다. 그가 견지해 온 것은 이 영역이나 저 영역에 흥미를 갖는 것이 아니라 그 과정의 전반적인 핵심을 이해하는 것이다.

20세기 초반까지는 대부분의 중등학교 학생에게 이런 식의 동기가 유용하지 않았다. 무엇이 그것을 대체할 수 있었는가? 일찍이 1828년에, 즉 시커보다 이미 더 세속적인 시대에, 예일 보고서(Yale Report)는 동일한 문제에 대해 고심했다.

그러나 의문스러운 것은 대학에서 모든 학생들이 왜 동일한 단계들을 밟아야만 하는가? 학생들 각자가 자신의 기호에 가장 적합한, 자신의 특별한 재능에 가장 부합되는, 그리고 자신이 의도하는 전문직과 가장 밀접하게 관련된 공부들을 선택하도록 왜 허용하지 않는 것인가? 이에 대한 우리의 대답은 이렇다. 우리의 개설 과정은 우리 생각에 총체적 교육을 받는 모든 사람이 반드시 이해해야 할 교과들을 포함하고 있다(http://collegiateway.org/reading/yale-report-1828/p. 18).

그 문제에 대처하는 예일의 모형은 시커 모형과 어느 정도 유사하다. 그 총체적 목표(하나는 신에 대한 사랑이고, 다른 하나는 총체적 교육)는 학생들이 과정을 이수하도록 만들었다. 20세기 초반에 그 문제는 고등전문학교에서 중등학교로 옮겨 갔다. 그것은 십대 후반이 아닌 11세나 그 이상의 아이들에 관한 것이 되었다. 그들은 어떻게 동기유발될 수 있는가?

여러 면에서 예일 해결책은 직업에 관한 것이다. 그들(그리고 그들의 부모)은 비슷한 연령대의 90%와는 다르게 자신들이 다니고 있는 중등학교가 자신들에게 좋은 교육을 제공해 주고 있다고 이해했을 것이다. 선택하지 않았고 원하지 않았던 과목들의 지루함은 큰 시각에서 무시되었다. 그러나 모든 것은 이 관점의 적절성에 달려 있다. 그 필수 일반 과정이 중등교육을 위해서 잘 만들어진 모형인가?

시커의 관점이 오늘날의 학교교육에 얼마나 밀접하게 적용되고 있는가를 다루는 동안, 나는 그것과 우리의 21세기 영국의 상황을 연결시키지 않을 수 없었다. 영국에서는 십대 후반의 극소수가 아닌 공립학교에 다니고 있는 5세부터 16세까지의 모든 학생이 국가교육과정의 많은 교과들 중에서 시간표에 들어 있는 (보통) 분할된 일련의 과목들을 열심히 공부할 것으로 기대한다. 이것을 기대한다는 것이 얼마나 현실적(그리고 얼마나 인간적)인가?

1904년 중등교육 규정

톤턴 위원회의 '중산계급 학교들'을 위한 근대적 교육과정의 제안은 1904년의 중등교육 규정들로 현실화되었다. 1902년 교육법에 의해 만들어진 새로운 공립 중등학교들은 다음 내용을 가르쳤다.

> 영어, 문학 그리고 영어 이외의 최소한 하나의 외국어, 지리, 역사, 수학, 과학, 제도, 노작수업(남학생), 가사과목들(여학생), 체육, 조직화 된 게임들.[2]

많은 해설가들이 지적했던 것처럼, 그러한 개발이 결코 불가피한 것은 아니었다. 1902년 이전에 대부분의 아이들이 다녔던 초등학교 체제는 학생들이 졸업 연령인 11세(나중에는 12세)를 넘어서도 학교에 재학할 수 있도록 하기 위한 '고학년 학교'를 제공하기 위해서 확대되었고, 라틴어 같은 다른 근대적 교과들도 포함되었지만 과학이 특히 강조되는 실용적 교육과정이 만들어졌다(Vlaeminke, 2000, p. 39). 초등교육과 중등교육의 경계를 흐릿하게 만든 이런 즉흥적 성장은 원칙적으로는 지속되는 것이 허용되었지만, 대부분 교육부차관인 로버트 모란트(Robert Morant)의 조치들에 의해서 그것은 중단되고 두 영역의 교육과정의 엄격한 분리로 대체되었는데, 중등 교육과정 부분은 앞에서 묘사한 것과 같다. 그 이후로 초등학교에서 외국어나 ('자연탐구' 이상의) 과학을 가르치는 것이 제외되었고, 중등교육 규정들에 있는 것보다는 노작활동이 훨씬 강조된 약화된 교육과정을 따라야만 했다.

메리엘 블래밍키(Meriel Vlaeminke, 2000, pp. 216-217)는 고학년 학

교를 비국교도 아카데미 전통, 즉 근대적이고 실제적으로 유용한 교육과정을 선호하는 것이 지속된 것으로 봤는데, 수학과 과학이 이것을 잘 대변해 준다고 봤다. 그녀는 고객 중심의 관점을 만들었다.

> 비국교도들과 마찬가지로 다양한 이유들 때문이라 하더라도, 고학년 학교의 후원자들은 국가의 주요 교육정책 수립에서 배제되었다. 그들은 문법학교의 고전 기반적 교육과정을 모방하는 것이 아니라 "실질적인 대안을 제안함으로써" "그들의 필요에 부합한 교육유형을 고안했다."(p. 317)

블래밍키의 주장에는 일부 호소력이 있지만, 내가 보기에 1904년의 새로운 공립 중등학교를 고학년 학교보다는 비국교도 전통의 계승자로 이해하는 것이 여러 면에서 더 설득력을 갖는다.

블래밍키가 비국교도 아카데미와 고학년 학교가 모두 교육의 주류에서 배제된 사람들에게 제공되었다고 지적한 것은 옳다. 그러나 만약 누군가 이 지적이 다소 미흡하다고 표현한다면, 진실은 두 세기 동안 이러한 국교도 기관과 아래의 빈민계급 사이에 끼인 '중간' 계급 출신의 학생들을 위해 비국교도 기관이 만들어졌다는 것이다. 이런 기준에서, 새로운(그리고 학비를 내야 하는) 공립 중등학교는 보통사람의 고학년 학교보다 더 만족스러웠다.

교육과정을 고려해 보면 이 결론에 이르게 된다. 비국교도의 교육 전통에서 표명했던 것과 같이 실제적 적용에서의 관심은 비도구적인 이유 때문에 일반 교육과정에 오랫동안 애착을 보였다(Mercer, 2001, pp. 40-42, 55 참조). 이것은 1904년 중등교육 규정들에서 요구하는 그런 종류의 교육과정과 부합된다. 일부 고학년 학교들이 과학과 수학을 가르치는 데 더 많은 시간을 보냈다 하더라도, 중등교육 규정들에서는 "과학과 수학에 적어도 7.5(시간을 일주일에 반드시 할당해야 하고), 최소한 3시간은 과학에 할당해야 한다."(Eaglesham, 1967, p. 59)고 규정하고 있다.

1904년부터 국가교육과정까지

1904년 중등교육 규정은 1945년까지 약간의 변화를 거치면서 상당한 영향력을 행사했다. 그 시기에 중등 교육과정은 이론적으로는 남아 있으나 국가 통제에서 벗어났는데, 1926년 이후 초등학교 교육과정은 학교가 최적의 내용을 결정하게 되어 있었다.

1945년 이후 중등교육에 세 가지 체제가 도입되면서, 문제가 되는 학교는 중등 문법학교였는데, 그곳에는 11 + 시험 결과에 따라 소수의 아이들만 갈 수 있었다. 그 당시에 모란트가 도입한 일반 교육과정이 40년 동안 작동되었고, 보다 지적 능력이 뛰어난 학생들에게 그 교육과정이 적합하다는 점이 광범하게 수용되고 있었다.

이것은 세 가지 체제가 제안되었던 1943년의 노우드 보고서에서 분명해진다. 그 보고서는 문법학교가 다음과 같은 학생들에게 적합하다고 보았다.

학습 그 자체에 흥미를 가진 학생, 논의를 파악하고 관련된 일련의 추론을 따를 수 있는 학생, 인간의 의지 차원에서든 물질적 세계 차원에서든 원인에 관심을 가진 학생, 사물이 어떻게 존재하는가 하는 것뿐만 아니라 어떻게 존재할 것인가에 관심을 갖는 학생, 사상의 표현으로서 언어, 정확한 입증으로서 증명, 한 원리를 정당화해 주는 일련의 실험에 민감한 학생. 그는 관련된 것들의 연관성, 지식의 발달, 구조, 정합적 실체에 관심을 갖는다(ch. 1).

이런 학생들을 위해서,

문법학교는 체계적인 지식의 주요 분야에 대한 소개를 통해 증진되는 정교한 사상의 이상을 옹호하는데, 그 지식은 처음에는 그 자체로 가치 있고 나중에는 삶의 필요들을 충족시켜 주게 된다(ch. 2).

이전의 30년의 사건들은 이 교육과정의 우월성을 강조하였다. 특히 중요한 것은 1917년에 중등학교 졸업시험제를 도입한 일이다(Goodson, 1987, ch. 3). 1938년 스펜스 보고서가 보여 주듯이 중등학교 학생들은 최소한 다섯 과목을 배워야 했다.

공인된 여러 평가 주체들이 이 시험을 위한 교수요목에서 광범한 대안들을 제시했고 또 계속 제시했지만, 대부분의 학생들은 비교적 제한된 숫자의 과목들, 즉 영어, 프랑스어, 수학, 과학, 지리, 역사, 라틴어 그리고 약간의 기예 과목을 배웠다(Spens Report, 1938, p. 90).

굿슨이 언급하듯이, 1917년 이후에는,

중등학교 졸업시험이 빠르게 문법학교의 주요 관심사가 되었고 이윽고 시험을 보게 되는 지적 교과들이 학교 시간표를 장악하게 되었다(Goodson, 1987, p. 29; 또한 McCulloch, 2007, p. 67 참조).

굿슨도 지적했듯이, 이런 장악이 강화된 것은 교과의 세분화를 옹호하는 교사들의 전문화로 발달되었다.

> 점차 세분화된 교과 훈련 과정이 확립되자 중등학교 교사들은 스스로를 '교과 공동체'의 일원으로 보게 되었다. 교과 단체들의 성장은 이런 추세에 기인하기도 했고 이를 확인해 주기도 한다. 이렇게 점차 중등교사들이 스스로를 교과 공동체로 인식하는 것은 다른 교과 교사들과 자신들을 분리하는 경향이 있고, 학교가 커짐에 따라 분리를 강화하는 조직의 분과 형태가 나타났다(p. 30).

1943년의 노우드 보고서 시기까지 이런 패턴은 확고하게 자리 잡게 되었고, 그 문제점도 분명해졌다. 1937년에 경험이 풍부한 중등학교 교장이었던 노우드 경은 중등학교 교육과정에 대한 비판을 검토하였고, 그것의 많은 것들이 "대부분의 학생들에게 꼭 필요한 것은 아니다."라고 강하게 주장하였다. 그것은 서론에서 반복되는 구절인데, "시험의 압박에 의해 수많은 분할된 교과들로 구성된 교육과정은 학생들을 현대사회의 시민으로 준비시킬 수 없다." 그는 또한 제안하기를, "외국어는 시간 부족 때문에 아예 빠질 것이고, 수학은 대다수 학생들에게 너무 어렵게 가르쳐질 것이며, 과학은 전문성보다는 시민성을 고무시켜야 한다"(McCulloch, 2007, pp. 125-126).

1930년대와 같은 비슷한 비판이 최근 10여 년 사이에 마찬가지로 이루어졌다. (근대어에 관한 것은 Williams, 2000, 그리고 수학에 관한 것은 Bramall & White, 2000 참조.) 그들은 공격을 막아내는 철갑을 두른 것 같이 전통적 교육과정의 위력이 여전함을 강조한다. 6년 후에 발간된 보고서에서 노우드 위원회는 이것을 거의 공격하지 못했고 오히려 그 반대가 되었다. 사실상 1937년부터 가졌던 노우드 자신의 회의감이 또 다시 들려온다.

우리의 마음이 그런 교과들로부터 만들어졌다고 과장되게 강조하는 것을 우리는 개탄한다. 그것들은 우리에게 부여된 흥미와 권리 자체 중심으로 형성된 것 같다… 교과들은 전문가인 교사들에게 속한 것으로 간주되는 경향이 있었다. 교과들 사이에 장벽이 생겨나고, 교사들은 다른 교사들의 영역을 침범할 자격이나 자유가 없다고 느꼈다. 각 교과의 특수한 가치들은 강조되었고 일부 혹은 모두가 공유하는 가치들은 소홀히 취급되었다. 학교과정은 '100 야드' 코스와 닮은꼴이 되어서, 각 교과는 분할되어 테이프가 둘러 있는 트랙을 따라 가게 되었다. 그동안 학생은 잊어지기 쉬웠다(Norwood, 1943, ch. 8).

그러나 이럼에도 불구하고 그 위원회는 현 상태를 옹호하게 되었다. 시민성, 윤리학, 경제학 등의 중요성을 인정하였지만, 교육과정에 그것들을 포함시키자는 요청을 거부하였고, "최선의 접근방식은 현존하는 교과들을 통해서다."라고 언급했다. 그 바람을 교과들 간의 상당한 협력에 고정시켰다.

우리가 숙고하는 마지막 한 가지는 이 교과들이 엄격한 시간표에 따른 과목들로 엄밀하게 가르쳐져야 한다는 것이다. 우리는 담임교사가 할 수 있거나 원할 때 교과들을 통합할 수 있는 상당한 재량권을 가져야 한다고 생각한다(Norwood, 1943).

노우드 자신이 교과들의 위력이 유지될 것 같다고 파악했던 바로 그 막강함은 교과들 간의 협력 요청을 여전히 묵살했다. 그것들은 국가교육과정을 통해 1988년에 이르게 되었고, 그 6개의 '통합교육과정 주제들'은 몇 년 후에 사라져 버렸다. 그것은 교육과정평가원(Qualification and Curriculum Authority: QCA)이 2007년 새로운 교육과정에 '통합교육과정 영역'을 도입한 이후 2010년 현재 잘 되고 있다(이 책의 p. 244 참조).

1945년 이후 문법학교들은 이론상 학교가 좋아하는 교육과정을 운영할 수 있다 하더라도, 지적인(진리탐구) 교과들이 가장 특권을 누리는 분할된 교과체제가 만들어져서 거의 변화시킬 수 없는 체제로 굳어졌다. 그 체제는 1951년에 중등학교 졸업시험이 일반학력인정시험(General Certificate of Education: GCE)으로 바뀐 후에도 계속되었다.

1960년대 이후부터 중등학교 대다수가 종합학교가 되었을 때, 보다 더 학문적인 학생들(즉, 덜 학문적인 CSE보다는 GCE의 'O' 등급을 취득한 학생들)에게는 그 동일한 체제가 일반적으로 유지되었다.

일부는, 특히 좌파들은 종합학교 내에 선발 체제의 계속성이 보인다는 반론을 제기하였다. 광범한 학문적 교육은 정상적인 지능을 가진 모든 아이들이 받아야 하는 것으로 이해되었고, 지금까지 좋은 것을 특권집단에 한정시키려는 것을 이제는 모두에게로 확대시켜야 한다는 상정으로 생각되었다.

1960년대 말에서 1970년대 초에, 이런 사고방식의 확산은 의도적이든 아니든 간에 허스트(P. H. Hirst)와 그의 영향을 받은 피터스(R. S. Peters)나 디어든(R. F. Dearden)과 같은 교육철학자들의 교육과정관으로부터 유래되었다. 이 견해는 표준적인 교과중심 교육과정보다 더 지적으로 옹호할 만한 학문적으로 엄격한 교육을 추구하였다. 그들의 대안은 논리적으로 구분된 약 7개의 '이해의 형식'(철학, 수학, 자연과학,

인간과학, 역사, 종교, 문학과 예술)을 추구하는 데 기반을 둔 교육과정이었다. 그들은 이 형식들이 독자적인 개념과 진리 검증 방식을 갖는다고 주장하였다. 방법론적으로 구분된 이 모든 영역들에서 작동되는 학습은 "가장 기본적인 의미에서 마음의 발달"(Hirst, 1965, p. 256)이든지, 아니면 자율적인 삶을 영위하기 위한 전제조건(Dearden, 1968)이든지 간에 현존하는 인류의 모든 지식의 핵심 특징에 익숙해지는 것이다.

그 프로젝트의 목적은 확산된 중등학교 교육과정을 정당화하기 위한 것이 아니라 인식론적으로 옹호할 수 있는 방향에서 그것의 변화를 모색하기 위한 것이다. 허스트 계열에서 훈련받은 교육철학자들이 포진한 교사교육기관들은 실제로 새로운 접근을 활성화시켰다. 스킬벡(Skilbeck, 1984, p. 33)에 따르면, 모든 세부적인 것까지는 아니라 하더라도 본질적으로 허스트 기반적인 접근에 대한 국가의 인정은 1970년대 말까지 계속되었다. HMI의 영향력 있는 보고서인 「교육과정 11-16」(DES, 1977)은 8개 정도의 '경험 영역'(심미적이고 창의적 · 윤리적 · 언어적 · 수학적 · 과학적 · 신체적 · 사회적이고 정치적 · 영적 경험)을 개발할 교육과정을 제안하였다.

교과중심 교육과정으로부터 이해와 경험의 광범한 구분 중심 교육과정 쪽으로 변화를 주려는 이러한 시도들에도 불구하고, 1988년에 출현한 국가교육과정은 1904년 중등학교 규정에서의 교과와 거의 유사한 10개 교과들(수공예/가사는 빠지고 음악과 공학이 추가됨)로 구성되었다. 1904년 체제의 역사적 배경을 살펴보면, 19세기에 교육과정을 중산계급 학교를 위한 것으로 이해했던 것이 20세기 말에도 여전히 중요한 사항으로 간주되었다고 보는 주장이 정당성이 있다. 세 가지 중요한 변화가 있었다. 교육과정이 이제는 소수만을 위한 것이 아니라 모든 아동을 위한 것이 되었고, 중등학교뿐만 아니라 초등학교에도 적용되었고, 그리고 국가의 통제를 받게 되었다.

1904년 교육과정처럼 1988년 교육과정은 종교교육이라는 필수교과(1944년 이후)를 추가시켜야 했고, 지식의 획득이 엄청나게 강조되었다. 체육이나 미술 과목이 포함되었지만, 그 과목들의 위상은 과거에도 그렇듯이 더 주변적인 것이 되었다.

1988년 이후 주변적인 교과들보다 진리탐구 교과들의 높은 위상을 설명하는 단순하고 실감나는 방법은 국가교육과정 문서에 제시된 모든 교과들의 순서들에 담겨 있다. 예를 들어, 『1999년 중등교사를 위한 핸드북』(DfEE/QCA, 1999)은 영어, 수학, 과학, 디자인과 공학, ICT, 역사, 지리, 근대 외국어, 미술과 디자인, 음악, 체육의 목록을 제시하고 있다. (2007년 이후 교과들은 알파벳 순서로 정리되어 미술과 디자인이 맨 앞으로 오게 되었다.)

왜 새로운 '문법학교' 교육과정인가

사회변화와 발전에 적합한 지식을 지속적으로 재정립하는 것을 통하여, 16세기 중반에 프랑스에서 시작되었고 영국은 18세기까지 그 기반이 약했던 교육의 개념이 21세기 초반에는 공립학교 체제의 모든 영역에서 우세하게 되었다.

우리는 19세기와 그 이전의 근대적 일반 교육과정이 만들어진 이유를 살펴보았다. 1900년 이후에는 이런 이유들에 어떤 변화가 있었는가?

실천적 이유

• 개인적 이유

개별적인 학교 학생들과 특히 그들의 부모의 관점에서, 이미 16세기에 소규모로 드러난, 전문 직업의 출입증으로서 근대적 일반 교육의 매력은 20세기 동안 영국의 사회생활의 주요 특징이 되었다. 성장하는 중산계급(그리고 거기에 편입되려는 사람들)이 자기 자녀들의 미래를 보장받으려는 요구를 충족시키기 위해서 20세기 초에 새로운 교육구조가 창안되었다. 중등학교가 국가 체제 중심으로 만들어졌고, 학교에서 대학에 이르는 잘 정비된 길을 만들어 낸 중등교육 수료시험(School Certificate: SC)과 교육자격 검정시험(High School Certificate: HSC)뿐만 아니라 대학교 및 대학 도시의 확장과 국가에 의해서 광범하고 학문적인 교육과정이 수립되었다.

노우드 보고서(1943)는 학문적 관심을 가진 학생이 나중에 전문직을 얻도록 도움을 주는 데 있어서 중등 교육과정의 현재 역할(그것의 원래 목적이 무엇이든지 간에)에 대한 우려가 없었다.

통상 문법학교에서 친숙한 교육과정으로 교육받은 그런 학생들은 숙련된 전문직에 들어가거나 고위 행정가나 관리직에 오르게 된다. 그 교육과정은 우리가 물어볼 필요도 없이 이런 종류의 사람을 만들기 위해 고안되었겠지만, 그 전제는 확신을 가지고 이제야 만들어졌는데, 태도와 능력을 확실하게 함양할 그런 소명을 위한, 그리고 그런 함양은 특정 유형의 마음을 형성시키려고 하는 교육목적을 위한 것이다(ch. 1).

• 포괄적 이유

이런 입장을 추종하는 개인적 열망은 광범한 사회적 관심에 맞춰진다. 1904년에 모란트는 정치적 견해가 반영된 모든 사람을 위한 비학문적인 교육과정으로부터 소수를 위한 일반적이고 학문적인 교육과정을 분리시켰다. 1898년에 쓴 논문에서 그는 다음과 같이 제안하였다.

> 민주국가의 존속을 위한 유일한 희망은 민주주의에 의해서 인정의 향상이 발견되는 데 있고, 무지한 다수의 충동이 현명한 소수의 안내와 통제에 자발적으로 복종하고자 하는 욕구가 늘어나는 것이다… 국가 생활의 모든 영역에서 "두뇌집단의 지도"라는 이런 세심한 안전보호 없이는, 계속되는 국제적인 존속 투쟁에서 민주국가는 더 많은 손상을 입게 될 것이다(Allen, 1934, pp. 125-126).

두 번째 사례로, 20세기의 전반기는 우생학적 운동이 상당히 강조되었다. 다양한 능력 계층에 따라 차별화 교육을 공급 하려는 아이디어는[예: 버트(Cyril Burt)가 묘사한 대로] 모란트의 생각과 많은 공통점을 가지고 있다. 모란트가 민족국가의 이익을 우선적으로 강조한다는 점을 제외하면 공통점이 많은데, 우생학자들은, 예컨대 문법학교를 통한 영재 엘리트 교육이 인류의 진화론적 발전을 촉진하는 것으로 봤다. 나는 이 문제를 다음의 '심리학적 이유' 부분에서 다시 다룰 것이다.

• 실천적 이유의 결론

이런 실천적 이유들이 얼마나 설득력이 있는가? 여기서, 예컨대 우생학과 같은 이데올로기의 적절성 혹은 모란트의 이상적인 정치관에 대해서 할 얘기가 많다. 그러나 나는 여기서 하나의 주제에 대해서만 언급하려고 한다. 만약 우리가 일반 교육과정의 개인적 요소들을 생각해 보면, 최소한 그것들의 일부는 개인이나 혹은 국가 경제에 유용할 것 같다는 점을 보여 주는 것이 어렵지 않다. 만약 학생들이 영국의 좋은 지휘를 받게 된다면 개인이나 국가에 모두 도움이 될 것이다. 산업사회에서, 만약에 특정 숫자의 학생들이 과학과 수학에 대한 좋은 이해를 하게 되었다면 그것은 경제에 도움이 된다. 그러나 이런 단편적인 정당화는 총체적인 교육과정(이런 특정한 종류의 교육과정, 즉 1904년의 틀에서와 같이 영어와 영문학, 다른 언어, 지리, 역사, 수학, 과학 등에 주로 기반을 둔 교육과정)의 유용성을 보여 주지 못한다. 이런 식의 일반 교육과정이 어떻게 도구적으로 정당화될 수 있을 것인가?

물론 20세기 내내 그랬던 것처럼, 이런 교육과정이 대학 진학이나 직업을 얻기 위한 신빙성 있는 수단이었던 것은 사실이다. 그러나 이는 시험 규정이 그것을 요구하기 때문이거나, 이런 목적에 그것이 타당하다고 생각되었기 때문이었다. 이런 목적을 위한 수단으로서 이 특정 수단이 꼭 신성불가침한 것은 아니다. 원칙적으로 대학과 고용주들은 시민성, 윤리, 세계문학, 공동체 기반 프로젝트, 다른 간학문적 연구들이 필수 요소로 들어 있는 교육과정에 만족할 것이다.

우리는 여전히 왜(다른 어떤 대안보다 더) 전통적 교육과정을 진술된 목적을 위한 가장 적절한 수단으로 봐야만 하는 것인지 타당한 이유를 찾는 중이다. 적절하게 정당화해 주는 이유가 명확하게 없다면, 우리는 최소한의 설명을 위한 의미에서 역사적인 이유들로 되돌아가 볼 수 있다. 그리고 여기서 가장 분명한 설명은, 우리가 이미 시사했듯이 1900년까지 그리고 점차 20세기가 진행되면서 전통적이고 학문적인 교육과정이 목적 달성에 가장 타당한 것으로 당연하게 간주하게 되었다. 이런 교육과정과 중산계급의 전통적인 연관성을 파악하는 것은, 이들이(학비를 내는) 1904년 이후의 중등학교가 주 대상으로 삼았던 집단이었고, 이들은 그런 교육과정이 개인에게 유익하다고 생각한 사실과도 부합된다.

이것이 고등교육이나 전문직을 염두에 두고 있던 중등학교 학생들이 오직 혹은 주로 이런 외재적 이유들을 위해서 공부했다는 말은 아니다. 그들이 만약 물리학이나 역사 혹은 프랑스어의 내재적인 매력에 빠졌다면 그들은 그 자체를 위한 공부를 더 잘했을 것이다. 이렇기 때문에, 결국 중등학교 졸업시험과 다른 공적인 시험들이 상당히 중요하게 여겨진다. 그러므로 학생들이 교육과정 과목들에서 왜 비도구적인 관심을 획득해야 하는지 강력한 도구적 이유가 있었다.

이는 우리를 일반 학문적 교육과정의 비실천적 정당화로 자연스럽게 이끌어간다. 몇 가지 다양한 정당화가 있다.

종교적 이유

다윈 이후의 점차 세속적인 세상에서, 1900년 이후에 종교적 이유들은 근거가 희박해졌다. 그들의 입장은 "어린 조니에게 긴 나눗셈을 가르치는 궁극적 이유는 그가 불멸의 영혼이기 때문이다."는 프레드 클라크(Fred Clarke, 1932, p. 2)의 언급에 잘 반영되어 있다. 그것은 노우드 보고서에도 나타난다. 그 보고서는 교육을 일반적으로 그리고 문법학교가 함의하는 것에 따라서, 진선미라는 이상을 추구하는 것으로 본다.

진선미는 어느 시대 어느 곳에서나 최종적으로 귀결되는 것이다… 그러한 가치들을 인정하는 것은, 최소한 대부분의 사람들에게, 우리가 기독교적 해석이라고 생각해야 하는 삶에 대한 종교적 해석을 함의한다(Norwood, 1943, introduction).

노우드와는 별개로, 유일하게 내가 종교적 이유로 발견한 다른 의미 있는 사례는 1960년대의 학술연구물들이다. 나는 다음의 피터스를 다루는 부분에서 이에 관해 조금 더 언급할 것이다.

전공을 위한 준비

1904년 중등학교 규정들에 대한 모란트의 『서두 메모(Prefatory Memorandum)』는 수업의 과정이 ① 일반적이고, ② 완성적이어야 함을 언급하였다.

① 일반 교육: 능력들을 총체적으로 연습하고 발달시킬 수 있는 합리적인 단계를 제공해 줄 수 있는 것이어야 하고, 이런 발달을 순수과학이나 응용과학, 어문학이든 아이들이 취업을 하도록 부수적인 능력들에 단순히 맞춰진 것을 획득하는 것이든, 특정 경로에 한정시키지 않아야 한다… 전공과정은 … 일반 교육이 이 모든 능력들을 연습하는 습관을 형성하고, 삶을 위한 어떤 견고한 기반이 자연세계의 구조와 법칙에 익숙해지고, 사상과 언어 및 사태를 다루기 시작하는 실천적인 능력을 정확하게 사용하도록 설정되었다는 점에서 오직 일반 교육이 시행된 후에 시작되어야 한다.

② 완성 과정: 앞에서 언급한 다양한 수업에서의 성취기준에 따라 계획되어야 하고, 그것들 중의 어떤 것도 단지 피상적인 도입에 그쳐서는 안 된다.

또한 이 두 요구사항은 백과전서적인 이념의 20세기 버전을 가리킨다. 그것들에 들어 있는 일반 교육의 정당화는 뒤르켐과 같은 논리에 호소하는 것이 아니라 심리학에 호소하고 있다. 그것은 중등학교 학생들이 세 능력을 가지고 있는데, 그 모든 능력은 전공에 들어가기 전에 충분히 연습되고 발달되어야 한다는 것을 함의한다. 나는 다음의 심리학적 이유를 다루는 부분에서 이런 계열의 사상을 다루게 될 것이다. 우리가 이 장에서 여러 번 살펴본 것과 같이, 동일한 논의에서 다른 종류의 정당화가 종종 함께 펼쳐진다.

전공과정이 일반 교육의 기반 위에서만 존재할 수 있다는 점은 논리적 참으로 보인다. 만약 어떤 사람이 A, B, C 분야를 전공하려고 하면, 세 분야 모두에서 기초를 닦아야 한다. 이것은 참으로 보이지만, 모란트의 주장은 전공화가 바람직하기도 하고 일반 교육을 위한 원리가 되기도 한다는 점을 상정하는 것 같다. 이런 상정의 이유는 제시되지 않았다.

이유가 언급되지 않은 상황에서, 어떤 설득력 있는 이유가 제시될 수 있는가? 그 시기에 대학교의 과정들이 변화된 특성은 하나의 단서가 될 수 있을 것이다. 우리가 앞에서 살펴본 바와 같이, 대학교들이 점차 전공중심이 된 특성은 학교교육이 왜 일반적인 것이 되어야 하는가에 대한 새로운 이유를 제공해 준다. 일반 과정을 위한 이 원리는 있을 수 있는 내재적 가치에 두는 것이 아니라 전제조건이 되는 전공중심이

된 대학교육을 위한 것에 (또는 추가로 직업 입문을 위한 모란트의 '능력들'의 세 번째를 수용하는 것에) 두고 있다.

그러므로 이런 계열의 사상은 또 다른 상정[중등교육에서부터 유래되어 계속되고 있는 전공중심이 된 대학교의 과정은 좋은 것이다(그 시절에는 좋은 것이었다)]으로 귀결된다. 어떤 이유들이 이 상정을 지지할 수 있을 것인가?

우리는 일반 교육과정의 합당한 정당화를 탐색하고 있는 중이다. 대학교 입학을 위해서 전공을 강화하는 것은 좋은 것이고, 전공화되지 않은 교육과정의 배경에 맞서서 전공 강화만이 의미를 갖는다는 것을 수용한다 할지라도, 아직 전공화되지 않은 교육과정의 바람직한 형태가 전통적인 학문적 교육과정이라는 점을 따르는 것은 아니다. 이 주장을 지지하기 위해서는 또 다른 논변이 필요하다.

이는 우리를 모란트의 보다 근본적인 생각으로 되돌아가게 한다. 이것은 일반 교육이 반드시 "총체적 능력에 대한 합당한 정도의 연습과 발달"을 제공해야만 한다는 것이다. 이는 우리에게 전통적 교육과정을 위한 심리학적 이유들을 살펴보도록 한다.

심리학적 이유

20세기에 이에 대한 심리학적 논의는 과거보다 더 현저해지고 다양해졌다.

• 능력심리학에 기반을 둔 이유

1890년대부터 능력심리학에 기반한 논의들(다양한 학문적 교과들은 다양한 인간의 능력을 발달시키는 데 도움이 된다)은 신랄한 비판에 직면했음에도 불구하고(예: Adams, 1897, ch. 5), 모란트는 우리가 살펴 본 대로 1904년의 중등학교 규정들을 위한 정당화에서 그것들에 의존하고 있다.

그는 중등학교 학생들이 세 가지 능력을 가지고 있는데, 전공과정에 들어가기 전에 그 모든 능력이 충분히 연습되고 발달되어야 한다는 것을 암시하였다. 이 능력들은 물리적 세계를 이해하는 것, 언어와 문학 공부를 통해 함양될 '사고와 언어의 정확한 사용' 그리고 '사태를 다루기 시작하는 실천적인 능력'이다.

그러나 이 능력들의 존재에 관한, 특히 보다 일반적으로 정신생활을 능력으로 파악하는 것에 관한 근거는 제시되지 못한다. 그것들에 대한 언급은 중등교육의 특징에 대해 일반적으로 경쟁하는 세 가지 견해의 균형을 유지하려는 시도로 보인다.

능력들을 어떻게 파악하는가라는 문제는 차치하고라도, 모란트는 그 능력들을 모두 발달시키는 것이 왜 중요하다고 생각했을까? 그는 언급이 없다.

나중에 능력에 관한 논변을 사용하는 것은 『자유로운 사회에서 일반교육(General Education in a Free Society)』이라는 하버드 보고서(Harvard Report, 1946)에서 발견된다. 이 보고서는 일반 교육이 특정 정신능력, 즉 "효과적으로 생각하고, 사고를 소통하며, 적절한 판단을 하고, 가치들을 식별할 수 있는" 정신능력을 개발시켜 주는 자연과학, 인문학, 사회과학을 기반으로 해야 한다고 주장한다.

그 내용은 다르다 하더라도 그 논의 형식은 모란트가 사용했던 것과 유사한데, 각각의 정당화에서 소수의 세부적 능력들이 언급되고 있는 점에서 그렇다.

1965년에, 철학자 폴 허스트는 몇 개의 '지식의 형식'에 기반을 둔 학문적인 일반 교육을 자기 자신의 옹호론으로 정립하는 과정에서 하버드 논의에 대한 개념적 비판을 만들어냈다(다음의 허스트 부분 참조). 허스트는 일반적인 용어로 언급되는 능력을 말할 수 없고 특정 지식의 형식 안에서만 말할 수 있다는 주장을 가지고 하버드 논의와 대조시키면서 자신의 입장을 정의했다. 예를 들어, '효과적인 사고'로 간주되는 것이 역사와 수학에서 상당히 다르다(Hirst, 1965, pp. 250-251).

• 개인차 심리학에 기반을 둔 이유

능력 심리학에 대한 의존도가 약화됨에 따라, 정신능력에서 개인차 심리학을 더 강조하게 되었다. 시릴 버트는 능력 심리학에 관한 그의 부록에서 1938년 스펜스 보고서로 결론 내고 있다.

> 가르침이나 훈련의 최고 방법이나 과목들의 최선의 선택 문제는 그와 같이 단순히 마음의 일반적 본성을 고려함에 의해서가 아니라 배워야 할 특정 개인들의 필요와 한계를 면밀히 그리고 우선적으로 연구하는 것에 의해서 결정되어야 한다.

'한계'라는 용어가 중요하다. 만약 전통적 교육과정이 절대적으로 바람직한 것이라면, 그것을 학습할 수 있는 지적인 능력을 지닌 학습자에게만 그렇게 될 수 있다. 일반지능에서 개인차를 다루는 버트 자신의 심리학 이론은 이런 개인차가 생득적으로 결정된 것이라고 주장하였다. 그는 '지능'을 '생득적 · 일반적 · 인지적 능력'으로 정의하였다(Burt, 1955, p. 265).

> 모든 특정 아동에게 부여된 지능의 정도는 그의 전 생애에 걸쳐 일반적 효율성
> 을 결정해 주는 가장 중요한 요소들 중의 하나다. 특별히 그것은 그가 특히 교
> 육, 직업, 지적인 분야에서 수행할 수 있는 최상의 한계를 설정해 준다(Burt,
> 1955, p. 281).

버트에게 있어서 일반지능은 본질적으로 지적인 능력이다. 즉, 진리
탐구 과업과 같은 종류의 능력은 사실적 지식(내가 1945년에 11＋ 시험
을 본 이후로 잊히지 않는 한 예로, "왕과 여왕의 관계는 술탄과 ＿＿의 관계
와 같은가?")을 포함해서 추상적·논리적·수학적인 종류의 지능검사
에서 발견된다.

전통적인 학문적 교육과정에 의해 얻게 된 성취와 지능검사의 성적
사이에는 밀접한 관련성이 있다. 이것은 놀랄 일이 아닌데, 3부제가 도
입될 때, 중등 기술학교나 근대학교에 보내질 더 열등한 지능을 가진
학생들을 위해서가 아니라 중등 문법학교로 진학시켜야 할 학생들의
선발을 돕기 위해서 1944년 이후에 지능검사가 사용되었기 때문이다.
문법학교는 태어날 때부터 대부분 혹은 전체적으로 지적인 추구 쪽에
맞춰진 아이들에게만 적합한 것이었다. 지능이 열등한 학생들은 학문
적 교육과정을 통해 유익을 얻을 수 있는 게 없었다. 그들의 필요들은
다른 제공을 통해 더 잘 충족될 수 있었다.

3부제가 만들어지는 데 미친 버트의 영향은 상당했다. 더 직접적인
자극제는 1943년의 노우드 보고서였다. 그 비전은 상이한 종류의 마음
을 가진 아이들을 위한 다양한 종류의 학교였다. 대부분 이미 인용되

었던 구절의 반복으로, 문법학교는 다음의 학생들에게 적절해 보였다.

> 배움 그 자체에 흥미가 있고, 논의를 이해할 수 있거나 일련의 관련된 추론을 따를 수 있고, 인간의 의무 차원이든 물질세계 차원이든 원인에 관심을 갖고, 사물의 현재 상태뿐만 아니라 장차 어떻게 될 것인지를 아는 데 관심을 갖고, 생각의 표현으로서 언어에, 정확한 설명으로서 증명에, 원리를 정당화하는 일련의 실험에 민감한 학생, 즉 그는 관련된 사물의 연관성, 지식의 발달, 구조, 정합적인 본체에 관심을 갖는다(Norwood, ch. 1)… 이런 종류의 약속이 보장된 마음을 위해서 문법학교는 적절한 것으로 간주되는 전통적 교육과정을 제공해 왔다(ch. 2).

이런 생각은 버트의 생각과 중첩된다. 학문적 교육과정을 정당화해 주는 것은 다양한 능력을 발달시켜 주는 데 있는 것이 아니라 그것이 마음의 종류와 사람들이 타고난 것들을 연결시켜 주는 데 있다.

우리가 태어날 때부터 다양한 종류의 마음을 가지고 있다는 생각은 분할된 교육체제를 합리화하는 데 정치적인 도움이 되기도 했겠지만, 건전한 지원은 미흡했다. 특히 일반지능에 대한 버트의 이론은 집중포화를 받게 되었다. 그의 주지주의적 지능의 개념에 비판이 가해졌는데, 이 개념은 사람들이 일상적인 활동과 관계에서 행하는 실제적인 종류의 지능을 소홀히 다루고 있다. 지능은 생득적 능력으로 개인의 나중 성취에 한계를 설정한다는 견해에도 비판이 가해졌다. 이런 입장에서 버트를 충분히 비판한 자료로는 화이트(White, 1974)를 참조하면 된다. 나는 또한 영국과 미국에서 버트와 지능에 대한 다른 선구적 심리학자들이 도움을 받았던 우생학에 대한 집착을 탐구했다.

다양한 마음이라는 신념은 전통적 교육과정을 위한 기반으로서 미흡한데, 능력이라는 신념도 그렇다. 노우드의 설명은 문자적으로 신뢰하기 힘들다. 이에 따르면, 논리적 추론이나 수학적 추론뿐만 아니라 역사, 과학, 언어지식에도 내재적인 매력을 발견하는 특별한 유형의 인간의 마음이 있다. 상당히 소수만이 태어날 때부터 이런 종류의 박식한 사람으로 프로그램화되었고, 이들의 관심 범위는 문법학교 교육과정과 거의 유사하다는 것을 믿도록 우리를 이끌었다.

이것을 정당화하기가 거의 불가능하다 하더라도, 그것이 이런 종류의 교육과정을 실질적으로 정당화할 수 있을 것인가? 태어날 때부터 박식한 사람이 자신의 본성에 따라, 예컨대 다른 교과들을 제쳐 두고 문학을 깊이 사랑하는 것보다 총체적인 지식에 흥미를 가질 때, 그것이 반드시 좋을 것인가? 노우드 보고서는 이 두 번째 가능성을 도외시하고 있다. 그것은 젊은 시커 주교와 상당히 유사한 방식으로 백과전서적인 이상에 애착을 보인다. 일반적인 지식이라는 이상의 제공과 그 모든 영향하에서 특별한 애착은 무시되었다.

버트의 '일반 지능' 이 실제 교육과정 영역들과 꼭 들어맞는 것은 아니다. 그것의 핵심은 논리적 추론이다. 이것은 인간의 지능 수준이 생득적 요소들에 의해 거의 혹은 전체적으로 고정되고, 교육을 포함한 환경적 영향에 의해 약간 영향을 받는다는 생각(지능검사의 구성요소들로 만들어지게 된다)을 따르는 것이다. 그러므로 이론상, 아이들의 지능은 많은 역사적 사실이나 과학적 사실을 배우거나, 프랑스어나 라틴어 문법에 입문하게 되었다고 해서 향상될 수는 없다. 지능검사는 처음부터 그들 안의 현재의 무엇인가를 측정해야 한다. 논리적 관계를 규명할 수 있는 능력과 그렇게 해내는 속도는 이런 목적을 위해 더 나은 것으로 보인다. 그들이 실지로 그렇게 하는지는 또 다른 문제다. 그들은 코칭을 통해 천문학에 대한 이해가 개선될 것이다. 그러나 논리적 추론능력이 생득적으로 결정된 것이라고 우리가 추정한다 하더라도, 이것이 전통적 교육과정은 이 방면에 재능을 가진 아동에게 특별히 적합하다는 것을 보여 주는 것은 아니다. 그들이 타고난 재능을 개발해야 한다(이것은 비판의 여지가 있다)고 우리가 가정한다 하더라도, 프랑스어나 지리학이 철학이나 경제학보다 그들을 위한 교육의 핵심 부분이 되어야 할 이유를 알기는 어렵다.

이런 이유들 때문에 나는 반복해서 주장한다. 상이한 마음이라는 신념은 전통적 교육과정을 위한 기반으로서 미흡하고, 능력이라는 신념도 그렇다.

그 자체를 위한 지식

우리는 교육과정을 위한 심리학적 배경을 마무리하지 못했다. 우리가 20세기 전반기에서 후반기로 이동해 보면, 그것들이 여전히 현저하지만 다른 종류의 정당화가 혼합되어 있는 것을 우리는 발견한다. 능력들에 기반을 둔 논의들은 더 이상 사용되지 않고, 카민(Kamin, 1974)에 의해 버트의 일란성쌍생아 연구와, 그가 이런 결론을 입증하기 위해 데이터를 조작한 혐의에 대한 비판(Hearnshaw, 1979)이 생겨나면서 버트의 인기도 시들해짐에 따라 일반지능에 관한 주장의 의존도는 약화되었다. 전통적 교육과정은 우수한 지능을 가진 아이들에게 특별히 적합하다는 아이디어가 퇴색한 극적이고 예기치 않은 사례는 1988년의 국가교육과정의 등장이었다. 이것은 상당히 전통적이었지만(1904

년 중등 교육과정의 거의 판박이지만) 지금은 5세 이상의 모든 학생에게 적절한 것으로 간주된다.

나는 다음에서 더 새로운 심리학적 정당화로 되돌아갈 것이다. 내가 지적했듯이, 그것들은 다른 종류의 논의들과 혼합되는 경향이 있다. 다양한 원천을 활용한 융합적 정당화를 만들어 내는 이런 경향은 특히 20세기에 심화되었다.

우리는 모란트가 1904년 교육과정을 옹호하는 데서 그것을 볼 수 있었다. 그것에는 일반 지식의 전문화 옹호에 관한 논의와 능력에 관한 논의가 함께 섞여 있다. 그 배경으로, 1904년 규정에는 인정되지 않았지만 아마 그들의 주요 동인(Eaglesham, 1967, p. 40, ch. 4, 5)은 무지한 대중이 현명한 엘리트의 지도를 받는 사회에 대한 모란트의 정치적 신념이었다.

우리는 그것을 노우드 부분에서 이미 살펴보았다. 여기서는 더 근원적인 것을 추적해 볼 것이다. 첫째는 실제적 이유로, 문법학교 교육은 전문직에 적합한 것이다. 둘째, 아이들이 상이한 종류의 마음을 가졌고, 문법학교는 모든 종류의 지식에 흥미를 갖는 박식한 사람들에게 적합한 것이다. 셋째, 배경에서 파악되는 것인데, 최고의 교육으로 격려하고 있는 진선미의 절대적 이상의 추구는 종교적 기반을 가지고 있고, 우리 사회는 기독교적 기반을 가지고 있다.

노우드 진술에 나타난 네 번째는, 앞에서 인용한 대로 문법학교 교육과정이 '학습 그 자체에 흥미를 가진 학생들'에게 적합하다는 점이다. 결국 학생들은 나중의 직업에 유용할 것으로 생각하는 이유만으로 광범한 학교 교과들에 상당한 흥미를 가질 수 있을 것이다. (아마도 사실상 일부는 그랬을 것이고, 계속 그럴 것이다.) 노우드에서 새로운 네 번째 생각은 부분적으로는 (학습에 내재적 흥미를 가진 학생들이 있다는 점에서) 심리학적이고, 부분적으로는 (이런 종류의 흥미는 바람직하다는 점에서) 윤리학적이다. 그것이 의존하고 있기도 하는 종교적 주장이 아마 여기서 문제의 뿌리임에도 불구하고, 노우드는 그것이 왜 바람직한 것인지는 언급하지 않는다. 우리는 17세기부터 19세기까지 영향을 미친 생각을 볼 수 있는데, 그것은 인간이 신의 전지성이 투영된 모든 박식함을 할 수만 있으면 추구해야 한다는 생각이다. 이는 더 가능성 있는 학생들이 광범한 지식의 획득에 내재적 흥미를 갖는 것과 부합되는 교육과정을 요구한다는 타당한(꼭 건전한 것은 아니라 하더라도) 주장의 기반이 될 수 있을 것이다. 그러나 이것이 노우드가 가졌던 생각이었는지 알 수 있는 증거가 나에게는 없다.

그 밖에 무엇이 배경을 제공할 것인가? 어떤 것도 생각하기가 쉽지 않다. 학생들이 광범한 분야의 지식을 그 자체를 위해서 추구하도록 격려하는 것이 왜 좋은 일이 될 수 있는가? 만약 이것이 개인의 잘됨에 치명적이라는 것을 밝힐 수 있다면, 우리는 하나의 논변을 갖게 될 것이다. 그러나 그것을 밝힐 수 있을 것인가? 인간의 잘됨은 다른 것들 중에서 그 자체를 위한 가치 있는 활동에 몰두하는 것에 달려 있다는 주장을 확실하게 할 수 있다. 그러나 가치 있는 활동의 범주는, 얼른 보기에도 노동 활동, 심미적 활동, 친밀한 인간관계에서 생겨나는 활동들, 게다가 (이론적) 지식의 추구와 관련된 활동을 포함한 모든 종류의 실천적 활동들을 포함하여 엄청나게 광범할 것 같다. 그리고 지식의 추구에 관심을 갖는 곳에서도, 이것이 꼭 광범한 지식의 추구를 의미하지는 않는다. 사람들은 결국 그 자체가 중요한 것으로, 생물학이나 근대사와 같은 특정 영역에 몰입하며 만족감을 느낄 수 있다.

물론 이것이 박식한 사람은 잘삶을 영위할 수 없다는 말은 아니다. 그러나 노우드의 접근은 이보다 멀리 가 버린다. 만약 우리가 아이들의 신념과 태도는 학교 경험을 통해 형성된다고 가정한다면, 그들이 그 자체를 위한 지식의 추구에 박식한 흥미를 발달시키도록 권장하는 한, 그들의 교육자들은 앞 단락에서 언급했던 것과 같은 다른 견해들을 배제하고 만족을 줄 수 있는 한 가지 견해를 그들에게 강화하고 있는 것이다. 따라서 노우드의 학교교육은 다양한 가능성을 공평하게 열어 두는 것이 아니라 좋은 삶에 대한 특정 관점으로 교화하는 형식이 될 위험성을 갖는다.

이 절에서 나는 노우드에 집중했지만, 중요한 사항들이 더 있다. 아마도 20세기 후반기에 능력 기반 혹은 지능 기반의 심리학적 정당화의 경향 때문에, 그 자체를 위한 지식 추구에 기반한 교육과정의 정당화 징후가 상당히 뚜렷해졌다. 1940년대에 노우드에 의해 제안된 입장은 1960년대의 더 풍부하고 정교한 영향력 있는 논변들의 지지를 받았다.

리차드 피터스와 폴 허스트

이 원리를 만들어 내는 일이 철학자들에게 남아 있었다. 피터스와 허스트는 1960년대에 런던 대학교 교육전문대학원에서 함께 한 동료들인데, 그들은 교육철학을 가르쳤고, 함께 교사교육과 국가 정책결정에 엄청난 영향을 미쳤다.

• 피터스
피터스는 자신의 대표적 저서인 『윤리학과 교육』에서 다음과 같이 쓰고 있다.

> 교육과정에서 과학, 수학, 역사, 예술, 요리와 목공의 특징은 빙고, 브리지, 당
> 구 등과는 다르다. 아마도 그것들의 유용성 혹은 직업적 가치와는 별개로 이것
> 을 위한 어떤 이유가 있어야 한다(Peters, 1966, p. 144).

피터스(1966, 1973)는 이 이유를 찾는 데서 출발한다. 그의 탐구 과
정에서, 과학, 역사, 문학과 같이 진리 추구와 관련된 '이론적 탐구'에
서 벗어난, 요리와 같은 실천적 교과들은 배제되었다. 『윤리학과 교
육』의 제5장은 학생들이 왜 이처럼 그 자체를 위한 다양한 종류의 지
식을 배워야 하는지에 대해서 논리적인 철학적 논변을 탐색하는 데 치
중하고 있다. 여기서 '그 자체를 위한' 것이 핵심이다. 피터스는 학습
자들이 장차 자신의 삶을 영위할 사회와 자연세계의 특징을 이해하도
록 돕는 데 있어서, 이 분야들의 어떤 이해들은 외재적 가치가 있다는
것을 밝히는 것이 어렵다는 것을 알아낸 것이 아니다. 그는 그것에 만
족하지 않았다. 그의 관심사는 과학이나 다른 이론 탐구에 매력을 갖
는 학생들만이 아니라 모든 학생에게 그것들이 모두 내재적 가치가 있
다는 것을 밝혀 줄 논변을 탐색하는 것이다. 피터스의 관점에서 그의
요구를 만족시킬 수 있는 논변이 많이 논의되었는데, 여기서 그것을
상세히 다루기는 적절하지 않다. 그 논변을 지금은 타당하지 않은 것
으로 보는 것이 일반적이라는 언급만으로 충분하다. 거기에서 피터스
는 스스로 어떤 종류의 삶을 영위해야 되는가를 진지하게 탐색하는 인
간상을 염두에 두고 있다.

[어떤 사람이] 자신의 일상생활로부터 물러서서 "왜 저것이 아닌 이것을 하는가?"라는 질문을 제기한다는 것은, 그가 자신의 의식 속에 진리에 대한 진지한 관심을 이미 가지고 있음을 의미한다. 왜냐하면 그런 질문이 제기되는 상황이나 그 대답의 방향을 결정할 다양한 틀의 종류가 무엇인지에 대해서 무관심한 사람이라면 어떻게 그런 진지한 실천적 질문을 할 수 있겠는가? 다양한 이론적 탐구는 그의 이런 경험의 다양한 측면을 탐색하는 것이다. 그러므로 "왜 저것이 아닌 이것을 하는가?"라는 질문을 진지하게 한다는 것은 비록 초보적 수준에서라고 하더라도 그가 질문하고 있는 문제의 맥락을 제공하고 있는 실재의 측면들에 규정되는 것을 탐구하는데 헌신되어 있다는 의미다. 요약하면, 그러한 활동의 정당화는 "왜 저것이 아닌 이것을 하는가?"라는 질문에 대답하는 일뿐만 아니라 그 질문을 제기하는 것과도 관련되어 있기 때문에 전적으로 도구적인 것은 아니다(Peters, 1966, p. 164).

이 논변의 기본적 결함은, 정당화를 위한 질문을 하는 것만으로 그 사람은 이미 광범한 종류의 지식의 내재적 추구에 헌신되어 있다고 주장하지만, 그것을 명확히 밝히지 못하고 있다는 점이다. "왜 저것보다 이것이지?"라는 질문을 하는 사람은 자신의 질문에 옳고, 납득할 수 있는 답을 듣기 원하는 것은 맞다. 만약 당신이 이런 방식을 취하는 것을 좋아한다면, 그 질문자는 바로 이런 세부적인 점에서 지식의 추구에 헌신하고 있다. 그러나 이것은 그 사람이 피터스가 요청하는 과학, 철학, 문학 등의 추구에 헌신하고 있다는 것을 의미하는 것이 아니다 (White, 1973, p. 10ff).

피터스의 논변은 그 자체를 위한 다양한 지식의 추구에 기반한 교육과정을 위한 타당한 이유를 제시하는 데 실패했다. 또한 그의 논변은 직업적 이유나 다른 실천적 이유보다 더 타당한 다른 어떤 가치로 전통적 교육과정을 정당화하는 데도 실패했다. 그것은 그런 정당화를 제공하려는 부적절한 시도들의 긴 목록에 포함될 뿐이다.

피터스의 입장에 관한 다른 두 가지 흥미로운 사항이 있다. 첫째, 그가 제시한 인용문을 다른 시각에서 살펴보자.

> 교육과정에서 과학, 수학, 역사, 예술, 요리와 목공의 특징은 빙고, 브리지, 당구 등과는 다르다. 아마도 그것들의 유용성 혹은 직업적 가치와는 별개로 이것을 위한 어떤 이유가 있어야 한다(Peters, 1966, p. 144).

왜 "아마도 어떤 이유가 있어야 하는가?" 그 문맥에서 분명히 피터스는 비실천적인 가치를 추구하기 위한 활동으로서 과학과 다른 교과들이 학교교육과정에 왜 포함되어 왔는지 역사적 이유를 설명하지 않고 있다. 만약 이것이 그의 관심사였다면, 그는 이 책에서 한 것처럼 1904년 그리고 톤턴을 거쳐 비국교도 전통과 그 너머까지도 추적해 들어갔을 것이다. 그는 이렇게 하지 않고, 이론적 활동이 추구되어야 하는 철학적 이유를 탐색하는 데 자신을 국한시켰다. 그의 관심사는 정당화였지 설명이 아니었다.

왜 피터스는 정당화되어야만 한다고 추정했는가? 그는 이것을 액면 그대로 받아들인 것 같다. 만약 그랬다면, 이것은 그가 저술했던 역사적 기간의 영향 때문일 것이다. 전통적 교육과정은 여러 세기 동안 한 형태 혹은 또 다른 형태로 존재했었다. 그것은 정치적·사회적 권력에서 중산계급이 부상했던 19세기에 경쟁적이던 고전 기반의 교육과정을 압도하고 승리하게 되었다. 20세기 초에, 국가가 그것을 부과한 후에, 우리가 살펴봤듯이 시험 체제, 교과 단체의 성장, 노우드의 지지를 통해, 전통적 교육과정이 흔들리던 것이 빠르게 견고해졌다. 1904년의 변화들과 피터스의 『윤리학과 교육』 사이의 60여 년 이상 동안, 좋은 교육은 일반적이고 학문적인 교육과정을 요구하는 것을 점차 당연시하게 되었다. 그것을 숭배하는 관습이 형성되었다. 그것은 더 이상 단순히 '학문적 교육과정' 만이 아니라, 이제는 '전통적인 학문적 교육과정' 이 되었다.

우리는 다음에서 이 과정에서의 또 다른 (그리고 극적인) 사례들을 살펴보게 될 것이다. 그동안 피터스 입장에 대한 두 번째 논평으로 넘어가 보자.

나는 앞에서 20세기 초에 아마도 다윈 이후 세속화의 진전 영향으로 종교적 정당화의 근거가 희박하게 되었음을 언급하였다. 1940년대와 1960년대 사이의 20여 년은 이 시기 영국 사회의 종교적 부흥이 나타나 이런 경향과 약간 반대되는 흐름을 보여 주었는데, 1960년대 이후부터는 현저하고 빠른 종교적 쇠퇴가 나타났다. 캘럼 브라운(Callum Brown, 2001, p. 170)은 그것을 보여 준다.

> 1940년대 말에서 1950년대에는 영국이 19세기 중반 이후 경험했던 엄청난 교회 성장이 목격된다.

이 자세한 원인은 여기서 중요하지 않다. 간략히 살펴보면, 그 원인들은 전통적인 가족의 가치와 전후 여성의 가정적 역할에 대한 새로운 관심과 연관된다. 브라운에 따르면, 1960년대 이후 종교의 쇠퇴는 여성의 전통적인 족쇄에서의 해방과 상당히 관련된다.

우연의 일치건 아니건 간에, 내가 알고 있는 20세기의 세 가지 백과전서적인 교육과정에 대한 종교적 주장들은 문제의 그 20년에서 비롯되었다. 공립학교에서 필수로 종교교육을 도입한 것은 1944년부터였다.

우리는 첫 번째 사례를 노우드 보고서의 한 단락의 형태로 이미 살펴보았다. 두 번째는 영국의 교육과정 이론과 설계 분야에서 1960년대에 영향력을 행사한 미국 교육학자의 저술에서 비롯된다.

필립 피닉스(Philip Phenix)는, 1836년에 장로교단 대학으로 설립된 뉴욕에 있는 유니온 신학대학(Union Theological Seminary)에서 교육을 받아 신학과 종교적인 대학교육의 배경을 가지고 있었다. 그의 종교적 관점은 그가 1954년에 사범대학에 부임한 이후의 교육철학 연구에 영향을 미쳤다. 『교육과 공동선(Education and the Common Good)』(1961)에서 그는 다음과 같은 언급들을 한다. "교육의 핵심 과업은 종교적 대화다"(p. 242). 그리고 "무엇이 궁극적 가치인가에 관한 경외심 있는 태도를 우리는 현재 분석하면서 종교라는 이름을 유보하고 있는 중이다"(p. 237). "경외심을 갖도록 하는 것이 모든 하위 교육목표들을 통합시키는 최고의 목표다"(p. 252).

그의 가장 잘 알려진 『의미의 영역들(Realms of Meaning)』(1964)에서 그는 6개의 '의미의 영역들'인 상징적 · 경험적 · 심미적 · 실존적 · 윤리적 · 포괄적 의미에 기초하여 교육과정의 추상적인 틀을 밝혔다. 이 책의 첫 부분은 이렇게 쓰고 있다.

총체적인 의미를 유지한다는 것이 쉽지 않다. 많은 사람은 문명화된 노력의 전체 드라마에서 자신의 위치에 대한 생각을 거의 해 보지 않고 자신의 제한된 소명을 추구한다(p. 3).

그리고 약간 나중에 그는 다음과 같이 쓰고 있다.

> 학생들과 교사들은 비슷하게, 부분들이 속해 있는 종합적 패턴에 대한 어떤 탐구도 해 보지 않고, 분리된 요소들의 전통적 계열성과 같이, 그들이 발견한 것으로서 그 교육과정을 채택하기 쉽다(Phenix, 1964).

이것은 전통적 교육과정이 종합적 패턴을 가지고 있다고 추정하지만, 그것은 현재 상이한 항목들의 집합으로 보인다. 피닉스는 현대판 백과전서주의자인데, 그의 독자들은 그 교육과정의 배후에 자리 잡고 있는 총체성을 확인할 수 있다. 동시에 그는 교육과정을 분리되지 않은 하나의 전체로 보지는 않았다. 라무스주의자들과 같이 그는 교육과정을 논리적 원리에 따라 다수의 분할된 영역들로 나눌 수 있는 것으로 보았다.

교육과정의 종교적 배경에 관한 세 번째 사례는 피터스를 살펴보게 만든다. 피닉스가 경외심을 강조한 것은 피터스가 이론 활동에 대한 기념비적인 주장에서 일찍이 논평했던 것을 떠올리게 한다. 즉, 게임과 달리 학문적 교과들은 "세계에 대한 인간의 호기심 그리고 세계 속에서 자신의 특별한 곤경에 관한 외경심이나 관심과 분리될 수 있는 것"이 아니다. 그는 인생에서 종교의 가치는 "객관적인 우주에 대한 개인적인 주장"(Peters, 1966, p. 164)을 합쳐 놓은 것이라는 화이트헤드의 언급을 인용하면서 이것을 채우고 있다. 그의 동료 레이 얼리엇(Ray Elliott, 1986, p. 57)이 기록했듯이, 피터스는,

명상을 통해 전체 안에서의 존재 그리고 세계 속의 인간에 대한 반응은 독실함

이다… 그 자신의 설명에 따르면, 의미를 부여해 주고 발견하게 하는 것과 의미에 도달하고 밝히는 것의 종교적 의미에 대해서 그는 애착을 가졌다.

피터스가 이 구절을 기록할 때, 그는 30년 동안 퀘이커교도였다. 전후 그는 1699년에 설립된 시드콧(Sidcot)에 있는 퀘이커파 학교에서 가르치는 경험을 갖게 되었다. 2008년에, 그 학교의 온라인 안내서는 다음과 같이 언급하고 있다. "교육은 자기발달의 즐거운 경험이 되어야 하고 창조의 경이로움에 영감을 주는 소개가 되어야 한다."(http://www. sidcot. org.uk/about/index.html) 이것은 아마도 피터스가 논평했듯이, 자연세계를 파악하는 힘과 특히 그것을 탐구하는 과학의 역할에 대한 퀘이커 주의자들의 오래된 애착을 반영한다. 그 애착은 윌리엄 펜(William Penn)의 진술에 암시되고 있다.

세계는 분명히 거대하고 자연물의 위대한 내용들이다… 이것은 우리 젊은 사람들을 위한 교육의 교과가 되어야 한다(Penn, 1901, p. 2).

피터스의 논의는 그 이전의 종교적 정당화와 약간의 연속성을 가질 수도 있다는 제안을 얼마나 강하게 할 수 있을지 나는 모르겠다. 최소한 그런 제안은 의미가 있을 것이다. 이와 달리, 그것은 일종의 시간이라는 거품 속에 살아 있는, 꾸준히 견지하지만 확신이 없는 주장으로 남는다.

• 허스트
허스트의 '지식의 형식' 이론(Hirst, 1965)은 긴밀한 협력자였던 피터스의 '내재적으로 가치 있는 활동'이란 설명보다 더 영향력이 크기도 했다. 피터스는 사실상 1970년에 허스트와 공저했을 때의 자기 이론을 암암리에 채택했다(이 책의 제4장 참조). 앞에서 언급한 바와 같이, 허스트는 자유교육을 논리적으로 구분되는 일곱 가지 '이해의 형식'(철학, 수학, 자연과학, 인문과학, 역사, 종교, 문학, 미술)의 추구에 기반을 둔 것으로 보았다. 이것들은 그 자체의 고유한 개념과 진리검증 방식을 가지고 있는 것으로 주장되었다. 그것들은 직업적 이유와 같은 실제적 이유 때문이 아니라 "지식의 성취는 필연적으로 가장 기본적 의미에서의 마음의 발달"(Hirst, 1965, p. 256)이기 때문에 추구될 것이다.

자신의 글에서 허스트(1965, p. 256)는 핵심적인 교육목적으로서 지식 추구의 정당화를 제시하였다. 그것은 앞에서 논의했던 피터스의 이론 활동의 정당화와 유사하다. 허스트의 관점에서 "왜 지식을 추구하는가?"는 '특별한 질문'이었다. 왜냐하면 "모든 활동의 정당화에 대해서 질문하는 것은 그 사람이 사실상 이미 합리적인 지식을 탐구하는 데 헌신하고 있을 때만 의미가 있기" 때문이다. 이것의 문제는 기본적으로 피터스 이론이 지닌 것과 동일하다. 질문을 하는 사람은 그것에 대한 참인 대답을 알기 원해야 한다. 그러나 이것이 그 사람은 수학, 역사 혹은 모종의 다른 지식의 '형식들'의 추구에 마찬가지로 헌신되어 있어야 한다는 것을 의미하는 것은 아니다.

허스트 이론에 대한 두 가지 논평은 이전의 학문적 교육과정의 역사 조명에 관심을 갖는다. 첫째, 그가 지식의 획득과 마음의 발달을 동일하게 보는 점이다. 이 동일시는 허스트에게 방금 언급했던 반론에 개방적이지 않은 7개의 지식의 형식 추구를 정당화하는 방식을 제공한다. 그리스 철학을 묘사하면서, 그는 마음의 발달과 좋은 사람의 관련성을 밝혔는데, 후자는 전자에 의해서만 이해될 수 있다(p. 246, 257).

그 논변을 개괄했을 뿐이다. 그러나 여전히 난점이 제기된다. 우리의 정신적 삶은 다양하다. 그것은 가령 지식과 관련된 상태뿐만 아니라 감정적 상태도 포함한다. 또 왜 좋은 삶은 정신의 발달(곧 지식 추구), 타인들의 좋은 삶이 예술 활동에 있는 것을 아는 것, 타인을 위해 사는 것, 모든 종류의 선이 혼합된 삶 등을 통해서 이해되어야 하는가?

철학적 관점에서 허스트의 주장은 문제가 많다. 역사적 관점에서, 심리학적인 줄기를 일반 교육 교육과정 논의와 엮어 보려던 20세기 말의 시도(아마도 가장 최후의 의미?)는 흥미롭다. 우리는 이미 하버드 보고서가 능력심리학의 형식에 의존하고 있음을 그가 비판한 것과 방금 제시한 설명으로 이것을 대체했던 것을 살펴보았다.

두 번째 논평은 1800년에서 그가 저술활동을 한 시기인 1960년대 사이에 백과전서식 교육과정에 관한 설명들 가운데 허스트의 '지식의 형식'의 독창성에 관한 것이다. 우리가 살펴봤듯이, 1828년 예일 보고서를 필두로 톤턴, 뒤르켐, 모란트, 노우드를 거쳐 1946년의 하버드 보고서에 이르기까지, 이들의 입장들은 매우 간결하고 체계적이지 못했다. 허스트의 논변은 상당히 달랐다. 그의 논변은 지식 그 자체의 특성에서 우선적으로 도출된 범주들('형식들')의 엄밀하게 조직된 체계를 우리에게 제시한다. 포스트라무스주의자의 교육학 전통에서, 코메니우스와 그의 선대들 이후 교육사에서 이와 같은 경우는 없었다.

허스트의 세 가지 특징은 이런 이전의 전통을 떠올리게 한다. 첫째, 모든 지식 분야의 교육을 선호한다는 점이 공통적이다. 각각에 백과전서적 요소가 있다. 케커만, 알스테드, 코메니우스 등과 같이, 허스트는 이런 이상이 세부적인 내용이 아닌 일반적 원리 차원에서만 실현될 수 있다는 것을 분명히 했다(Hirst, 1965, p. 261).

둘째, 지식 전체를 논리적 원리에 따라 작은 범주들로 세분화하고 있는 점이다. 허스트의 지식의 형식은 라무스와 그의 계승자들이 파악했던 학문적 교과들과 유사하다. 각각의 경우에서, 자신들의 논리적 구분을 강조하고 있다.

셋째, 허스트는 다음 세 가지를 서로 연결시키고 있다. 즉, ① 모든 영역에서의 지식 추구, ② 마음의 발달[한 곳에서 그는 "지식의 획득에서 종합적인 마음의 발달"(Hirst, 1965, p. 261)을 언급한다], 그리고 ③ 좋은 삶이다.

① 포스트라무스주의자 전통은 백과전서적인 지식을 중시하는데, 왜냐하면 ② 이것은 학습자들의 마음이 전지한 신의 마음에 좀 더 가까워지도록 돕기 때문이다. 그것은 알스테드의 표현에 따르면, '인간 안에 있는 신의 형상을 복원'시켜 주는 것이다. ①과 ②는 또한 ③ 좋은 삶과 연관된다. 왜냐하면 알스테드 등이 연구했던 것의 이론적 틀을 생각해 보면, 좋은 삶은 오직 이생에서의 도덕적 삶과 육체의 올무로부터 자유로워지고 영적인 활동에 헌신된 내세의 축복이 조화를 이루는 것이기 때문이다.

허스트와 포스트라무스주의자들의 교육학 전통 사이의 유사성은, 특히 그들의 시간적 간극이 크다는 것을 감안하면 주목할 만하다. 그들은 우연의 일치인 것이 거의 확실하다. 허스트는 알스테드와 코메니우스의 글에 깔려 있는 신학적 개념들을 제거한 최초의 인물일 것이다. 허스트는 어린 시절에 엄격한 복음주의 교단인 플리머스 형제교회(Plymouth Brethren) 교인으로 양육되었고, 그의 부친은 전국적인 지명도를 가진 목사였던 것이 사실이다. 그러나 허스트는 일찍이 자신의 종교적 신념을 버렸고, 그가 자신의 지식의 형식 이론을 쓸 때, 신학적 기반이 아닌 전적으로 합리적 기반에서 이것을 보았다(Hirst, 2008).

개인적 잘삶과 자율성

1960년대와 1970년대에 런던 대학교 교육전문대학원의 다른 교육철학자들은 외재적 근거에서 일반교육을 정당화했다. 대표적인 사람이 디어든이었는데, 그의 『초등교육철학(Philosophy of Primary Education)』(1968)은 그 분야에서 상당한 영향을 미쳤다. 그는 교육과정(그의 경우에는 초등 교육과정)의 기반을 마련하는 데 있어서 허스트의 지식의 형식에 기반을 두고 그를 추종했지만, 이런 식의 교육이 합리적인 자율적 선택에 기반을 둔 삶을 위해서 필수적이라고 보았다. "합리적 선택의 연습은… 세계 속에서의 자신의 상황에 대한 근거 있는 이해를… 상정한다."(p. 60) 그러므로 자율적인 삶을 위한 준비는 허스트식의 일반 교육을 위한 외재적 정당화를 제공한다.

나의 저서인 『필수 교육과정을 지향하며(Towards a Compulsory Curriculum)』(1973)도 핵심적인(그러나 유일한 것은 아닌) 교육목적으로서 자율적 삶을 조명하고 있다. 자율성을 위해 학교 학생들에게 준비된 교육과정은 모든 내재적으로 가치 있는 활동과 자율적인 개인이 스스로 선택할 수 있는 삶의 방식에 대한 종합적인 이해(허스트와는 다른 기반에서 논리적으로 세분된)를 제공하기 위한 것이다. 이 백과전서적 접근에 대해서 톰슨과 화이트(Thompson & White, 1975)의 2부에서 톰슨은 설득력 있게 문제를 제기했다.

허스트, 피터스, 디어든, 화이트와 같은 런던 라인의 교육철학자들은 모두 지식 혹은 이해의 형태에 기반을 둔 학문적 교육과정을 주장하였다. 그들이 내재적 정당화를 선호하든 외재적 정당화를 선호하든 간에, 그들의 논변은 모두 실패했다.

내재적 측면에서, 우리는 이미 허스트의 논변(우리가 살펴보았듯이 피터스도 채택하고 있는)의 문제점을 살펴보았다. 인간이 왜 지식을 추구해야 하는가라는 질문을 하는 것은 논리적으로 약간 어색하다. 지식 추구는 가장 기본적 의미에서 마음을 발달시키고 결국 좋은 삶을 증진시킨다는 허스트의 다른 측면의 논변은 앞에서 제시했던 이유 때문에 한계가 있다.

외재적 측면에서, 디어든과 화이트의 자율성에 대한 강조는 지식 추구를 교육과정의 기반으로 보는 전통적 입장을 퇴조시켰다. 이제 그것은 다른 무언가에 종속되었다. 그러나 이것은 직접적으로 문제를 야기한다. 즉, 자율적인 삶에 똑같이 속하고 똑같이 필수적인 다른 학습의 형식이 있을 수 있는가? 몇 가지 내용들을 생각해 볼 수 있을 것이다. 예를 들어, 동정심·두려움·분노·다른 감정들, 온갖 종류의 관계에 적절히 관여하는 것을 배우기, 심미적 즐거움 등을 그 후보로 생각해 볼 수 있다. 만약 지식과 이해가 학교교육과정에서 핵심적으로 다루어진다면, 왜 이것들은 똑같이 중요하게 다루어져서는 안 되는가?

일반적이고 지식 중심의 교육과정에 관한 모든 종교 이후의 논변들(뒤르켐부터 모란트, 노우드, 하버드 보고서의 심리학적 정당화를 거쳐 런던 라인의 철학적 정당화에 이르기까지)이 실패했다는 것은 놀랍지 않다. 백과전서식 교육과정이란 아이디어는 종교적인 기원을 가지고 있다. 그것은 불신자가 수용할 수 있는 것은 아니라 하더라도, 지적인 원리를 가지고 있었다. 종교적 원리는 전문적인 삶의 준비와 관련하여 항상

세속적 원리와 얽혀 있다. 원칙적으로 그 문제는 디어든과 화이트에 대해서 제기했던 외재적 정당화라는 질문이 제기될 수 있다. 만약 지식이 전문적 성공을 위해서 필수적이기 때문에 교육과정에서 중심이 되어야 한다면, 이것의 다른 필수 조건들은 왜 똑같이 중시되지 않아야 하는가? 아마 종교적 정당화와 세속적인 전문적 정당화가 뒤섞여서 제기된 그런 난제들이 생겨난다.

모든 사실에서 이런 식의 교육과정이 확고해질수록, 특히 지난 세기를 지나, 그것은 바람직한 교육이 취해야 할 형식으로 더 당연시하게 된다. 정당화에 관심이 있는 21세기의 많은 학자들은 교육 분야의 명백히 지울 수 없는 특징에 대해서 이전 것을 기반으로 한 합리화를 제시하고 있다. 그들이 만들어 내는 정당화가 모두 실패로 귀착되는 것은 정말 놀랄 일이 아니다.

당연시하는 것

21세기의 내용을 시작하면서, 많은 사람들이 '전통적 교과' 혹은 '전통적 교육과정'을 얘기하는 것은 매우 자연스러운 것 같다. 그러나 그 전통의 뿌리를 16세기까지 거슬러 올라간다 하더라도 20세기 전까지는 사람들이 이런 방식의 얘기를 시작하지 않았다.

그 이유는 이미 앞에서 일부 다뤘다. 20세기 초에는 소수를 위한 사립 중등교육의 형태였던 것이 국가 기관으로 병합되는 것을 볼 수 있었다. 제2차 세계대전까지 전통적인 학문적 교육과정의 영향은 시험제도, 분과주의의 발흥, 교과단체의 영향력이 발달하면서 견고해졌다. 종합학교에서 교육과정의 위계 구조가 만들어진 것과 같이, 전후 이세 가지는 그 주도권을 계속해서 더 확고하게 만들고 있다. 20세기 말에는 공립 중등학교뿐만 아니라 공립 초등학교에까지 전통적 교육과정의 법적인 부과가 이루어졌다.

이런 영향이 커진 한 결과는 일반 교육과정의 장점들을 점차 당연시하게 되었다. '전통적' 교육과정이 되면서(종교적·심리학적·인식론적·윤리학적 혹은 그 어떤 차원이든) 그것의 명시적인 정당화는 점점 필요없게 되었다. 그 교육과정을 활성화하기 위해서 그것의 지지자들은 상세하게 밝힐 필요가 없다는 일련의 공유된 상정에 의존할 수 있게 되었다. '우리가 해 오던 방식'에 암묵적인 호소가 이루어지는 다른 영역들(예: 여성이 있어야 할 곳은 가정이라는 케케묵은 생각)을 보면 명확해지듯이, 여기에는 상당한 위험성이 있다. 이런 식의 생각은 습관화된 것이 좋은 것이라는 것을 상정한다. 그것은 사실을 밝혀야 하는 필요성을 간과하게 된다.

상당히 빨리 백과전서적 교육과정을 채택한 사례로 토니(Tawney)의 1922년 논문 '모두를 위한 중등교육'을 들 수 있다. 토니는 평등주의적인 정치적 관점에서, 중등교육이 소수에서 전체 대중으로 확대되기를 원했다. 그는 특히 실제적 방향을 포함해서 다양한 중등학교 유형을 지지했다. 그러나 그는 이런 다양성을 보강하려고 필수 교과를 제공하는 1904년 이후 현존하던 중등 교육과정에 문제를 제기하지 않았다. 다음 내용에서 이것은 명확해진다.

> 비록 그 교과들이 교육부에서 요구한 것들이라 하더라도, 영어, 하나의 외국어, 지리, 역사, 수학, 과학, 제도 등이 공부의 중핵을 차지하고, 수학이나 과학적인 측면에 비해 언어를 더 강조하는 것은 학교에 따라 자연스럽게 다양해질 것이다(Tawney, 1922, p. 30).

급진적인 사회주의적 개혁가인 토니가 우선적인 원리들과 같은 뭔가로부터 영국 교육의 청사진을 재설계하면서, 더 멀리 거슬러 올라가서 시작하지 않은 것은 흥미로운 일이다. 그는 일반적인 목적들에서 출발해서 이것들을 실현하는 데 가장 적절한 교육과정 활동이 무엇인가를 생각해 본 것이 아니라 현행 교육과정 교과들을 기반으로 삼았다. 사실 그는 중등교육의 목적이 무엇이어야 하는가에 대한 견해를 가지고 있었다. 그는 다음과 같이 기록하고 있다.

> 그것의 목적을 정의하자면, 그것의 핵심 목적은 어떤 특정 무역이나 직업의 전문화된 기술을 전하는 것이 아니라 능력을 개발하는 것이다. 왜냐하면 그것은 인간의 특성이고, 어떤 특정 계급이나 직업에 특별한 것이 아니기 때문이다. 또 핵심 목적은 관심을 형성해 주는 것이다. 그것은 다음 단계에서 전문화의 기반이 될 수도 있겠지만 어떤 특정 직업을 위한 유용성 이상의 가치를 가지고 있는데, 그것이 사회 속에서 합리적이고 책임감 있는 삶을 위한 조건이기 때문이다(p. 29).

이것은 교육목적에 관한 설명으로 상당히 추상적이고, 그런 인간의 본성에 속하는 능력의 개발에 기초한다는 인간의 선에 대한 자연주의적 관점(문제가 있는 견해로, 숙고나 호기심과 같이 우리 인간의 구성의 많은 부분은 공격적 능력을 갖는다고 본다)에 의존하고 있는 것 같다.

그러나 만약 우리가 이런 한계를 넘어간다면, 우리가 돌아갈 핵심은 토니가 자신의 목적을 성취하는 데 필요한 핵심 교육과정 수단들은 '영어, 하나의 외국어, 지리, 역사, 수학, 과학' 그리고 교육부가 요구하는 다른 교과들이라고 의심 없이 생각했다는 점이다. 예를 들어, 경제, 윤리, 사회, 실제적 프로젝트, 시민성, 성을 포함한 건강 교육, 재정관리, 감성을 포함한 인간교육은 왜 안 되는 것인가?

의심할 것도 없이 이런 답이 가능할 것이다. 이들 영역의 많은 것들은 지금 우리에게는 친숙한 것들이지만 그 당시에는 교육과정 범위 밖에 있던 것들이다. 그러나 더 핵심 포인트는 이렇다. 1920년대까지도 중등교육의 급진적인 재구성은, 친숙한 학문적 교육과정으로 곧바로 가는 것이 아니라 그것의 총체적인 목적이 가장 잘 달성될 수 있는 가장 나은 방법을 강구하는 데 더 많은 생각을 할 수 있었다는 점이다.

토니의 교육과정은 학문적 교육과정을 당연시하는 20세기에서 보면 두 번째로 가장 놀라운 사례이고, 첫 번째는 케네스 베이커(Kenneth Baker)가 1988년 국가교육과정을 도입한 것이다. 우리가 살펴봤지만, 그것의 뼈대는 1904년 교육과정이다.

1904년	1988년
영어	영어
수학	수학
과학	과학
역사	역사
지리	지리
외국어	근대 외국어
제도	미술
신체연습	신체교육
수공예	공학
가사	음악[1]

1988년 교육과정에서 이 뼈대들은 무엇이 가르쳐지고 어떻게 평가되어야 하는가에 관한 상세한 처방들로 채워졌다. 우리가 이 교육과정과 그것에 모든 복잡성을 제공하는 베이커의 원리를 검토하면, 아무것도 발견할 수 없다. 사실 그는 학교교육과정이 "(a) 학교에서의 학생들과 사회의 영적·도덕적·문화적·정신적·신체적 발달을 증진시키고, (b) 그런 학생들에게 기회, 책임, 성인 생활의 경험을 준비시켜주는" "균형 있고 광범한 기반을 가진 교육과정"이어야 한다고 표명했다. 이 두 쌍의 목적은 모호하고 명확하게 밝히기 어려울 뿐만 아니라, 더 중요한 것은 선정된 10개의 교과들이 이 목적을 달성하는데 왜 특별히 적절한 것인지 이유를 밝히려는 시도가 없다는 점이다.

1988년의 베이커는 1904년의 모란트와는 달리 교육과정의 원리를 제시해야 한다는 점을 느끼지 못했던 것이 사실이다. 전통을 만들어가려고 시도하는 세기에 이런 불필요한 것을 만들어 내게 되었다.

1988년부터 1999년까지

제7장에서 일련의 실패한 정당화 사례들을 감안하면, 1988년 국가교육과정의 10개 교과들(우리가 살펴본 대로 모란트의 1904년 중등 교육과정에서의 교과들과 거의 유사한)이 2개의 목적을 언급한 것 외에 어떤 원리도 없이 제시된 것은 그리 놀랍지도 않다.

너무 언급이 적은 것은 차치하고라도, 그 목적은 무성의한 초안으로 제시되었고, 뻔하고, 명확하지 못하다. 문자적으로, 학교가 해야 할 일 중의 하나는 사회의 신체적 발달을 증진시킨다는 말도 되지 않는 언급이 되고 있다. 그리고 확실히 교사들은 학생들에게 성인 생활을 위한 준비를 시켜 주어야 한다고 언급할 필요가 없었다. 교사들은 준비해 줄 것들에 대해서, 어린 학생들이 획득해야 할 능력과 자질에 대해서 더 많이 알 필요가 있다. 명확하지 못한 경우로, '영적'이란 말의 다중적인 모호함은 지난 20여 년 동안 수많은 관련 내용이 발간되었지만, 학교가 더 종교적으로 되는 것 외에 학교가 무엇을 해야 하는지 아는데는 크게 도움이 되지 못했다.

이 목적들은 처음부터 설정된 것이 아니라 아무래도 나중에 추가되었다는 인상을 받는다. 교육과정이 무엇으로 구성되어야 하는가는 1988년 교육과정이 도출되기까지의 논쟁에서 출발되었던 것으로 보인다. 영어, 수학, 과학을 법정 중핵 교과로 선호했던 마가렛 대처(Margaret Thatcher) 수상과 확산시킬 포괄적 교육과정을 주장했던 케네스 베이커 교육부 장관 사이에 그 논쟁이 벌어졌다.

만약 그렇다면, 이것은 이상하고 비논리적인 방식으로 일을 진행시킨 것이다. 시간표상의 활동 같은 좁은 의미이건 넓은 의미인건 간에 결국 교육과정 자체가 목적이 아닌 셈이다. 그것은 특정 목적을 성취하기 위한 수단이다. 목적이 먼저 결정되어야 하고, 그것을 실현하기에 적합한 수단은 두 번째다.

1988년 구조의 문제점을 지적하는 것은 또 다른 이유를 위해서도 가치 있는 논평이다. 1988년은 역사적인 해였다. 그것은 학교의 교육내용에 대한 전문가 통제에서 정치적 통제로 변화시킬 것을 강조하였다. 그것의 보다 세부적인 내용을 채우는 것과 구분해서, 그것의 광범한 틀을 정치적으로 통제하고자 하는 강력한 주장이 있었고 지금도 있다. 무엇이 교육과정의 광범한 목적이 되어야 하는가라는 문제는 추구하는 바람직한 사회상과 그것을 실현하는 데 교육이 도움을 줄 수 있다는 사실과 밀접하게 관련된다. 이것이 어떤 종류의 사회인가 하는 것은 정치적인 문제이고, 특정 집단이 아니라 모든 민주시민의 투표에 의해서 결정될 문제다. 이는 교사가 특별한 목소리를 내서는 안 될 이유다. 교사는 광범한 목적을 자기 학교의 특수한 환경 속에서 자기 교과와 자신의 학생들에게 어떻게 적용할 것인가에 관한 전문가인 것은 분명하다. 그리고 이것은 교육과정이 구체화될 때 정부보다 교사가 더 중요한 위치에 있음을 말한다. 그러나 큰 방향을 결정할 때는 교사가 우체부나 의사보다 더 권위적인 목소리를 낼 수 있는 것은 아니다.

1988년에 정부는 우려스럽게 이전으로 회귀하려는 전문가들에 비해 상대적으로 교육과정의 책임을 지게 되었다. 정부의 의무는 실질적인 일반 목적을 설정하는 여정의 방향을 제시하는 것이었다. 정부는 이렇게 하지 않았다. 정부는 그렇게 행할 도덕적 권위를 가지고 있지 않은 일을 하고 말았다. 정부는 문자 그대로 목적이 없고, 어떤 지방에서가 아니라 전문가들에 의해서 폐기당할 수많은 세부적 처방이 포함된 교육과정의 틀을 부과하였다.

1988년 이후 모든 학교는 이런 구속적이고 임의적인 혁신 때문에 고통스러웠고, 지금도 고통을 겪고 있다. 초등학교는 특히 힘들었다. 우리가 살펴봤듯이 20세기를 거치면서, 전통적인 교과 중심으로 만들어진 교육과정은 중등학교에서 거의 당연시하게 되었다. 그러나 초등학교는 교과 구조의 배열이 약한 것을 재조정해야만 했다. 이것이 모두 나쁜 것은 아니다. 모든 적절한 국가 목적들은 학생들이 자신의 사회와 타인들의 과학적 기반과 공학적 기반을 잘 이해하도록 요청할 것이다. 이는 1988년 이전에는 많은 초등학교에서 미진했던 부분이다. 그

국가교육과정은 초등학교들이 더 강하게 되도록 도왔다.

1999년의 교육목적

1990년대에 수많은 교사들이 국가교육과정이 무엇을 위한 것인가에 대해서 의문을 갖기 시작했다. 그들의 압력에 대한 반응으로, 1990년대 후반에 정부는 학교교육과정의 근거가 될 가치, 목적, 목표 등을 상세히 설명하기 시작하였다. 일반적 가치들에 대한 이런 진술의 묘사는 1997년의 '교육과 공동체에서의 가치를 위한 국가포럼'을 통해서 광범한 협의 후에 제시되었다. 그 목적과 가치들은 국가교육과정 핸드북의 서론에 출간되었다(DfEE/QCA, 1999). 그것들은 두 쪽이 넘는 분량이었고, 논리구조가 미흡하기는 했지만, 그것들의 일반적인 요지에 대해서는 많은 언급이 있었다. 그것들은 가치들을 뒷받침하는 가장 중요한 것으로서 개인의 잘삶을 강조하고 있다. 이와 함께, 그것들은 경제적 잘삶과 글로벌 책임감을 인식하는 것과 관련된 관용적이고 자유민주적인 사회를 위한 목적들에 맞춰져 있다.

목적들의 내용 중 약 60%는 개인적 자질에 관한 것이고, 약 30%는 지식과 이해에 관한 것이며, 약 10%는 기능에 관한 것이다. 결국 이런 식의 비중은 목적이 진지하게 받아들여지기 시작할 때 기대할 수 있는 것일 뿐이다. 왜냐하면 학교교육은 학생들이 장차 되기를 바라는 모종의 인간상, 즉 자신들이 준비시켜 주어야 할 지적인 것뿐만 아니라 윤리적인 인격적 자질에 관한 관점을 가지고 있어야 되기 때문이다. 그런 사람이 되기 위해서, 그들은(전통적인 학문적 교육과정에 들어 있는 많은 지식과 이해를 포함하여) 모든 종류의 지식과 이해를 필요로 할 것이다. 그러나 지식과 이해를 획득하는 것은 그 자체로 자족적인 교육목적이거나 어떤 질문도 필요 없이 자명하고 바람직한 것은 아니다. 예를 들어, 어떤 사람이 외재적 유익함 때문이 아니라 내재적인 흥미 때문에 과학에 매료되는 것과 같이 지식을 획득하는 것이 그 자체로 교육목적이 되는 것으로 보일 수 있는 것이 사실이다. 그러나 이것은 또 다른 문제다. 이런 내재적 방식에서 학생들의 주목을 끌 수 있는 (과학과 같은) 활동에 학생들을 소개해야 되는 것은 옹호할 만한 교육목적이다. 그러나 그 이면에 타당한 이유가 있다. 예를 들어, 이것에 공헌하는 것이 개인적 만족을 가져다줄 수 있는 것과 같은 것이다. 지식의 획득이 좋은 것이라는 사실은 자명한 진리는 아니다. 우리는 그보다 더 깊은 배경, 즉 인간의 잘삶과 학생들이 그렇게 성장하기를 바라는 인간상에 대한 광범한 관심에서 출발해야 한다.

많은 흠집이 나기는 했지만, 1999년 목적들이 제대로 역할을 하고, 정부가 그 목적들을 실현하기 위해서 어떤 교육과정 수단들이 가장 적합한가에 대해서 법규적 지도와 법규 외적인 지도를 했었다면, 학교들은 달라졌을 것이다. 교사들은 근본적인 목적과 가치들에 끊임없이 주목했을 것이다. 그들이 이런 마음으로 자신들의 활동을 할 수 있었다면 그들의 창의력은 자유롭게 행사될 수 있었을 것이다.

그러나 이런 일이 일어나지 않았고 일어날 수도 없었다. 왜냐하면 그 교육과정 수단들이 이미 정해져 버렸기 때문이다. 1999년 국가교육과정 핸드북의 90% 이상은 거기에 할애되었다. 그것은 1988년 국가교육과정에서 부과된 전통적 교과들에다 한두 가지가 추가된 것이다.

교과들의 세분화가 최소한 새로운 목적들과 보조를 맞춘다면, 이것은 장애물로 판명된 그렇게 많은 장애물을 가질 필요가 없다. 그러나 그렇게 해 보려는 시도가 없었다. 만약 여러분이 그 핸드북의 여러 교과들의 중요성을 설명하고 있는 단락을 보고 공부 프로그램과 성취 목표나 수준 설명 등을 살펴보면, 그 대부분에서 포괄적 목적과의 상당한 부조화를 발견할 것이다. 이는 새로 도입된 교과인 개인/사회/건강교육과 시민교육 등은 그렇지 않다. 이 교과들은 목적에 잘 부합된다. 또한 디자인과 공학도 그렇지 않다. 그러나 대부분의 다른 교과들은 포괄적 목적과의 부조화를 드러내고 있다. 그 프로그램과 목표들은 내부 지향적인 길을 따르는 경향이 있는데, 그 길은 두 세기 이상의 교육과정 역사가 만들어 놓은 매끄러운 길이다. 무엇보다도 그 핸드북 내용에 나타난 주요 집착은 교과에 전문적인 지식의 기초를 설정하고 있어서 학습자들은 다음 단계에서 그 분야로 더 깊게 들어갈 수 있다는 것을 보여 준다(White, 2004, pp. 14-15, 182-183).

2007년의 교육목적

1999년에는 교육과정 교과들과 새로운 목적들이 보조를 맞추려는 시도가 없었다. 목적들은 그 교육과정의 혼란스러운 부속물로 남게 되었다. 3단계와 4단계를 위한 2007년 개정 교육과정(DCSF/QCA, 2007)은 목적들과 교과들을 조화시키려는 많은 노력을 하고 있지만, 여전히 상당히 미흡하다.

잉글랜드 학교들을 위한 그 교육과정의 새로운 일련의 목적들(p. 7)은 교육과정 내용에 쉬운 개요를 제시하려는 의도가 있었다. 여러 교과들의 공부 프로그램은 줄이고, 방과후에 자기 자신의 교육과정 배열을 좀 더 자유롭게 할 수 있도록 했다. 세 가지 포괄적 교육목적은 학교 교육과정이 학생들을 다음과 같은 사람이 되도록 할 수 있어야 하는 것이다.

- 성공적인 학습자, 즉 학습하는 것을 즐기고 진보하고 성취하는 사람
- 자신감 있는 개인, 즉 안전하고 건강하고 만족스러운 삶을 영위할 수 있는 사람
- 책임감 있는 시민, 즉 사회에 적극적으로 공헌하는 사람

성공적인 학습자는 다음과 같다.

- 문해력, 수리력, 정보와 소통 공학 등에 관한 본질적인 학습 기능을 지닌 사람
- 창의적이고, 지략이 뛰어나고, 문제해결력을 가진 사람
- 마음을 살피고, 정보, 이유, 질문, 평가 등을 혼자 힘으로 처리할 생각을 하는 사람
- 다양한 방식으로 소통을 잘하는 사람
- 자신이 학습하는 방법과 실수로부터 배우는 방법을 이해하는 사람
- 독자적으로 그리고 타인들과 함께 학습할 수 있는 사람
- 거대한 이념들과 우리의 세계를 형성하는 사건들에 대해서 아는 사람
- 학습을 즐기고, 현재 그리고 미래에 자신이 할 수 있는 최고를 성

취하는 것에 동기유발되는 사람

자신감 있는 개인은 다음과 같다.

- 자기 가치감과 자기 신뢰를 가지고 있는 사람
- 타인들과 잘 어울리고 좋은 관계를 형성하는 사람
- 자신을 잘 알고 자기 감정을 잘 다루는 사람
- 확실한 가치와 신념을 가지고 있고 옳고 그름을 구별할 줄 아는 사람
- 점점 독립적이 되어 가고, 주도권을 행사할 수 있고, 자신을 조직할 수 있는 사람
- 건강한 생활 스타일을 선택할 수 있는 사람
- 신체적으로 능숙하고 자신감 있는 사람
- 위기를 관리하고 안전을 도모할 줄 아는 사람
- 자신의 재능을 인정하고 야망을 가진 사람
- 새로운 일을 기꺼이 시도하며 최고의 기회로 만드는 사람
- 주도권을 행사할 수 있고, 자신을 조직할 수 있는 사람
- 자연세계와 인간의 성취가 제공해 주는 흥분과 영감에 열려 있는 사람

책임감 있는 시민은 다음과 같다.

- 생활과 일을 위해 잘 준비된 사람
- 진취적인 사람

- 타인들과 협력하며 일할 수 있는 사람
- 타인들을 존중하고 진실하게 행동하는 사람
- 자기 자신과 타인의 문화와 전통을 이해하고 세계에서 자기 위치의 의미를 분명하게 가진 사람
- 다양성의 유익함을 이해하는 사람
- 정의롭지 못한 것을 비판하고, 인권에 헌신하며, 타인들과 평화롭게 살고자 하는 열망을 가진 사람
- 지역적으로, 세계적으로 환경을 보존하고 개선하는 사람
- 자신의 선택에서 현 세대와 미래 세대의 필요에 책임감 있는 사람
- 일을 더 낫게 변화시킬 수 있는 사람

1999년 핸드북에서의 교육목적들과는 달리, 이 2007년 교육목적들은 보다 논리적으로 정리되어 있다. 즉, 세 가지 목적 아래 성공적으로 교육받은 사람의 자질을 열거하고 있다. 그것들은 교육과정 그 자체와 긴밀하게 맞물려 있음을 의미하는데, 그것들은 다양한 교과들의 공부 프로그램 제목으로 제시되고 있고, "(역사, 과학 등) …의 **중요성**"이란 루브릭에서 교과들의 소개 그리고 지금은 축소된 그 프로그램의 내용에 관한 것들이다. 그러므로 학교들이 1999년 이후에 생겨난 것으로 보이는 그 목적들을 개관하기가 더 어려울 것이다.

1999년 것을 개선한 이 교육과정과 그 목적들은 어느 정도 조화되고 있는가?

(1) 우선, 2007년에 다시 한번 설정된 것은, 현재의 학교 교과들(국가교육과정 교과들에 종교교육을 추가한 것)은 최소한 가까운 미래까지는

존속되게 되었다. 이는 이 체제를 상당히 구속하게 되고 목적들과 교육과정이 어느 정도 잘 조화되고 있는가에 대한 의문을 제기하게 만든다. 왜냐하면 이 일을 계획하기 위한 의미 있는 방안은 먼저 목적들을 제시하고 나서 선입견 없이 어떤 교육과정 수단들이 그 목적을 달성하는 데 가장 적절한 것인지를 결정해야 하기 때문이다. 지금 이것이 되지 않고 있다. 장애물은 1988년 이후 지독하게 계속되어 온 동일한 것이다. 즉, 교과가 핵심이고 여타의 것들은 거기에 맞춰져야 하는 것이다. 그것의 시한이 예고된 2010년까지 아직 간학문적 협동의 여지가 남아 있는 것이 사실이고, 나중에 교육과정개발평가원(Qualifications and Curriculum Development Agency: QCDA)이 된 교육과정평가원(Qulifications and Curriculum Authority: QCA)이, 세부적인 프로그램을 만드는 것을 학교에 더 이양함에 따라, 이것을 적극적으로 증진시켰다. QCA 구조에서 간학문적 활동을 이렇게 강화하는 것이 1988년의 원래 국가교육과정의 일부로 소개되었던 비교 문화(cross-cultural) 주제들의 운명을 피할 수 있을 것인지는 회의적이다. 많은 희망이 이것들에 모아졌지만, 생각을 교과 틀 범위로 국한시키는 압력 때문에, 그것들은 수년 내에 흔적도 없이 사라지게 되었다. 20세기를 통해 강조되었던, 전통주의적 교과들을 계속 보존해 가려는 경향은 너무 강력한 것으로 증명되었다.

(2) 앞에서 설명한 바와 같이 1999년 교육목적은 대부분의 교과들과 조화되지 않는 것이 분명했지만, 2007년 교육목적의 문제는, 하나의 관점에서, 교과들과 너무 잘 조화되고 있다는 점이다.

나는 세 가지 주요 목적들 중에서 첫 번째 목적을 특별히 염두에 두고 있는데, 그것은 모든 학생들이 성공적인 학습자가 되도록 도움을 받아야 된다는 것이다. 전통적인 교과들은 성공적인 학습을 목표로 한다는 전망을 주저할 필요가 없다. 그것들은 모두 그것을 원한다.

포괄적 목적과 세부적인 교육과정 사이의 부조화는 최소한 '성공적인 학습자들'에게서는 그렇지 않을 것이다. 전통적인 교과들은 교육과정의 큰 그림에 자연스럽고 논리적으로 부합된다고 주장할 수 있다.

(3) 다른 두 목적('자신감 있는 개인들'과 '책임감 있는 시민')과 그것들의 자세한 사항들에 관해서 언급할 수 있는 더 너그러운 일들이 있다. 이것들 중에서 전통적인 관점에서 교과들을 유지하기 원하는 사람들이 끌어다 쓸 수 있는 것은 거의 없다. 사실 '자신감 있는 개인들'이란 표현은 그들에게 유용할 것이다. 최소한 겉으로 보이는 것을 포함해서 모든 교사가 자기 학생들이 (기하학 문제을 풀면서든지, 높이뛰기를 하면서든지, 하원의원에게 편지를 쓰면서든지) 소심하기보다 자신감을 가지는 것을 좋아할 것이다.

이런 자질들과는 별도로, 이 두 범주들에 있는 목적의 대부분은 전통적인 학교교육과정을 넘어 세계적으로 필요한 것들에 관한 것이다. 그것들은 사람들이 개인적으로 잘삶을 영위하고 도덕적으로 품위 있는 삶을 살기 위해서, 그리고 좋은 노동자와 식견 있는 시민이 되기 위해서 필요한 자질들에 관한 것이다. 그것들은 사실상 가짜가 아니라 진짜 목적이다.

(4) 그것들은 앞서 언급한 비판만 있는 것이 아니다. 앞의 두 범주를 포함한 전체적인 목적 진술의 큰 문제점은 그것이 오직 순서로 열거된 목록이라는 점이다. 그 목록이 왜 그렇게 구성되었는지에 대한 언급이 없고, 그것에 관한 원리도 언급하지 않고 있다.

왜 원리가 중요한가? 그 항목들이 보다 큰 틀 속에서 어떻게 서로 논리적 일관성을 유지하고 있는지 알기 위해서 우리는 원리가 필요하다. 많은 항목들에서 그러한 틀의 힌트를 얻을 수 있지만 분명한 것은 아니다. 예를 들어, 학생들의 선은 내재된 가치이지만 세 가지 목록과 같이 제시되지는 않았다. 인간의 잘삶이 이상적으로 무엇인가와 같이 우리가 다루고 있는 원래의 그림이 있다. 많은 점에서 그것은 매력적인 그림일 것이다. 그것은 자기 확신과 자아인식, 주도성, 자신을 신체적·감정적으로 살피는 것, 독립적이고 야망적이 되는 것, 최적의 기회를 포착하는 것 등을 강조한다. 개인의 잘삶을 글로벌 관점의 측면에서 보면 그것은 전통적인 인도나 아프리카의 이념보다 근대 미국의 이념과 더 밀접하다.

달리 말해, 그 그림은 논쟁적이다. 그렇다고 해서 그것이 옹호할 수 없는 것이라는 말은 아니다. 21세기 영국에서(예: 11세기 영국과 비교해서) 그것은 상당한 의미가 있을 것이다. QCA 목적 진술의 문제점은 그것을 논의하지 않고 당연시하고 있는 점이다. 이뿐만이 아니다. 그 진술서 이면에 감춰진 절반의 그림은 아직 채워지지 않았다. 단지 잘삶의 몇 가지 특징만 묘사되었다. 우리에게는 더 만족스럽게 이해할 수 있는 더 중심적인 무언가가 필요하다.

만약 우리가 이런 충분한 설명과 원리를 갖게 된다면, 내 생각에 우리는 그 목록 안에 빠진 것이 이전처럼 두드러지지 않은 것을 알 수 있을 것이다. 내가 언급했듯이, 그 그림은 학생들이 자신을 신체적·감정적으로 살피는 것을 배워야 한다는 것을 제안한다. 이것은 잘삶을 영위하는 데 옹호할 수 있는 필요조건이다. 그러기에 그것은 제시되었던 것보다 더 광범한 틀에 속한다. 이것은 인간의 잘삶의 조건으로서 기본적 필요의 충족과 관련되어야 한다. 신체적·감정적 필요들이 분명 여기에 속하지만 다는 아니다. 돈도 있다. 운동, 다이어트 등을 통한 자신의 건강관리와 같은 필요들이 있듯이, 수입 창출, 지출 통제, 예산 세우기 등을 통한 자신의 돈 관리와 같은 필요들도 있다. 돈 관리가 개인의 복지에서 기본적으로 중요함에도 불구하고 교육목적의 목록에는 그와 관련된 내용이 없다. 그건 뭔가 잘못됐다. 특히 정크 푸드의 구매, 지나친 음주, 도박, 명성 숭배 등을 조장하는 미디어와 광고의 압력을 받는 우리와 같은 사회에서, 젊은 사람들이 그런 감언이설을 이해하고 그것들에 대항할 수 있는 힘을 갖추는 것이 자신의 선을 위해 필요하다. 역시나 목적의 목록에 이에 관한 것은 없다.

나는 개인적 잘삶에 관한 충분한 그림이 우리로 하여금 제시된 목적들에 빠진 것을 파악할 수 있게 해 줄 것이란 점을 제시했다. 지금까지 나는 잘삶의 필요조건, 즉 기본적 필요들에만 집중하였다. 잘삶이 무엇인가는 그보다 더 광범한 문제다. 만약 우리가 기본적 필요들이 광범하게 충족된 어떤 사람, 즉 그가 음식, 주거, 깨끗한 공기, 높은 수입, 좋은 건강 등을 가진 경우를 생각해 보면 이것을 알 수 있다. 이것이 주어지면, 그는 자신의 삶을 어떻게 영위할 것인가? 즉, 못삶보다는 잘삶일 것인가? 그 틀에 관계맺음은 어떻게 개입되는가? 행운이나 불행은 어느 정도 의미가 있는가? 자신이 수행하는 것에서 성공과 실패는 어떤가?

이것들은 크나큰 질문들이다. 나는 그것들을 제8장에서 더 언급할 것이다. 여기서 나는 단지 QCA 문서에 개인적 잘삶이 어떻게 암시적으로 묘사되고 있는가 하는 문제로 돌아가려고 한다. 충분한 설명은 우리에게 빠진 것들, 예컨대 우리의 기본적 필요들뿐만 아니라 언젠가 이런 필요들을 충족시킬 활동, 관계, 경험 등의 영역들을 파악할 수 있도록 할 것이다.

이런 충분한 설명이 이루어지지 않는 것은 학생들의 잘삶과 관련된 목적들뿐만 아니라 공동체나 넓은 세상에서 타인들의 선과 관련된 것들에도 영향을 미친다. 왜냐하면 이런 개념은 마찬가지로 동일한 근본적 질문으로 돌아오게 하기 때문이다. "사람들, 즉 학생들과 타인들이 잘삶을 영위한다는 것은 무엇일까?"

(5) 나는 QCA의 목적 진술에 왜 원리가 필요한지 충분히 밝혀졌기를 바란다. 그러나 이것에 관한 2개의 또 다른 이유들이 있는데, 이는 완전히 분리된 것이 아니라 이미 제시된 것들과 밀접하게 관련된 고려들이다.

첫째는, 우리가 '성공적인 학습자'란 목적에서 살펴보았듯이, 한 항목이 다양하게 해석될 수 있을 것이다. 국가교육과정의 목적은 모든 정당, 학교, 특히 교사들에 의해 어느 정도 동일한 방식에서 이해되어야 한다. 교사들은 그 목적의 방향을 설정해야 하고, 프로그램과 전체 학교과정에서 목적을 구현해야 한다. 그들은 좀 더 세부적인 지도가 필요하다.

둘째는 이렇다. 국가교육과정 목적 진술은 국가적 차원의 주석이 필요하다. 즉, 목적이 포함하고 있는 항목들이 무엇을 의미하고, 그것들이 왜 우선적으로 선택되었는지에 대한 합당한 설명이 필요하다. 이는 민주주의적 이유 때문이다. 그 목적을 적용하는 교육체제 안에 있는 사람뿐만 아니라 일반 시민도 정부가 염두에 두고 있는 교육관이 무엇이고 세부적인 것들이 이것과 어떻게 조화를 이루는지 알 도덕적 권리를 가지고 있다. 만약 그들이 접할 수 있는 모든 것이 세부적인 것들이지만 거의 큰 제목하에 잘 조직된 것들이라면, 그들이 할 수 있는 것은 상부로부터 천명된 권위에 따라 그것들을 받아들일 수 있을 뿐이다.

만약 이 책의 논의가 옳은 방향이라면, 교육과정 계획은 교과 목록에서 출발하는 것이 아니라 학교가 꼭 추구해야 할 것에 필요한 것들을 충분히 묘사하는 데에서 출발해야 한다. 이것은 상당히 분명해 보인다. 여전히 정부는 아직 그런 준비가 되어 있지 않다. 2007년에 QCA가 제시한 것과 같이 30개 목적들의 간략한 목록은 폭과 깊이에서 대체할 수 없는 것이고, 의심의 여지없이 많은 비용을 들여 교과들을 살피는 것이다. 아마 정부는 언젠가, 그것을 시작할 충분한 용기가 있을 것이다.

2010년의 교육과정

2010년 5월에 영국의 새로운 연립정부가 탄생했다. 2010년 11월, 이 책이 출간되기 얼마 전에 정부는 새로운 입법을 위한 준비로 학교교육에 관한 백서를 발간하였다(DfE, 2010). 교육과정에 관한 섹션 4는 목적 기반 교육과정을 위한 몇 년간의 흐름을 뒤집었다. 전통적인 학문적 가치들, 특히 폭넓은 교과 지식의 획득이 이제 온통 강조되었다.

> 그러므로 새로운 국가교육과정은 교과내용에 상당히 집중하게 될 것인데, 교과내용은 학생들이 교육받은 사회 구성원으로서 자신의 지위를 얻는 데 활용할 수 있을 것으로 기대되는 본질적 지식과 이해를 개괄하는 내용이다(4.9).

이것을 보장하기 위한 주요 수단은 '영국의 바칼로레아'라고 불리는 새로운 상이 될 것이다. 이것은 "16세에 광범한 학문적 중핵과 통합 교육의 성취를 증진시킬 것이다"(4.20). 그 상은 "영어, 수학, 과학, 근대 혹은 고대 외국어, 그리고 역사나 지리 같은 인문학"에서 좋은 시험 성적을 받은 모든 16세들에게 주어질 것이다(4.21).

교과들을 이렇게 선택한 것에 대한 정당화는 하지 않고 있다. "적절하게 통합된 학문적인 교육"(4.22)의 제공이 언급되지만, 이에 대한 설명은 없다. 백과전서적인 교육과 '지식의 서클'에 관한 이 책 앞에서의 논의들을 감안하면(이 책의 제5장 5절 참조), '통합된'이란 용어의 사용은 흥미롭다. 그것은 모종의 전체성을 향한 표현이지만, 상세한 설명은 없다. 이런 교과들의 선택에 대한 원리를 설명하고 있지 않지만, 과거의 모형들을 의도적으로 들먹이는 것 같다. 그것은 1868년의 톤턴 보고서가 이른바 중산계급 학교(3류)를 위해 제안했던 교육과정과 놀랍도록 닮아 있다. 즉, 이것은 "라틴어나 근대어, 영어, 역사, 초등수학, 지리, 과학 등의 요소를 포함해야 한다"[2](Simon, 1960, p. 324, 이 책의 제5장, p. 145 참조).[3]

이 문제에 대한 그 백서와 톤턴의 중요한 차이점은 톤턴이 역사와 지리 중에 하나만 주장하는 것이 아니라 둘 다를 주장해서 보다 광범하다는 점이다. 어떤 사람들은 2010년 안이 1868년 안보다 조금도 진보하지 않은 것이 놀랄 만한 일이라는 걸 발견할 것이다. 내가 이 장과 이전 장들에서 언급한 바와 같이, 전통적인 학문적 교육과정에 대한 고집 그리고 우리가 교육과정의 핵심 초점을 학생들의 잘삶에 두기보다 지식 획득을 계속 강조해 온 것을 감안하면, 이것은 아마 놀랄 일도 아닐 것이다. 연립정부가 보여 주고 있는 인간의 잘삶의 경제 외적인 측면들에 대한 새로운 관심이 학교는 보다 개인 중심적 방향에서 교육해야 된다는 생각으로 바뀌게 할 것인가? 이것을 아는 것은 흥미로운 일이다.

결론

학생들이 더 이상 학교에서 전통적 교과들을 배워서는 안 된다. 왜냐하면 그것들은 '중산계급'의 창작물이고, 정부 자문관은 오늘날도 주장할 것이기 때문이다.
중등 교육과정의 논란이 많은 개편에 관여한 존 화이트 교수는, 그 대신에 수업에서 일련의 개인적 기능들을 다루어야 한다고 믿고 있다.
학생들은 더 이상 역사, 지리, 과학 등을 공부하지 않고, 프로젝트나 주제들을 통해 에너지 절약이나 시민의 책임 같은 기능들을 학습할 것이다.

이것은 데일리 메일의 2008년 6월 4일자 내용이다. 그것은 닉 깁(Nick Gibb)의 논평도 싣고 있는데, 그는 당시 보수당의 학교담당 대변인이었고 현재(2010)는 새로운 연립정부에서 교육부장관이다. 그는 나의 입장을 '상당히 위험스러운' 견해로 지칭하면서, "이 지식과 교과에 반대하는 이데올로기는 우리 교육체제에 상당한 손상을 주고 있다."고 언급하였다.

한 우파 신문이 나를 학생들이 과학을 배워서는 안 된다고 생각하는 괴상한 학자라고 전국적으로 떠벌리는 것이 그 당시에는 편치 않았다. 그 이후 이런 방식으로 여러 번 고통을 당했던 좋은 친구의 격려에 감사하면서, 나는 그 경험을 영예의 배지로 생각하게 되었다.

이 장에서 나는 1988년 국가교육과정 형태와 다양한 그 후속 형태들에 대한 나의 실망에 대한 몇 개의 골격을 세웠다. 내가 목표로 하는 것은 그 교육과정에 역사, 혹은 과학, 혹은 다른 모든 전통적 교과가 존재하는가에 있지 않다는 것을 나는 분명히 하고자 했다. 나는 꼭 분할된 교과의 형태가 아니라도, 그것들 대부분 혹은 그것들 모두를 위한 어떤 자리가 있어야 한다고 확신한다. 내가 진짜 목표로 하는 것은 학교교육과정을 고안하는 첫 단계에 관한 잘못된 견해에 있었다. 그 잘못의 일반적 형태는 내용의 종류에서 시작해 버리는 것이다. 1904년과 다른 시기에 전조를 보였고 우리가 1988년 이후 목격했던 그 잘못의 특수한 형태는 내용의 특별한 배열, 즉 전통적 교과들 전체에서 시작했다는 점이다. 이제는 내가 노력할 필요도 없는데, 적절한 첫 단계는 교육과정 제공의 의미를 갖게 만드는 목적에서 시작하는 것이다. 그러고 나서 이 목적들을 달성할 수 있는 수단들에 관한 판단을 해야 한다. 분할된 교과들의 집합을 전체로 보는 전통적 교육과정도 그런 후보 중의 하나다. 그것이 채택될 것인가는 다른 제안된 수단들에 비해 어떤 평가를 받느냐에 달려 있다. 그리고 이것은 그 목적에 대한 분명한 관점 없이는 불가능할 것이다.

앞에서 제시한 역사적 설명은 17~18세기 교육과정 개발자들이 목적, 특히 종교적 목적에서 출발했음을 보여 준다. 논리학, 수학, 기하 그리고 기타 교과들은 목적 실현의 수단들이었다. 그것들은 모두 인간적으로 가능한 한, 신의 전지성을 숙고하고 그의 창조의 수많은 경이로움에 경탄하는 광범한 프로젝트의 본질적인 부분들로 보인다.

얼마 안 되어, 주로 19세기가 진행되어 가면서부터 이런 종교적 목적들은 위력을 상실하기 시작했는데, 전통적인 교육과정 유형은 변형되어 가면서 여전히 유지되었다. 그 장면에 설득력 없는 새로운 원리가 나타났던 것도 이 시기부터다. 능력 심리학은 지능이라는 교설로 대치되었고, 심리학적 기반은 그 자체를 위한 지식의 가치에 관한 철학적 기반으로 대체되었다. 각각은 더 그럴듯한 무엇인가에 의해 추월당하였지만 오류들로 점철되어 있다.

어떤 기간, 특히 20세기 말에는 원리가 거의 불필요해 보였고 정책 결정자들은 전통의 힘만 의지할 수 있다고 생각하였다. 그러나 새 밀레니엄 후에 여러 해가 지나 원리가 다시 등장했다. 2007년 이후, 그들은 기초 교과들의 세부 목적의 설명을 제공해 줄 일반적 목적을 진술하는 형식을 취했다.

여기에는 기만적인 매력이 있다. 그것은 마치 그 목적들이 정말로 교육과정의 기반인 것처럼 보이지만, 사실은 그러지 못했다. 새로운 한두 개 교과가 보충된 전통적 교육과정은 아직 손도 대지 못했다. 전통적 교육과정은 자신의 헤게모니를 위협하는 것으로 보이고 다른 교육과정 접근을 가능하게 하는 모든 목적들을 무력화시키는 불사조였다.

아무튼 2010년 5월의 새로운 연방정부의 선출로 우리가 살펴봤듯이, 2010년 11월의 백서를 통해 학교정책의 중심으로 전통적 교육과정을 강조하는 변화가 있었다. 내가 언급했듯이, 이에 대한 합당한 이유는 제시되지 않았다.

그렇기는 하지만, 보수당 정부가 1988년에 왜 전통적 국가교육과정을 부과했으며 1997년 이후 노동당 행정부는 왜 그것을 거의 비판하지 않았는가와 같은 이유들이 분명히 있었어야 했다.

만약 이것이 옳다면, 이 기간을 넘어 모종의 목적을 설정하는 것은 여전히 정책 결정자들의 출발점이 되는 것 같다. 나는 지금 1999년, 2007년에 진술된 목적들로 간행되었던 목적들이 아니라, 아마 공적으로 인정하지 않은, 정부가 전통적 체제를 유지하는 것이 그 목적의 실현에 도움이 된다고 봤던 목적들에 관해서 말하고 있다.

이것들은 무엇일 것인가? 우리는 멀리서 찾을 필요가 없다. 정권을 가진 정당은 현상 유지를 통해 자신들이 이득을 보고 있다고 스스로 생각하고 있는 사람들의 지지를 잃을 수 있는 위험을 바라지 않는다. 현재 상황에서 보면, 그들에는 자기 자녀들이 성공적인 전통적 학교교육을 받는 것이 인생에서 번성할 것 같다고 생각하는 부모들도 포함된다. 그들은 고등 교육과 좋은 직업의 등용문이 되는 시험구조를 포함한 현 체제의 좋은 지식을 소유하려 할 것 같다. 그들은 또한 경직된 학문적 교육을 받는 데는 다른 곳보다 지역 학교들이 더 낫다는 것과 자기 자녀들이 어떻게 해야 그런 학교들에 입학할 수 있는 기회를 극대화할 수 있는지를 파악할 것이다.

이건 새로운 얘기가 아니다. 우리 모두 알고 있듯이, 어떤 부모들은 다른 것보다 현 체제를 더 선호한다.[4] 나는 여기서 그들을 도덕적으로 탓할 만하다는 얘기를 하는 것이 아니다. 우리 모두는 이상한 사람이 아니고는 자기 자녀들을 위해 최선을 다하기 원한다. 그리고 우리는 자기 아이들이 성공하는 것이 타인들을 더 힘들게 할 수 있다는 것을 알면서도 그런 측면의 윤리적 기준을 강조한다(Swift, 2003).

전통적 입장에 따라 규정된 교육적 선을 위한 경쟁에 기반을 둔 체제는 도움이 되지 않고 승자와 패자를 만들어 낼 뿐이다. 이것이 학문적 교육과정에 대한 신뢰를 재고해야 되는 하나의 이유일 것이다.

그러나 여기가 이 영역 주변의 복잡한 사회적이고 정치적인 쟁점들로 더 들어가야 할 지점은 아니다. 그것들은 오늘날 영국에서 발견되는 부와 삶의 기회의 양극화를 심화시키지 않고, 보다 평등한 사회에서 사태가 어떻게 달라질 수 있는가에 대한 깊은 숙고를 자주 제기한다.

앞의 몇 단락에서 이루어진 논평은 학문적 교육과정이 공적으로 언명되지 않은 정치적 목적들에 기여할 것이기 때문에 그 자체가 확고한 위치를 가질 것이라는 생각에서 촉발되었다. 만약 그렇다면, 진행 방안은 이와 같이 묘사될 수 있을 것이다. 우리는 학교교육과정이 더 이상 **숨겨진 목적**에 기반을 두지 않아야 한다는 것을 알 필요가 있다. 그 목적은 정치인이나 그 지지자들에게는 유용할지 모르지만, 어떤 학생들에게는 도움이 되지 않을 것이다. 그 대신 그것은 그들 모두에게 공평하게 유익이 될 **공식적으로 명시된 목적**에 기반을 둔 것이어야 한다. 그런 변화에서 전통적인 학문적 교육과정이 얼마나 살아남게 될지는 분명하지 않다.

마지막 생각은 2010년 이후 연립정부의 교육적 입장에 의해 촉발되었다. 1988년 이후의 모든 보수당과 노동당 전임자들과 같이, 이 정부는 어떤 학교가 되어야 하는가에 대해서 관례적 견해를 가지고 정치적 핵심 기반에 호소하는 것으로 강하게 동기유발되었다. 그러나 지금은 변화의 움직임이 있다. 1997~2010년의 노동당 정부는 모호한 요지로 강한 인상을 심어 주었다. 즉, 한편으로는 개인적이고 시민적인 잘삶의 고려에 보다 책임 있는 교육과정을 만들려는 바람과, 그리고 다른 한편으로는 배가 너무 흔들릴 것에 대한 두려움이 있었다. 지금의 보수당 내각에서 교육부장관들은 전통적 교육과정에 대한 애착이 너무 강하다. 이것은 단지 선거를 계산한 결과가 아니라 진심같아 보인다.

여기에는 우리가 종종 인식하는 것보다 더 거대하고 문화적으로 작동하는 힘들이 있을 것이라고 나는 생각한다. 셰익스피어의 『트로일로스와 크레시다(Troilus and Cressida)』를 1600년대의 초기 자본주의 문화를 사회적으로 해체하는 효과를 반영하고 있는 희곡으로 본 데이비드 베빙턴(David Bevington, 1998, p. 78)은 보다 정착된 질서 속에서 놓치기 시작하는 뭔가가 있다는 신념을 묘사하고 있다.

> 엘리자베스 1세 시대의 문화는 아직 광범하게 중세적이어서, 신이 부여한 총체성과 불변성의 환상이 제공하는 세계관에 집착하였다.

이것을 읽으면서, 나는 연립내각과 다른 많은 보수당 내각에서 우리가 발견한 전통적 교육과정에 집착하는 것은 비슷한 갈망의 현대적 버전일 수 있다는 생각이 문득 들었다. 차이점은 그 위협받던 세계관이 이제는 성숙한 자본주의 그 자체라는 것이다. 즉, 문화는 그 역사를 통해서 우리가 지금 '전통적' 교육과정이라고 부르는 것과 밀접하게 관련되어 왔다. 우리 세대의 과거 수호자들은, 더 이상 신이 부여한 것이 아니지만 여전히 총체성과 불변성이라는 환상의 지도를 받고 있다.

총체성이란 환상은 전체로서의 교육과정에 관한 것뿐만 아니라 그것의 구성요소들에 관한 자신들의 견해에도 색깔을 드러낸다. 포스트라무스주의 사상의 희미한 메아리에서, 그들은 보다 큰 총체성을 함께 구성하는 분과 교과들 각각을 작은 총체성 그 자체로 보려는 경향이 있었다.

역사를 생각해 보자. 2010년에 연립정부의 역사 교육과정에 대해서 자문한, 명망 높은 영국의 역사가 사이먼 샤마(Simon Schama)는 모든 학생들이 알아야 한다고 생각했던 영국 역사에서 대표적인 6개의 사건(찰스 1세의 처형, 중국과의 아편전쟁 등)을 제시하였다(http://www.guardian.co.uk/education/2010/nov/09/future-history-schools). 논평에 대한 대응에서, 그는 고립된 조각이지만 각각 이야기를 몰입시키게 만드는 교육과정을 자신이 옹호하는 것이 아니라 "우리나라의 역사와 그것이 세계 다른 국가에 미친 영향에 대한 계속적이고, 정합적이고, 연대기적인 설명에 대한 헌신에 기반을 둔 교육과정의 모든 개정을 알아야 할 것 같다."는 것을 분명히 하고 있다(http://www.guardian.co.uk/education/2010/nov/22/fragments-into-coherent-history). 총체성에 대한 관심이 핵심 가치인 것 같다.

우리는 영어 교육과정에 대해서 정기적으로 요청한 것들에서 유사한 무엇인가를 발견한다. 그것은 마이클 고브(Michael Gove)가 말한 "우리 문학의 위대한 전통의 적절한 의미"가 제공하듯이 일련의 전형적인 고전을 중심으로 삼는다(http://www.conservatives.com/News/Speeches/2008/11/Michael_Gove_We_will_reserve_Labours_devaluation_of_exams.aspx).

아이들이 영국 문학뿐만 아니라 다른 문학도 사랑해야 하듯이, 영국의 역사뿐만 아니라 다른 역사에 대한 이해도 가지고 졸업하도록 보장해야 할 온갖 타당한 이유들이 있다. 이런 이유들은 아이들의 교육에 알려 주어야 할 포괄적 목적에서 기인한다. 그것들은 각 분야에서 커다란 간극을 사실상 반드시 남길 수 있다. 총체성의 옹호자들은 이것을 모종의 교수법상의 죄악으로 표현한다. 그러나 왜 그런가?

만약 학문적 교육과정 중심으로 갈 타당한 이유가 사실상 없다면 그리고 나는 나의 조사가 철저하지 못하다는 것을 인정하지만, 우리가 환상에 기반을 두고 교육과정을 계획하는 것을 중단하고 그 대신 목적에 기반을 두고 접근할 최적기다. 목적 기반 접근에서는 완전성에 대한 잘못된 해석 때문에 학생들의 개인적 잘삶과 시민적 잘삶을 위해 학교가 할 수 있는 것을 희생시키지 않는다.[5]

전통적 교육과정을 넘어

전통적인 학문적 교육과정에 대한 의미 있는 대안으로 중등학교만
이 아니라 초등학교에도 적용될 수 있는 것이 있는가? 이 문제는 세계
적 파장을 미친다. 이 전통에서 도출한 교과들에 거의 기반을 두고 있
는 학교교육과정은 이제 세계 대부분 국가의 기준이다. 달리 어떤 방
도가 있을 것인가?

다음 설명에서 나는 글로벌 적절성을 확고하게 설정하는 것을 염두
에 두고 있다. 물론 나의 직접적 관심은 잉글랜드에서 지금 얼마나 진
전시킬 수 있을 것인가 하는 것이지만, 우리가 알게 되듯이 그 논의는
보다 일반적인 적용 가능성이라는 쟁점들과 관련된다.

누가 교육과정을 결정해야 하는가

모든 국가는 이 문제에 관심을 갖고 있다. 누가 학교의 교육과정을 결정할 권한을 가져야 하는가? 나는 제7장에서 다음 내용들을 논의하였다. 지금까지 우리는 교육과정의 포괄적 목적을 논의하고 있는데, 교사들은 이 영역에서 특별한 전문성을 갖는 것이 아니다. 왜냐하면 무엇이 학교교육의 목적이 되어야 하는가라는 문제는 부득불 우리가 추구하려고 하는 사회상과 삶의 방식에서 비롯되는 것이고, 이것은 정치적 문제여서 민주주의의 모든 시민은 관심을 가질 것으로 예상되는 문제이기 때문이다. 부모도 마찬가지지만 교사와 같은 특정 집단이 무엇이 교육목적이 되어야 하는가를 언급하는 데 있어서 공동체의 다른 사람들보다 더 권리를 갖는 것은 아니다.

다른 한편으로 만약 우리가 그 포괄적 목적이 학교에서 어떻게 실현되어야 하는가를, 즉 그 목적을 추구하는 데 있어서 어떤 수단을 채택할 것인가를 다루고 있다면, 이것은 교사들의 소관이라고 강하게 옹호할 수 있다. 왜냐하면 이것은 교사들이 전문가이기 때문이다. 그들은 자신들이 가르치는 학생들이 어떤지, 자신이 속한 공동체가 어떤지, 학교가 안고 있는 제공적 제약이 무엇인지 등 자신이 근무하고 있는 지역 환경의 관점에서 다른 사람들이 설정해 놓은 목적을 달성하기 위하여 따라야 할 가장 좋은 절차가 무엇인지를 그들만이 알기 때문이다.

이는 포괄적 목적을 설정하는 정치적 영역과 그것을 실현할 가장 적합한 방안을 알고 있는 교사들 간의 책임 구분을 옹호하는 말이다. 교사들이 자기 학교의 목적을 결정할 도덕적 권리를 가지고 있지 않듯이, 정치체는 그 목적을 달성하기 위해 학교에서 활용할 수 있는 수단을 결정할 도덕적 권리를 가지고 있지 않다.

후자의 주장은 직접적 결과를 초래한다. 학교 교과들은 그 자체로 목적을 갖는 것이 아니거나 가져서도 안 된다. 교과들은 그것들을 초월하여 존재하는 목적을 달성하기 위한 방법 혹은 수단이다. 다른 수단들, 즉 테마, 프로젝트, 학교 밖의 활동, 학교의 풍토와 조직 등도 있다. 계획이 진행되어 가면서 자신들이 선호하는 수단을 언제 사용할 것인지는 학교와 교사들이 결정할 일이다.

정치적 차원에서, 보다 정확히 말해, 교육목적 결정의 책임이 누구에게 있는가? 교육부장관인가? 우리가 제7장의 1988년의 케네스 베이커의 사례에서 보았듯이, 그건 문제가 있다. 무엇이 목적이 되어야 하는가에 관한 고유한 견해를 개진할 임시 권한을 정부가 갖도록 해서는 안 된다. 우리는 교육목적을 정치적 측면에서 설정해야 할 이유가 기본적인 민주적 원리의 기본으로 돌아가는 것임을 기억할 필요가 있는데, 미래의 사회상에 관한 정치적 결정을 할 때 그 누구도 다른 시민들에 비해 특권을 가져서는 안 된다. 이는 자유민주사회는 목적이 일부의 이익을 추구하는 사람들에 의해 탈취되는 것이 아니라 그 사회에 부합된 것이 사회를 향상시키는 것이란 점을 보장할 수 있는 그 자체의 메커니즘을 갖는 것을 확실하게 옹호하는 것을 말한다.

달리 말해, 이것은 정치적 간섭에 휘둘리지 않고 옹호할 수 있는 국가교육과정을 위해 맡아서 일할 모종의 위원회 설립을 제안한다. 그 위원회의 과업은 우리 자유민주주의에 부합된 일련의 목적들을 연구하는 것이어야 한다. 교육과정평가원(QCA)은 2007년 중등 교육과정 개혁에서 이를 위해 출범했다. 우리는 이제 우선 국사 영역에서 법정 목적들의 목록을 갖게 되었다. 그러나 그 목록은 하나의 목록일 뿐이다. 그것이 상정하는 원리는 없다. 논의되지 않은 목적을 모아 놓은 것은 권위적으로 우리에게 부과하는 것이어서 민주주의 정신에 위배된다.

교직 안팎을 아우르는 거대한 공적인 논의를 거쳐, 그 위원회는 무엇이 목적이 되어야 하는지를 신중하게 고려하고 그것의 채택과 관련성들에 관한 것들을 합리적으로 옹호하기 시작할 것이다. 이에 관한 심도 있는 공개토론을 거친 후에, 그 위원회는 사립학교와 아카데미를 포함한 모든 학교에 국가의 지침을 제공할 최종안을 내각에 천거해야 한다. 이것은 충분한 원리가 포함된 것이어야 한다. 학교나 교사들에게는 이것이 단순한 목록보다 훨씬 나을 것이다. 그것은 그 목적들이 어떻게 채택되었고, 어떻게 상호 관련되는지를 그들이 이해하는 데 도움이 될 것이다.

2007년의 목적들이 교과 기반적 처방으로서 법정 목적이긴 하지만, 이제는 법정 그 자체가 아닌 법정 지도가 되고 있다는 국가교육과정 전체에 대한 옹호론이 있다. 이것은 비용과 시간을 덜 들이고 과도한 중앙권력에 맞서는 또 다른 방패가 될 것이고, 교사들이 아무 생각 없이 준수하는 습관에서 벗어나도록 도울 것이며, 학생들의 필요에 보다 상상력을 가지고 대응하도록 할 것이다.

법정 지도는 1988년 이전의 전문가 통제 체제로 돌아가는 것이 아니다. 전문가 통제 체제에서는 종종 학교에 과도한 자율성이 주어졌다. 학교들은 그것을 쉽게 무시할 수 없었다. 학교교육과정의 목적은 단지 그들이 설정한 것이 아니라 정치적 차원에서 결정되었을 것이고, 학교는 그것에 유념할 것이 요구될 것이다. 만약 학교들이 목적에서 출발한다면, 학교들은 자율성으로부터의 모든 출발을 정당화할 수 있어야 하고 그것이 핵심이다. 감독체제와 결합된 법정 지도는 법정 교육과정이라는 굉장한 위력을 가지고 있겠지만, 만약 그것을 설정하는 것이 교육과정을 잘 수행하도록 이끄는 것과 별개라면, 뭔가 다르게 해 보려는 결정은 비판에서 자유로워진다. 그래서 학교는 그것을 효과적으로 활용할 수 있다는 것을 보여 주는 실험을 할 수 있는 진정한 자유가 있다.

마지막으로, 그 위원회는 상설 기관이 아닐 수 있다.[1] 이것은 비용도 많이 들고 불필요하기도 할 것이다. 위원회는 매 5년마다 국가교육과정의 목적을 논평하는 것을 예상할 수 있을 것이다. 그리고 논평하는 사이에 목적에 대한 변화는 없을 것이다. 위원회는 교육목적이 우리가 민주적인 국민으로 살아간다는 원칙에서 도출된 것이며 우리의 헌법 (영국에서는 불문법)의 일부와 같은 뭔가로 부터 도출된 것임을 알아야 한다. 예를 들어, 독립적인 사법부처럼 헌법의 다른 부분들과 같이 우리의 국가교육과정의 목적은 임의적인 행정부 권력으로부터의 보호가 필요하다. 이것은 교육과정의 목적이 시간이 흘러도 변화될 수 없다는 말이 아니라, 이 변화가 더 이상 정치인들의 변덕에 따른 것이어서는 안 된다는 말이다.

목적의 원천: 일원적인가, 이원적인가

국가교육과정위원회는 무엇을 목적으로 설정해야 하는가? 하나의 장애물을 곧바로 걷어내야 한다. 잉글랜드에서 1988년 국가교육과정의 등장 이후에 의미 있는 교육목적의 설계는 방해를 받았다. 그리고 내 생각에 다른 국가들도 비슷한 상황일 것이다.

내가 염두에 두고 있는 장애물은 두 개의 다른 출발점에서 목적 설계를 시작하는 실천이다. 국가교육과정의 목적 진술이 1999년에 현장에 정착하기 전에, 효과적으로 존재하는 것은 다양한 교과들을 규제하기 위해 설정된 목적들뿐이었다. 예를 들어, 수학에서 대략 한 예를 들어 보면, 11~14세의 학생들은 원의 특성을 이해해야 한다. 물론 이것은 그것 자체에 기반을 두고 있는 것이 아니다. 그것은 학생들의 기하학적 추론을 개발시키려는 광범한 목적의 일부다. 그리고 이것은, 달리 말해 훌륭한 라무스주의의 전형에서, 학생들을 능력 있는 수학자로 만들려는 보다 일반적 목적의 영향도 받고 있다. 포괄적 목적 진술이 1999년에 현장에 내려왔을 때, 그것과 병행해서 이 교과 내 목적들이 지속되었다. 교과 내 목적과 포괄적 목적을 연관시키려는 시도가 없었다. 그 두 유형의 목적은 독자적으로 생존해 왔다. 우리가 제7장에서 봤듯이 그것들 사이에 대개 부조화가 있었다는 것은 놀랄 일이 아니다.[2]

역시 우리가 살펴보았듯이 2007년에 목적 진술이 개정되었을 때, 그 두 가지를 조화시키려는 상당한 노력이 이루어졌다. 즉, 교과 책임자들은 일반적 용어로, 자기 분야에서의 노력이 얼마나 총체적 목적을 지지하는지를 언급해야 한다. 그러나 기본적으로 동일한 문제인 목적에 두 가지 원천이 있다는 문제는 남는다. 교과들은 여전히 자기 교과 내 목적들을 고수하면서, 전통적 관점에서 구체성의 하향 순서에 따라 목적이 배열된다. 모든 세부적 수준에서 총체적 목적과 조화를 이루려는 시도가 거의 없이 이런 일들이 여전히 일어나고 있다.

상당히 진보적인 2009년의 초등교육에 관한 2개의 보고서[로즈

(Rose) 보고서와 알렉산더(Alexander) 보고서]조차 동일한 기본적 한계를 보여 준다. 그것들은 각각 일련의 포괄적 목적을 가지고 있고,[3] 현존하는 교과들을 거의 아우르는 일련의 교육과정 영역을 가지고 있지만, 더 적은 수의 제목들로 이루어져 있다. 알렉산더 보고서는 로즈 보고서보다 두 종류의 목적을 의미 있게 함께 도입할 필요를 상당히 인정하고 있지만, 그마저도 여전히 두 가지 원천이 있다. 이것이 논쟁점이다.

이 모든 것이 왜 중요한가? 두 개의 원천에 관한 무엇이 그렇게 문제인가?

그건 많은 교사, 아마 대부분의 교사가 보다 일반적이고 적용하기 어려운 목적을 거의 인지하지 못하지만, 자신들이 친숙한 원천, 즉 어느 정도 세부적이고 교실에서 가장 쉽게 적용할 수 있는 원천과 같은 종류에 집착할 것 같아서다. 목적의 어떤 원천이 어떤 범주에 적합한지는 뻔하다. 그 결말은 백과전서적인 전통에서 나온 교육과정 설계에 대한 친숙한 접근이 이루어질 것 같다.

이것을 막고 포괄적 목적에 잘 호응하는 체제에서 시작하는 방안은 두 개의 원천을 일원화된 것으로 대체하는 것이다. 목적은 민주적인 시민성의 함양과 같은 보다 일반적인 것으로부터 영국 경제의 과학적이고 공학적인 기반에 대한 이해와 같은 보다 세부적인 것에까지, 이것의 기반이 되는 과학과 공학의 관련된 영역들과 관련된 보다 더 세부적인 목적들까지 여러 차원이 있다.[4] 내가 염두에 두고 있는 새로운 체제는 학교가 국가적 틀 안에서 활동한다고 보는 것인데, 그 틀은 이런 방식으로 더 일반적인 목적에서 하위 목적이 도출된 정합적인 전체를 형성하고 있다. 이것은 우리가 현재 가지고 있는 교과 기반적 처방의 분리적 체제의 필요를 없애 줄 것이다. 왜냐하면 일원화된 체제의 보다 세부적인 하위 목적들이 이것들을 대체할 것이기 때문이다. 그리고 그것은 과학, 지리, 수학 등의 보다 세부적인 영역에 새로운 존재 이유를 제공할 것이다. 그것들은 목적의 전체 그림에 기여하는 것이 많아질수록 그리고 세분화된 교과의 논리적 구분 내에 자신의 위치가 분명해질수록 가치 있을 것이다.

어떤 목적인가

일원화된 체제가 얼마나 작동될 수 있는가는 우리가 이제 무엇이 목적과 하위 목적이 되어야 하는가라는 주제를 다룸으로써 분명해질 것이다.

나는 이것들을 권위 있게 설정하려는 것이 아니다. 나의 목소리는 특권적일 수 없고, 그것은 이 장의 앞에서 제시했던 내용에 상당히 반하는 것일 것이다. 내가 언급하는 사항들은 모두 무시될 수 있다. 그것들이 진행 중인 논의에 도움이 된다고 보면 최선이다.

마지막 단락의 논의를 포함하여 이 장의 논의의 이면에 있는 많은 것들은 자유민주사회의 가치에 헌신하는 것들이다. 내가 언급했던 이 논의에 참여하는 모든 사람은 그것들에 헌신하게 될 것이라고 생각하는 것이 합당하듯이, 여기에서 우리는 가장 일반적인 목적을 잘 탐구할 수 있다.

어떤 가치들이 자유민주사회를 다른 종류의 사회, 예컨대 권위적인 사회와 구분해 주는가? 그 목록의 상위는 다음과 같을 것이다. 개인이 타인에게 해를 끼치지 않는 한, 개인은 어떤 다른 개인이나 조직의 명령에 따라 살도록 강제하는 정치적·종교적 혹은 다른 형태의 강요에 의한 방해를 받지 않고 자신의 선택에 따라 삶을 영위할 수 있는 자유가 있어야 한다. 왜냐하면 이것은 공동체에서 모든 개인에게 예외 없이 적용되기 때문이고, 정의나 공정함도 그렇다. 타인을 억압하고 노예로 만들면서 행복해하는 일부 사람들을 위한 자유를 가치 있게 여기는 사회는 자유민주주의와는 거리가 멀 것이다. 자유와 공정성에 대한 존중은 각 개인들이 공동체 속에서 타인에게 보여 줄 것으로 예상되는 가치들이기 때문에, 이것은 자유민주사회가 사람들이 연대하는 것을 돕는 이타적 가치들을 옹호하는 것을 강조한다. 이것은 위협적인 권력 남용에 직면한 자유민주적인 공동체 자체의 번영에 대한 관심도 포함한다. 이것은 자유민주주의가 지도자의 정기적인 선거, 정치적 견제와 균형, 출판의 자유와 같은 장치를 가치 있게 여기는 이유다.

정체는 각 개인들뿐만 아니라 전체로서의 사회를 위해서도 건실한 경제, 내외적인 평화, 안전 등과 같은 잘삶의 필요조건을 구비해야 할 것이다. 현재 우리 모두가 살아가는 세계 속에서, 단절된 삶을 살고, 국경 밖의 사람들과 관계를 맺지 않고 무관심한 자유민주사회는 없기 때문에 언급한 모든 가치들은 국경 밖에까지도 적용된다. 우리는 타인의 잘삶에 대한 우리의 관심(그들의 자유, 경제적 기초, 안전, 독재 권력의 부재)을 세계 속의 타인들에게로 확장한다. 자유민주주의에서 어떤 가치들이 상위 가치로 중요하게 생각되면서 다른 것들보다 더 강조되어야 할 때(예: 방금 언급했던 보다 글로벌한 관심에 반대하면서 자기 동료 시민들에 대한 관심을 강조) 좋은 식견을 갖춘 의미 있는 판단이 이루어지는 것이 필요하다.

자유민주적 가치들을 이렇게 간략히 묘사한 것은 완성된 것이 아니고, 또 다른 모든 종류의 방식으로 채워질 필요가 있을 것이다. 그러나 최소한 내가 바라는 바는 그것들에 관해 지금까지 내가 언급한 것이 합리적으로 논란의 여지가 없다는 것이다. 만약 그렇다면 우리는 어떻게 그것들을 염두에 두고 있는 학교교육의 목적으로 구체화할 수 있을 것인가?

또한 나는 그 일의 완성을 바랄 수 없다. 나는 내가 개괄했던 모든 가치들을 논평하려고 하지도 않을 것이다. 대신에 나는 그것들 중 한두 가지에만 집중할 것이다. 이것은 이른바 여행의 방향을 보여 주기에 충분할 것이다.

나는 일부 독자들이 학교의 목적을 연구하는 일을 너무 추상적이거나 철학의 시작이라고 보면서 이미 지쳐 버릴 수도 있을 것이라고 생각한다. 그러나 나는 어떤 옹호할 수 있는 대안도 알 수 없다. 목적에 관한 모든 토론은 사람들이 개인적으로 그리고 집단적으로 어떻게 사는 것이 최선인가에 관한 큰 질문을 가지고 시작해야 한다. 내가 밝혔듯이 큰 목적은 보다 세부적인 목적을 배태시킬 것이다. 다음 주 수업에서 해야 할 일에 관한 지도를 기대하는 교사는 내가 보기에 요지부동이다.

내가 해야 할 말의 대부분은 자유 그 자체와 같이 핵심적인 자유민주적 가치다. 내가 방금 이것을 표현했던 것과 같이 개인이 타인에게 해를 끼치지 않는 한, 개인은 어떤 다른 개인이나 조직의 명령에 따라 살도록 강제하는 정치적·종교적 혹은 다른 형태의 강요에 의한 방해를 받지 않고 자신의 선택에 따라 삶을 영위할 수 있는 자유가 있어야 한다.

그런 방해로부터의 자유가 왜 중요한가? 이 '소극적' 자유와 그것을 위한 원리를 제공하는 것 이면에는 '적극적' 가치가 놓여 있다. 적극적 가치는 자기 자신의 자각에 따라 어떻게 만족스러운 삶을 영위할 것인지를 선택하는 데 있어서 우리가 개인의 자율성을 중시하는 것이다.

이 논변에서 바로 이 첫 번째의 전환은 우리에게 무엇이 학교교육의 목적이어야 하는가에 대해서 집중하게 해 준다. 만약 우리가 개인적 자율성이라는 가치를 받아들인다면, 우리는 만족스러운 삶을 살아갈 방법, 종교, 정치 혹은 다른 것들에 관해서 다른 사람들의 견해로 아이들을 교화시키거나 구슬리려는 모든 시도에 반대하는 입장을 가질 이유를 갖게 된다. 그 대신 우리는 그들 자신이 구속받지 않는 선택을 할 수 있도록 수단을 준비시켜 주는 것을 추구해야 한다.

이것은 우리에게 무엇이 학교 목적이어야 하는가에 관한 보다 많은 지도를 제공한다. 그것은 무엇보다도 그들이 선택을 하게 될 선택지를 이해하도록 돕는 것을 강조한다. 이러한 선택지에 개인의 인간관계, 경력, 여가 흥미, 공동체 참여, 종교 혹은 다른 세계관, 정치, 예술적 선호, 음식 취향 등과 같은 온갖 것이 포함될 것을 감안하면, 학생들은 선택을 위한 기반으로서 이 모든 영역에서의 온갖 것들에 관한 많은 지식이 필요하다.

우리가 제6장에서 살펴봤듯이, 20세기 말에 이런 계열의 사상이 학문적 교과 혹은 '지식의 형식'에 기반을 둔 디어든의 경우든지 이것들을 넘어선 내 자신의 경우[5]든지 간에 백과전서식의 교육과정 내용에 관한 제안을 주도하였다. 우리가 제6장에서 살펴봤듯이 이 '자율성을 위한 수단' 논의로부터 학교는 지식의 전달에만 초점을 맞춰야 한다는 결론을 도출하기는 어렵다. 우리가 지식을 전통적인 학문적 의미보다 더 포괄적으로 해석한다 하더라도 그렇다. 왜냐하면 우리는 자율적인 사람이 되기 위해서 지식만이 아니라 모든 종류의 인간적 자질도 요구된다. 그 자질로는, 예컨대 타인들이 우리에게 하도록 바라는 과도한 압박을 견뎌 낼 수 있는 도덕적 용기, 갈등하는 상황에서 균형 잡힌 좋은 판단, 자신의 감정과 육체적 욕망에 대한 적절한 통제, 그리고 다른 많은 바람직한 성향 등이 있다.

이런 인간적 자질을 발달시키는 것은 학교가 아닌 가정의 역할이라는 반응을 보이는 사람들이 있다. 학교는 정말이지 지식만 다루어야 한다고 본다면 그들의 주장이 맞는 말이다. 그러나 이를 위한 어떤 이유가 있을 수 있는지 알기 어렵다. 학교교육과 지식 전달을 동일시하는 라무스적 전통의 많은 사상과 실천이 있지만, 우리는 과거에 생겨난 것에 호소하기보다 더 나은 이유를 찾아봐야 한다는 것이 나의 생각이다.

잘삶이라는 목적

나는 학교교육의 목적으로 개인적 자율성을 위한 준비에 대해서 언급해 오고 있다. 나는 개인적 자율성이 좋은 것이라고 추정하고 있지만, 왜 그런가? 그 답은 잘삶 혹은 만족스러운 삶의 영위에 관한 것이어야 한다. 만약 사람들이 타인 혹은 기관에 의해 자신이 살아가는 방법이 구속받는다면, 그들의 삶은 더 나빠질 것이다. 이것이 모든 인간 사회에서 참일 것인지는 그리 명확하지 않다. 모든 사람이 자기 자신의 자율적 판단보다 관습의 안내를 받는 매우 전통적인 사회에서도, 어떤 사람들은 타인들보다 더 잘삶을 영위할 수 있다는 말이 아마 정당할 것이다. 그러나 자유민주적 가치를 추구하며 살아가는 우리에게는 자율적이 되는 것이 우리가 잘삶을 영위하는 것의 일부가 된다.

이는 우리가 이제 자율성보다 더 광범한 현상을 다루어야 한다는 것을 의미한다. 학교교육이 해야 될 일의 일부는 학생들이 단지 자율적인 삶뿐만 아니라 보다 광범하게 잘삶 혹은 만족스러운 삶을 영위하도록 돕는 것이다. 내 생각에 이것이 논쟁거리가 될 것 같지는 않다. 거기에서 학교는 학생들이 삶을 잘 영위하도록 도울 것이다. 물론 이것은 그 이야기의 단지 일부일 뿐이다. 앞에서 제시한 자유민주적 가치에 대한 간략한 묘사에 따르면, 학교는 또한 공동체 전체에 대한 책임을 갖는다. 즉, 학생 중심 목적뿐만 아니라 공민적 목적도 필요하다. 역시 이것도 논쟁거리가 되지 않는 주장이다. 그러나 시민의 잘삶이라는 틀을 끌어들이지 않고는 이 목적까지도 의미를 가질 수 없다.

나는 학교교육이 학생과 일반인이 잘삶을 영위하도록 돕는 것과 관련된 무엇인가(아마 모든 것?)를 가지고 있어야 한다는 것에 우리가 동의할 수 있다는 입장이다. 그러나 잘삶을 영위한다는 것이 무엇인가?

우리가 직면해야 할 가장 기본적인 질문이 무엇인가라는 문제에 도달하였다. 다시 한번 얘기하지만, 이것은 이 책에서 피상적으로만 다룰 수 있는 주제다. 무엇이 잘삶인가는 플라톤과 아리스토텔레스 이후 철학에서 영원한 주제였고, 현대 철학자들도 여전히 논쟁 중이다.[6] 여기서 내가 하고 싶은 일은 그것의 가장 논쟁적이지 않은 특징 몇 가지를 입안하고 이것들이 어떻게 학교의 목적을 배태시키는가를 밝히는 것이다.

기본적 필요

잘삶에 두 측면이 있다. 첫째는 잘삶을 위해서 어떤 기본적 요건들이 충족되어야 한다는 점이다. 제7장에서 이 문제를 이미 소개했고, 나는 여기서 좀 더 깊이 다뤄 보고자 한다. 일부 기본적 필요는 음식과 마실 것, 주거, 의복, 수입, 운동, 일정 수준의 건강 등과 같은 물질적 전제조건들이다. 사람들은 또한 잘삶에 도움이 되는 실천적 지성과 좋은 판단이 필요하다. 사람들은 평화롭고 관용적인 사회에 사는 것이 필요하다. 그리고 점차 긴급해지는 우선성으로서 가속화되는 생태적 위기를 신중하게 받아들이고 그것의 해결 방안을 모색하는 세계 속에서 사는 것이 필요하다. 사람들은 또한 행운도 필요하다. 예를 들어, 일을 하다 사고를 당해 시력을 잃게 되면 그의 잘삶은 훼손될 것이다.

학교는 아마 평화로운 사회, 재생 자원, 최소 수입 등을 보장하거나 불행을 제거하는 데 최소한 직접적으로 많은 것을 할 수는 없을 것이다. 그러나 학교는 학생들이 목적에 대한 수단을 유연하게 생각하고, 가치가 갈등하는 의사결정을 할 때 신중한 판단을 할 수 있도록 도울 수 있다. 학교는 학생들이 식사, 운동, 보다 일반적으로 건강을 돌볼 때, 좋은 습관을 형성하도록 돕는 일을 가족과 함께 할 수 있다. 학교는 학생들이 두려움, 분노, 경멸, 동정심과 같은 자신의 감정, 그리고 성욕 같은 육체적 욕망을 잘 통제하도록 격려할 수 있다.

적절한 습관을 형성하는 것에서 불가피한 것은 그것들에 영향을 미치는 지식, 예컨대 다이어트, 인간의 몸, 그리고 자기 자신과 다른 사람의 마음이 하는 일에 관한 지식을 획득하는 것이다.

여기서 학교는 많은 공헌을 해야 한다. 학교는 학생들이 평화, 수입, 건실한 경제, 생태 의식, 자유, 행운과 같은 기본적 필요들이 자신의 잘삶에 왜 중요한지를 이해하도록 도울 수 있다. 그리고 그들에게만 그런 것이 아니다. 학교는 학습자들의 관심을 보다 일반적인 기본적 필요에, 즉 모든 인간의 잘삶에서 필수 요소로서 기본적 필요에 초점을 맞출 수 있다. 여기에 글로벌 시민성에서 학생들을 교육해야 할 시사점이 있다.

가치 있는 추구

나는 개인적 잘삶의 두 번째 측면으로 들어간다. 이건 더 복잡하다. 당신의 기본적 필요가 모두 충족되었다고 생각해 보라. 그러면 당신의 삶이 잘삶이 되기에 충분한가? 분명히 아니다. 비록 당신이 잘 먹고, 잘 지내고, 건강하고 불행한 일이 없다 하더라도, 당신은 대부분의 시간을 가치 없고 혹은 성공적이지 못한 추구들에 보낼 수 있다.

이것이 난점들이 시작되는 곳이다. 이 점은 잘삶이 상당 정도로 가치 있고 성공적인 추구들 중심으로 이루어져야 함을 제시한다. 이것들 중 성공적인 추구는 상당히 간단하다. 만약 내가 많은 시간을 정원 가꾸기에 보내는데 잡초가 무성하다면, 나는 깔끔한 잔디밭을 가꾼 이웃보다 더 엉망인 셈이다.

보다 큰 문제는 이것이다. 무엇이 가치 있는 추구로 간주되는가? 이것은 특히 교육자들에게 중요하다. 왜냐하면 그들은 학생들이 잘삶을 영위하도록 하려면 무엇을 습득시켜 주고 소개해 주어야 할 것인지 알아야하기 때문이다.

이 책의 앞에서 묘사했던 17세기의 열정적인 프로테스탄트들은 개인적 잘삶을 이 덧없는 세상이 아니라 천국에서 찾고자 했다. 우리의 이 땅의 삶은 계속되는 고된 노동을 포함하여 신이 우리에게 설정해 놓은 도덕적 의무를 준수하기 위한 장소일 뿐이다.

영국 그리고 아마도 미국과 같은 국가에서 역사적 뿌리를 종교적 심층에 두고 있는 세속적 학교들은 비록 그 원래의 원리가 오랫동안 단절되었다 하더라도, 여전히 의무적인 열심과 근면함을 중시한다. 우리 대부분이 그렇듯이 그 학교들은 이 세상의 잘삶이 중요하다고 생각한 다. 학교가 가장 잘 할 수 있는 것은 학생들을 이 개념이 수반하는 가치 있는 추구들로 지도할 수 있는 점이다.

그러나 가치 있는 추구는 무엇인가? 우리는 다시 이 문제로 돌아가 게 된다.

간섭주의는 분명히 위험하다. 사람들마다 가치 있는 것으로 간주하 는 것이 다르고, 자신의 가치 판단을 다른 사람에게 강요하기가 너무 쉽다. 특히 교육 그리고 학교교육에서 이런 일이 확실히 나타날 것이 다. 예를 들어, 어떤 사람들은 지적인 활동과 예술적 활동을 그 자체를 위해서 추구하는 것(학문적인 학교교육과정에서 현저한 활동들)이 다른 어떤 것들보다 상위 가치를 갖는 선이라고 믿는다. 그러나 그들이 옳 은가? 아니면 그들은 사실 자기 자신의 개인적 선호를 언급하고 있는 것인가? 만약 다른 어떤 사람이 서핑을 타면서 세계 일주를 하는 것은 체호프를 읽거나 원자 물리학을 공부하는 것보다 결코 가치 없는 것이 아니라고 말한다면, 그것이 잘못인가?

한 가지 답은 가치 있는 추구로 간주되는 것은 개인들에 달려 있다는 점이다. 자기 돈을 어떤 재화와 서비스에 소비할 것인지를 결정하는 것 은 각 개인에게 달렸듯이, 그들은 마찬가지로 가치 있는 것을 결정한 다. 만약 그 문제를 신중하게 생각하고 있는 어떤 사람이 날마다 18시 간 동안 코미디 프로를 보는 것이 자신의 일상을 보낼 수 있는 최고의 방법이라고 말한다면, 아무도 그 사람의 마음을 돌릴 수 없다. 10세 어 린이들을 대상으로 한 최근 여론조사는 그들의 '인생에서 가장 중요한 것들'의 가장 인기 있는 후보는 명성과 부라는 것을 보여 주었다. 만약 그들이 30세에도 여전히 이런 신념을 가지고 있다면, 누가 그들에게 그게 아니라고 말할 수 있을 것인가?

얼마나 많은 교사들이 잘삶에 관한 이런 급진적인 주관주의적 관점에 동조할 준비가 되어 있을지 나는 모른다. 아마도 여전히 학문적 목적이 지배하는 학교 체제에서, 그들 중 많은 수는 이런 철학적 쟁점이 자신들의 일에 부적절하다고 생각할 것이다. 그러나 그들이 옳을 것인가?

나는 그렇게 생각하지 않는다. 그들은 그것에 관한 생각도 없이 주관주의의 길을 따를 것이다. 그들은 자신들이 가르치는 학생들이 잘삶을 영위할 최선의 방안에 관한 최종적 권위자들이라는 것을 당연하게 여길 것이다. 이런 사상의 관점에서 보면, 학교의 가치들은 시내 번화가의 가치들과 유사하다. 우리가 후자에 친숙한 소비자주권의 개념이 전자에도 만연해졌다.

가치 있는 추구들을 이런 식으로 생각하는 것은 심각한 문제가 있다. 왜 개인들이 말하는 것이 최종적 권위를 가져야 하는가? 만약 우리가 이것을 받아들일 수 있다면, 우리는 그것에 관한 어떤 좋은 이유들도 받아들일 만하다. 그러나 내가 알기로, 제시될 것이 없다.

이것은 놀랄 일이 아니다. 어떻게 최선의 삶을 살 것인가에 관한 질문들은 2,500여 년 동안 철학자, 문학 작가 그리고 그 밖의 사람들도 다루어 왔다. 어째서 이런 모든 집단적 지혜가 아니라 단 한 사람이 말한 것에 우리가 모든 강조점을 두는 것인가?

만약 집단적 지혜가 상당히 견해차를 보인다면, 그것은 신뢰할 수 없는 원천일 것이다. 그러나 그렇지 않다. 반면에, 가깝고 친밀한 관계, 즉 친구, 연인, 부모, 자녀의 인간적인 잘삶에 대한 중요성으로 대다수가 **수렴**된다. 우리가 전념하게 될 활동들로 대다수 수렴하는 것들은, 예컨대 음악 감상이나 연주, 시골길 걷기, 교사로 근무하기와 같은 것들이다.

어떤 종류의 일이 일반적으로 가치 있는 것인지를 개인이 결정해야 하는 것은 아니다. 나는 이런 포괄적 틀 속에서 사람들이 자신의 선호를 가질 수 있다고 생각한다. 우리는 가치들을 담지한 세계 속에서 태어났다. 만약 우리가 행운이 있다면, 온갖 종류의 가치 있는 추구들과 관계들 속에서 우리 자신을 발견한다. 우리 인생은 짧고, 우리가 원하더라도 그 모든 것들에 관여할 수는 없다. 자유주의사회에서 우리는 자기 자신의 선택과 우선성을 행사할 수 있게 되었다. 이것은 우리가 다른 목적을 위해서 가치 있는 선택을 포기해야 할 때 후회가 따를 수 있다.

가치들은 고정된 것이 아니다. 그것들은 고안되고, 발달하고, 새로운 범주와 장르를 형성한다. 서구 역사의 지난 400년은 특히 이 과정에 공헌하였다. 왜냐하면 놀랍지도 않게, 세계에 대한 종교적 이해가 이 세상의 만족에 훨씬 더 관심을 갖는 세속적인 태도로 점차 대체된 것이 이 시기에 이루어졌기 때문이다.

임상심리학자가 되는 것은 20세기 이전에는 거의 알려지지 않은 직업의 유형이었다. 컴퓨터가 갖춰진 책상에서 일하는 것이 21세기 이전에는 많이 알려지지 않았던 것도 마찬가지다. 둘 다 만족스러울 수 있고, 둘 다 그들에게 자기 자신의 가치 있음의 형태일 것이다. 그것들이 포함하고 있는 가치들(타인을 돕는 것, 지식의 소유와 지적인 응용 등)은 일반적인 형식에서 그것들에만 있는 유일한 것은 아니지만, 그것들이 가지고 있는 특별한 모양 그리고 그것들이 결합되는 방식은 유일하다.

지난 두 세기는 산업사회 이전에는 많은 것이 혹은 대부분이 잘 알려지지 않았던 만족스러운 종류의 일이 엄청나게 확산된 것으로 보인다. (그것들은 만족스럽지 못한 노동 형태의 거대한 확산일 수도 있다.) 그 시기를 1, 2백 년만 거슬러 확대시키면, 당신은 친밀한 관계에서 마찬가지로 인상적인 변화들을 발견하게 된다. 양 당사자의 자유로운 선택 그리고 사랑과 우정에 기반한 결혼이라는 근대적 아이디어는 16세기와 17세기의 청교도주의에 뿌리를 둔 제도다. 결혼으로 이루어진 사랑이라는 이런 패턴은 또 다른 변종들을 만들어 냈다. 즉, 그 사례로 낭만적 결혼관, 우정결혼, 열린결혼, 결혼은 하지 않고 안정적인 동반자 관계, 동성애자 노조 등을 생각해 볼 수 있다.

　가치 있는 활동의 또 다른 사례들을 자세히 다룰 필요는 없다. 분야마다 비슷한 얘기가 될 수 있을 것이다. 그 시기 동안 새로운 스포츠나 야외 활동에서의 발명이나 변종을 생각해 보라. 음악의 형식과 장르의 급성장을 생각해 보라. 가정 꾸리기, 정원 가꾸기, 외국 여행, 학문, 가르침, 사회화, 자녀양육 등에서의 발달도 생각해 보라.

　이런 가치들은 그것들이 형성된 문화에 따라 상대적인 것은 아니다. 우리가 애정에 기반한 결혼 제도를 청교도주의의 영향으로 생각할 수 있겠지만, 그것의 종교적 함축이 지금은 거의 잊혀졌다고 하더라도 그것은 우리에게 여전히 중요하다. 모차르트 음악이 왕정 사회에서 만들어졌지만, 그 사회가 사라졌어도 그것의 가치는 사라지지 않았다.

　지금은 젊은 사람들이 만족을 발견할 수 있는 활동과 관계들이 엄청나게 그리고 계속 급증하고 있다. 그런 사례로 지금은 자신이 원하는 어디에서나 음악을 들을 수 있는데, 백 년 전에는 공주라도 그럴 수 없었다. 가정교육과 학교교육에서 아이들이 이런 활동과 관계들을 많이 숙지하도록 해 주어야 하는 것이 하나의 교육목적이다.

많이지 모두는 아니다. 후자는 우리에게 백과전서주의로 돌아가게 하지만, 그 길을 따를 타당한 이유가 없다. 그렇다. 젊은 사람들은 가치 있는 관계와 활동들 중에서 자기 자신의 자율적인 선택을 할 필요가 있다. 그리고 그들은 무엇이 제공되는지를 알 필요도 있다. 그러나 그들은 제공되는 것을 모두 알 수는 없다. 우리 중에 그런 전지성을 가진 사람은 없지만, 많은 사람이 잘삶을 잘 영위하고 있다. 학교는 다음과 같은 것들에서 젊은 사람들을 도우려고 한다면 좋은 역할을 할 수 있다.

- 광범한(그러나 소모적이지 않은) 가치 있는 경험 그리고 몰입하게 하는 활동들(예: 공동체 참여, 예술적이고 문학적인 활동, 지식의 추구, 다른 사람 돕기, 일과 사업의 형태들, 스포츠와 운동, 만들기, 자연 사랑 등)
- 어릴 때 그리고 나이 들어서도 긴밀하고 배려적인 관계들을 형성하고 유지하는 것

이런 가치들 세계로의 지도는 상대적 가치에 대한 판단들로의 지도이기도 하다. 종종 그런 판단은 불가능하다. 스콧 피츠제럴드(Scott Fitzgerald)를 읽는 것이 숲속을 거닐거나 친구와 저녁 시간을 보내는 것보다 더 높은 가치가 있는가? 주요 가치들은 종종 비교할 수 없는 것들이다. 심지어 같은 활동 영역 내에서도 이것은 참일 수 있다. 재즈는 클래식 음악에 비해 덜 가치 있는 것인가?

그러나 종종 구분이 될 수 있다. 어떤 드라마들(예: 몇몇 연속극)은 비슷비슷하고 감상적이다. 그것들이 전체적으로 가치 없는 것은 아니지만, 다른 것들에서 발견되는 가치의 다양한 스펙트럼이 없다. 어떤 고

용 형태는 다른 것보다 더 만족스럽다. 한두 주 내에 눈물을 흘릴 정도로 따분하게 만드는 힘들지 않은 일에 전심전력을 다하기는 어렵다. 자신의 핵심 가치들의 재확인, 복잡성, 새로운 길을 내려는 경향성, 순전히 감각적인 미 등 어떤 이유에서든지 결코 흥미를 잃지 않는 활동과 관계들은 일반적으로 가장 가치 있는 것들 중에 있는 것으로 간주된다.

젊은 사람들은 그런 문제들에 관한 분별력을 획득할 필요가 있다. 그들에게 어떤 것이 얼마나 가치 있는지를 제대로 말해 줄 수 있는 (비록 그런 주장을 하는 많은 사람들이 있다 하더라도) 좋은 삶에 대한 진정한 전문가는 없다. 가치 있는 활동을 폭넓게 경험한 사람은 다른 사람보다 판단을 더 잘할 수 있는 위치에 있다. 그러나 전문지식은 깔끔하게 경계가 구획되지 않는다. 이런 평가에 누구든지 어느 정도 참여할 수 있다. 일상적이고 보다 세련된 대화들이 있다. 젊은 사람들은 이런 식으로 성찰하는 것의 기초를 배울 수 있거나 배워야 한다. 그 과정에서 그들은 문화의 형성과 변형에 참여하게 될 것이다.

그러므로 교육의 한 가지 목적은 젊은 사람들이 잘삶의 요소들을 획득하는 데, 그리고 그 구성요소들, 자신이 지니고 있는 가치들의 정도, 그것들 중의 우선순위에 대해서 성찰하도록 격려하는 데, 많은 문을 자물쇠로 여는 것이다. 청년 시절 후반기에, 사람들은 그 모든 것들에 자신을 투신할 수 없다. 그들이 그것들을 통해서 자기 자신의 길을 발견하도록 헌신적이고 성공적으로 참여할 수 있도록 그것들을 가장 적절하게 배치하도록 해 주는 지도가 필요하다.

이런 관련성 속에서 한 활동의 매력적인 힘을 학습자의 생애에서 잘삶의 주요 구성요소로 강조하는 것은 정당성이 있다. 교과들에 이미 좋은 근거가 있다 하더라도, 내 생각에 어려운 수학이나 지리 활동에 많은 시간을 보낼 사람들은 거의 없을 것이다. 특히 우리 대부분처럼 그런 전문 분야와 무관한 직업을 가진 사람들은 더 그렇다. 역시나 우리 중 많은 수는 하나 이상의 미술에 쉽게 몰두하게 된다. 창조적인 미술가들이 자신의 작품을 그릴 때 사용하는 매력적인 도구들을 감안하면 놀랄 일도 아니다. 이와 같은 고려들은 우리에게 현재의 교육과정 우선순위를 재고하도록 인도할 것이다. 왜냐하면 잘삶을 위한 교육은 부분적으로 한 활동에서 전심전력을 하고 성공적으로 따라잡아서 얻게 되는 경험으로부터 유래하는 학습의 문제이기 때문이다. 그리고 이것은 존재의 만족스러운 방식 쪽으로의 습관화와 관련된다. 예술이 그들에게 제공해 주는 상당한 즐거움은 예술에 관한 다소 고답적이고 전통적인 태도보다 그것에 교육에서의 더 큰 지위를 부여하는 것을 허용했는가(White, 2005, ch. 15)?

이런 식의 우선순위를 정하는 것에 관한 결론이 어떻게 내려지든지 간에, 부모도 물론이지만 학교는 젊은 사람들의 다음과 같은 것들을 도와야 한다는 데 대체로 동의해야 한다.

- 광범한 가치 있는 활동 중에서 선택하기와 어떤 활동들에 더 충분히 몰두하기
- 선호하는 활동에 전심전력으로 참여하기
- 다양한 활동 영역에서 성공을 이루기

말할 필요도 없이, 학생들은 한 번만의 선택을 하는 것이 아니다. 그들은 평생 동안 온갖 종류의 다른 물에 발을 담그게 될 것이다. 그러나 잘 살아가는 기예의 견습생으로서 그들은 즐겁고 성공적인 활동을 일

찍 경험하는 것이 필요하다. 학교는 그들이 그것을 획득하도록 도울 수 있다.

학교의 또 다른 목적은 젊은 사람들이 다음과 같은 것을 하도록 돕는 것일 것이다.

• 앞에서 언급한 모든 것을 위해 필요한 지식과 이해를 획득하기

이것은 자명한 것이어야 한다. 가치 있는 활동을 익히고 충분하게 참여하는 것은 그들이 관여하는 이해에 달려 있다. 수의사가 되는 것은 생물학 지식, 친밀성과 우애, 인간의 본성에 대한 이해를 요구한다. 이런 교육관에서는, 사실적 지식의 판정은 이 책에서 논의해 온 백과전서적 전통에서 가졌던 것과 동일한 원리를 갖는 것이 아니다. 그럼에도 불구하고 그것은 엄청나게 중요하다.

몇 가지 또 다른 쟁점

일원화된 목적: 일반적인 것에서 특수한 것으로

잠시 숨을 고르자. 이 장의 앞에서 나는 우리가 학교의 국가적 목적을 이원화된 방식이 아닌 일원화된 방식에서 생각할 것을 제안하였다. 우리는 총체적 목적을 진술하는 것에다 교과 (혹은 학습 영역) 지침에 들어 있는 목적을 덧붙이기보다는, 보다 일반적인 사항들로부터 보다 구체적인 사항들로 진행되는 단일하고 충분한 목적 진술이 필요하다.

내가 제안했던 것의 대부분은 어떤 형태로든 보다 일반적인 목적으로 나타날 것이다. 나는 자유민주주의의 개념이 함의하는 가치들에서 시작해서, 이것들 중의 하나인 개인적 자율성을 다뤘고, 거기로부터 보다 일반적인 개인의 잘삶의 개념을 탐색하는 쪽으로 진행하였다. 이 모든 것은 보다 일반적인 목적의 스펙트럼에서 몇 개의 상호 관련된 학교 목적을 만들어 냈다. 나는 이것들을 선택해서 강조해 왔다. 말할 것도 없이, 그것들은 유일한 일반적 목적이 아니라 단지 내가 추구해 온 특정관점에 따라 (자율성과 잘삶을 통해서) 도달한 어떤 것일 뿐이다.

우리는 이와 같은 보다 일반적 목적을 넘어서 친숙한 학습 영역의 연구 프로그램에서 발견되는 것들과 같은 보다 구체적인 목적 쪽으로 어떻게 나아갈 수 있는가?

한 사례를 보자.[7] 몇 개의 일반적 목적은 학생들이 경제에 관한 이해를 획득하는 것을 하위 목적으로 요청한다. 우리가 기본적 필요를 다룬 절에서 이것을 살펴봤는데, 건실한 경제는 사람들이 잘삶을 영위해가는 데 필수요건이다. 그것은 또한 학생들이 가치 있는 활동의 자율적인 선택을 할 수 있도록 준비시키는 목적을 시사한다. 왜냐하면 가치 있는 활동에는 배관공, 변호사, 유치원교사, 자동차정비사, 의사와 같은 온갖 종류의 만족스러운 일이 포함될 수 있기 때문이고, 학습자는 그런 직업에 적합한 광범한 틀에 관한 무엇인가를 알아야 할 것이기 때문이다. 우리 같은 경제는 그 기반이 되는 공학, 과학, 수학에 상당히 의존하기 때문에, 보다 세부적인 목적 중의 하나는 학생들에게 이들 영역에 대한 이해를 충분히 준비시켜 주어서 경제가 작동하는 방식을 어느 정도 이해할 수 있도록 해 주는 것이어야 한다. 그것이 너무 어려워서 이런 보다 확정된 목적에서 이 목적이 지향하는 것들 쪽으로 만들어가지 못하게 해서는 안 된다.

이것은 보다 일반적인 것에서 특수한 것으로 어떻게 변화되어 가는 지를 보여 주는 한 사례일 뿐이다. 아마 이것은 이 맥락에서 우리에게 필요한 모든 것이다. 이 장에서 국가적인 학교 목적을 충분히 다루지는 않았다. 이 장의 목적은 백과전서적 교육의 대안은 어떤 것인가를 약간 암시하는 것일 뿐이다. 사례에서 봤듯이, 그것이 너무 어려워서 보다 특수한 목적이 어떻게 보다 일반적인 목적으로부터 도출될 수 있는가를 다른 분야에서 진행할 수 없어서는 안 된다.

도덕성을 등한시했는가?

여러분에게 지금까지의 논의가 쉽지 않았을 것이다. 그것은 거의 젊은 사람들의 개인적 잘삶에 관한 것이었다. 그들의 도덕적 의무에 관한 언급은 없었다. 모두가 자기 자신의 만족 추구에만 신경 쓰는 이기주의자들의 사회를 만들 위험성을 인정하려 들지 않았다.

이런 반응은 이해할 만하지만 잘못된 것이다. 첫째, 그 논의는 젊은 사람들 자신의 선의 추구를 옹호하는 데 초점이 있지 않다. 그것은 거의 활동과 관계에 그들이 몰두하는 것에 관한 것이었다. 그리고 그건 다른 문제다. 그들은 자신의 잘삶을 **증진시키기 위해서** 한다는 생각 없이, 우정, 현장실습, 자전거 타기, 아프리카와 유대, 소설 읽기, 새로운 학교 입학 계획 등에 몰입할 수 있다. 이런 일들을 성공적으로 하는 것은 그들이 자신의 잘삶을 염두에 두었는지와는 상관없이 잘삶을 증진시킨다. 우리가 논의해 온 그 목적은 이기적인 자기 이익의 추구를 위한 처방과는 거리가 멀다.

이타주의를 결코 등한시하지 않는다. 내 자신의 잘삶이 증진될 때, 이것이 종종 타인의 잘삶을 증진시키지 않을 수 있다는 것은 오류다. 우정이 나에게 선이라면, 그것은 내 친구에게도 선이다. 모든 협동 활동에는 공유하는 목적이 있다. 전형적으로 협력적인 일뿐만 아니라 개인적으로 만족스러운 일도 다른 사람에게 전형적으로 유익이 될 수 있다. 자기 자신의 선과 타인의 선이 서로 엮여 있다는 것은 우리가 탐색해 온 많은 목적들을 시사한다.

아무튼 도덕적 혹은 이타적 목적은 다른 경로를 통해 그 그림에 도입될 것이다. 학교는 학생들에게 우리의 출발점이 되었던 자유민주적인 틀에서 잘삶을 위한 준비를 해 주어야 할 뿐만 아니라 학생들을 시민적 참여에 필수적인 (이해와 같은 것뿐만 아니라) 협동적 덕목들로 인도하도록 돕기도 해야 한다. 나는 이 장에서 이것을 다루지는 않을 것이다. 말할 것도 없이 그렇게 하는 것은, 최소한 이 점에서 내가 제시했던 설명을 하는 한, 자율적 잘삶을 요청할 것이다.

나는 '이 점에서'라고 말했다. 왜냐하면 이 영역에서 계속 추구하고 싶은 한두 가지 중요한 문제들이 있기 때문이다. 우리가 살펴보게 되듯이 그것들은 다양한 방식에서, 이 책에서 묘사했던 프로테스탄트적 사고에 기인한 전통적인 학교교육관과 모두 연관되어 있다.

교육과 성공

첫째는 교육과 성공의 연결에 관한 것이다. 학교는 학생들이 학교의 교과 그 자체의 목적을 즐길 수 있도록 해야 한다는 생각에는 아이러니가 있다. 한 중등학교 학생이 즐거움으로 과학이나 라틴어를 잘하면

할수록 공적인 시험을 잘보고, 대학에 진학하고, 보수와 평판이 좋은 직업을 얻을 기회가 더 좋아지는 것이 잘 알려져 있는데 여기에 아이러니가 있다. 학습에서의 내재적 관심은 여기서 성공적인 삶을 위한 수단으로서 외재적으로 가치 있는 것이 된다.

관례적으로 이해되듯이, 그것이 성공적인 삶이다. 내가 묘사했듯이 개인적 잘삶은 자신의 삶이 성공적이 되는 것을 요구하지만, 다른 의미에서 그렇다. 한정된 자원을 가진 사회에서 승자가 있으면 패자가 있다는 사실에서 관례적 의미를 분리시키기는 어렵다. 학교교육은 오랫동안 그다지 행복하지 못한 사람들로부터 성공의 길로 가는 사람들을 걸러 내기 위한 장치가 되어 왔다. 개신교 국가들에서 이것의 한 가지 오래된 길은 무지의 극복과 구원의 성취에서 자기 자신을 최고의 위치로 올려놓는 것과의 연관성일 것이다. 내세가 아닌 이생에서의 특권적인 행복을 누린다는 관점은 이전의 종교가 한 것만큼이나 강요적일수록 세속적 동기유발자가 되는 것인가?

내 자신이 선호하는 교육과 성공의 연관성은 덜 분열적이다. 불행한 모든 사람은 원칙상 그들이 성공적으로 관여하는 가치 있는 활동과 관계에 충분히 몰입하는 삶을 살아서는 안 될 이유가 없다. 학교는 모든 사람을 평등하게 중시하는 포괄적 잘삶을 제시하고, 분열된 사회의 시녀로서의 학교 역할을 포기함으로써, 학교는 이런 이상에 공헌할 수 있다.

현 사회에서 선호되는 많은 선들은 잘삶의 관점에서 볼 때 미심쩍다. 이른바 위치재, 즉 부, 사치품, 명성 등과 같이 일부만이 그것들을 소유할 수 있기 때문에 가치를 부여받는 것들에 많은 에너지가 소모된다. 미심쩍은 점은 이것들을 소유하는 것이 내가 앞에서 논의해 온 그런 식의 만족을 보장하지 못한다는 사실에 있다. 사람들이 부자나 유명인이 되었어도 타인들과 아주 나쁜 관계를 가질 수 있고, 가치 있는 무엇인가에 몰입하지 않으면서 쾌락만 좇아 기웃거릴 수 있다.

이것이 부와 명예가 잘삶과 어느 정도 연관성을 갖는다는 것, 그리고 아마도 피할 수 없는 연관성을 갖는다는 것을 부인하는 것은 아니다. 위치재와 연관된 것들보다 더 소박한 형태에서 그것들은 둘 다 잘삶의 기본 요건들이다.

우리는 잘삶을 위해서 일정 양의 물질적 번영이 필요하다. 우리 각자가 어느 정도 소유하는 것이 합리적인가 하는 것은, 세계 자원을 위협하는 시각에서 다음 10여 년을 넘어서도 점차 중요해질 문제다.

명성은 부풀려진 인정이다. 우리 각자는 우리의 잘삶의 일부로써 인정이 필요하다. 우리는 우리의 친구, 동료, 교사, 학생들이 우리의 현재 모습과 우리가 공헌할 수 있는 것 때문에 우리를 존중하고, 가치 있게 여겨 주기를 기대하고, 우리도 그들을 우리 자신과 동일한 방식으로 대한다. 결국 우리 모두는 작은 친분모임에서 이런 방식으로 인정받게 되고, 다른 사람들의 덕과 성취들이 더 널리 알려진다. 그러나 우리에게 미디어 스타나 다른 유명인이 받고 있는 몇 백만 명의 인정이 필요한 것은 아니다. 최고의 삶에 대해서 어린 학생들이 묘사한 것 중에서 그것들의 인기를 감안하면, 여기에서의 부와 명성의 위치는 학교에서 토론 주제가 될 수 있고 또 되어야 한다.

인생 계획하기

나의 두 번째 주제는 인생 계획하기다. 어떤 사람들은 자기 삶의 계획을 다소 상세하게 세운다. 그들은 자신들이 몇 년 동안 외국에서 살기를 원한다는 것을 알고 있고, 그렇게 해서 여행 작가가 되고, 결혼해서 가족이 생기기도 한다. 다른 사람들은 자신을 환경의 지배에 더 맡긴다. 어떤 철학자들은 인생계획을 잘삶의 필수적인 부분으로 간주하였고(Rawls, 1971, ch. 7), 다른 철학자들(Williams, 1981, p. 35)은 이에 의문을 제기하였다.

최소한 만약 그 강조점이 성공의 관례적 의미보다 전심전력의 몰두에 있다면, 후자가 더 확고한 근거를 가질 것 같다. 왜냐하면 어떤 사람들에게는 결코 그렇지 않겠지만 삶이 자연스럽게 진행되는 것이 만족의 길이 될 수 있다. 학교는 명시적인 직업 교육에서만이 아니라 학교가 학생들 안에 만들어 내는 감정들에서도 종종 인생계획 모형 쪽으로 치우쳐 있는 것 같다. 학생들은 시험 구조를 따라 위로 이동하게 되는데, 어른 때까지 길게 계속될 사다리의 첫 계단에 있는 것이다. 그 사다리를 오를 수 없거나 오르기를 바라지 않는 사람은 곧잘 실패자로 보일 것이다. 어떤 경우에, 학교가 종합적인 지식과 성공적인 삶에 대한 관례적 의미에 집착하는 것과 같이, 특히 직업을 자신의 타고난 재능과 소질을 실현하는 것으로 보는 그런 아이디어는 이제 종교적 근거가 상당히 상실되었다. 이 문제의 진실이 무엇이든지 간에 학교는 자신의 과업에서 인생계획을 보다 강조하는 것에 대한 찬반양론의 토론을 잘 해 볼 수 있을 것이다. 전체적인 교육체제는 학습 열정을 보이는 곳에 더 많은 에너지와 자원을 쏟는 것을 고려할 수도 있다.

교육과 일

직업에 대한 언급은 잘삶에서 일의 위치와 이것이 교육에 주는 함의라는 포괄적 주제로 우리를 자연스럽게 이끌어간다. 일은 가장 일반적인 개념으로, 어떤 최종 산물에 이르게 하는 활동이다. 일에는 임금 고용뿐만 아니라 식사 준비나 편지 쓰기와 같은 무임금 노동도 포함된다. 온갖 종류의 일(예: 가르치기, 정원 연못 만들기, 엔지니어링, 수채화 그리기 등)은 자율적인 개인이 전심전력으로 몰두할 것을 선택할 가치 있는 활동들 중에서 시골길 거닐기, 친구와 채팅하기, 음악 감상과 같은 노동이 아닌 활동과 비슷한 특징을 보일 수 있다. 이런 식의 일을 '자율적인' 것으로, 이런 식으로 선택되지 않은 일을 '타율적인' 것으로 부르자. 다음과 같은 일들은 후자의 예들이다. 플랜테이션 노예로 목화를 따는 것, 슈퍼마켓 계산대에서 오랜 시간 동안 일하는 것 등이다. 가능한 한 많은 사람들이 잘삶을 영위하도록 할 수 있다는 관점에서, 자율적인 일의 유용성을 증진시키고 최소한 개인들의 노동시간을 단축시킴으로써 타율적인 일의 양을 줄일 타당한 이유가 있다.[8]

일은 잘삶을 위한 교육에서 어떤 위치를 갖는가(White, 2005, ch. 11)? 지금 거의 가장 어린 아이들에게도 점차 적용하고 있는 바, 학교는 낮 동안 공부를 계속하고 그것이 숙제로 저녁에까지 넘쳐나는 주요 장소다. 이런 일의 많은 것들은 타율적이다. 학생들은 선택하지 않았지만 그것을 하는 것이 의무가 되었다. 어떤 경우에, 그들이 해야 되는 그 일이 매력적이 될 수도 있고 자율적인 활동으로 변화될 수도 있다.

잘삶의 증진에서 학교의 역할을 감안할 때, 학교가 요구하는 타율적인 공부의 양은 정당화될 수 있는가? 여기에 다루고 있는 기본적인 문화적 요소가 있다. 급진적인 프로테스탄트들이 종교적 의무로 열심히 일하는 삶을 주장한 것은 빅토리아 시대에서의 전성기 이후 퇴색되었지만, 그것의 세속화된 그림자는 오랫동안에 걸쳐 우리 학교들에 여전히 남아 있다. 그러나 우리는 기본적으로 학교를 일하는 장소로 봐야 하는가 아니면 학습하는 장소로 봐야 하는가? 그 두 가지는 필시 함께 갈 수 없다. 우리 중 일부 사람들과 같이, 아이들은 때로는 지도를 받고 때로는 그렇지 않으면서, 대화, 독서, 영화 감상, 주변 사물의 관찰, 장난감 가지고 놀기 등과 같은 비노동 활동을 통해 그들 세계에 관한 지식을 획득할 수 있고, 바람직한 성향을 발달시킬 수 있다. 역으로, 그들은 학교에서(예: 수학 혹은 그림 그리기에서 기계적인 연습) 시간을 보낼 수 있고, 아무 것도 학습할 수 없다. 만약 학교가 학습을 위한 것이라면 비노동 활동은 높은 우선순위를 가져야 하는가? 일은 항상 핵심이 되어야 할 분명한 이유들이 있지만, 그 균형은 타율적인 것에서 자율적인 것으로 기울어야 되는가? 만약 그렇다면, 이것은 공부할 과목을 학생들이 더 선택한다는 말인가? 아니면 그런 포괄적인 상위 가치의 종합적 학습은, 학습자가 호불호에 상관없이 모든 것을 학습해야한다는 주장을 정당화하기 위한 것인가?[9]

학습 배열

이 장은 리모델링한 학교체제에서의 교육목적에 관한 것이었다. 충분한 설명에서, 이것은 이런 목적들이 교실에서 그리고 다른 학습 맥락에서 어떻게 실현될 수 있는지 깊은 논의를 수반할 것이다. 여기서 나는 우리가 따라오고 있는 역사적 이야기가 실마리가 될 수 있다는 한 가지 사항에만 국한시키려고 한다. 나는 시간표 배열을 생각하고 있다. 17세기부터 칼뱅주의 혹은 비국교도 학교들 그리고 포스트라무스주의 교육과정을 따르는 칼리지들은 다양한 과목에서 한 시간 지속되는 강의들로, 그 각각에는 또 다른 두세 시간의 개인 공부가 수반되는 수업을 종종 배열하였다. 한 사례는 1642년 하버드 칼리지의 시간표에서 수집된 자료에서 유래한다. 3학년 학생들은 월요일과 목요일 오전 10시에 수학, 기하학, 천문학 강의를 들었고, 같은 날 오후 4시에 토론을 가졌다. 수요일 아침에 그들은 그리스어 이론에 관한 긴 강의를 들었고, 오후 2시에 그리스어 연습이 있었다(Cremin, 1970, p. 214). 그 주의 남은 날에는 다른 유사한 시간들이 배치되었다.

그 패턴이 오늘날 우리에게까지 내려왔지만, 중요한 변화들이 있었다. 개인 공부는 각 수업 후에 직접적으로 시간표상에 들어가지는 않았는데, 지금은 특별히 숙제로 주어진다. 오늘날의 학생들은 각 수업이 끝나면 이 과목에서 저 과목으로 옮겨 간다. 그러므로 그들은 한 주제를 깊이 탐구하려고 했던 예전학생들보다 기회가 훨씬 줄어들었다. 상황이 더 악화되었다. 하버드 칼리지(그리고 유사한 점이 다른 칼뱅주의/비국교도 학교들에 19세기까지 적용되었다) 학생들은 3년 과정의 각 학년마다 다른 교과들을 공부하였다. 내가 든 사례에서 3학년 학생들은 그 시기 동안 과학, 수학, 그리스어 이론 그리고 한두 가지 다른 교과들에 집중하였다. 우리의 중등학교 학생들은 오늘날 이런 가능성이 없어졌다. 지난해에 했던 동일한 교과들이 다음 해에도 그들의 시간표에 들어 있다. 이 결과는 그리고 이전 패턴과 다른 점은 그들의 학교생활이 예전학생들보다 훨씬 더 파편화된 점이다.

포스트라무스주의 전통의 또 다른 오래된 유산인 '기초 다지기'에

제8장 전통적 교육과정을 넘어

의해 파편화는 종종 더 악화된다. 그 전통에서 교과의 강의 요목에 어떤 주제가 포함되었든지 간에 그 기준은 그 교과의 내적인 것이 되었다. 그 교과를 구성하는 뼈대를 밝힐 수 있는 자료들이 선정되어야 하고, 동시에 그것은 학생들이 교과의 종합적인 지식을 향하도록 돕는다. 일부 내용은 보다 전문화된 다른 과정에서 획득하게 될 것이다. 이 기준은 영국의 학교에서 가르치는 온갖 학문적 교과들 중에서 여전히 작동한다. 이것은 파편화된 프로그램을 낳고 있다. 왜냐하면 그것은 각 교과들이 다른 교과들과 연관성 없이 그 자체로 독자적인 각 교과들 속에서 강한 내적인 압박을 강요하고 있기 때문이다. 그 결과, 학생들은 오늘날 각 학년이 (또는 종종 두 학년) 끝나면 한 교과에서 다른 교과로 이동하고, 각 과정을 마치면 제공될 지식의 총합이 계속되는 교과를 통해 증가할 것으로 예상된다.

가장 성실한 학생들은 그런 체제 때문에 당황하지 않을 것이다. 그러나 성실함은 그들에게만이 아니라 다른 모든 학습자들에게도 우리가 가장 기대하는 것이라고 말할 수 있다. 즐거움이 관례적 우선순위들로 상당히 많이 내려오게 되었다.

결 론

　나는 내가 염두에 두었던 전통적인 학문적 교육과정에 대한 모종의 대안이 (비록 분명히 그것이 보다 구체적일 필요가 있다 하더라도) 합당하게 명확해졌기를 희망한다. 대안에서 언급된 학교는 학생들이 가치 있는 활동에 철저하게 몰입하여 자신의 시간을 보내는 곳이고, 그들에게 가장 적합한 것이 제공되고 그들이 그중에서 선택할 수 있는 많은 기회를 갖는 곳이다. 이는 수행할 활동을 아이들이 꼭 결정해야 한다고 언급하는 일부 급진적인 아동 중심 교육자들과 결코 같은 말이 아니다. 나의 대안은 자유민주적 가치들에 기반을 두고 신중하게 도출한 일련의 목적들로 인해 힘을 갖는다. 아이들은 이 틀과 일치되는 훌륭한 시민이 되는 것으로 인도된다. 동시에 이 틀의 핵심은 모든 시민이 자신이 선택한 잘삶을 영위하는 것이다. 그것이 교실 차원에서 (종종) 자신이 선택한 활동에 전심으로 몰두하는 중요한 이유다. 그것은 의무로 가득 찬 시커 대주교의 학교 경험 그리고 다음과 같이 진술과는 전혀 다른 것이다.

> 다른 교과보다 한 교과를 선호하는 것 없이 우리가 강의한 모든 교과들에 나는 할 수 있는 한 성실하게 임했다.[1]

만약 교육목표가 백과전서의 통달이라면, 이런 식의 동기유발은 이상적이다. 방금 지적했듯이, 그것은 우리 시대에 어둔 그림자를 드리웠다. 1940년대 말, 내 자신은 어린 시커 같은 식이어서, 내 불어 숙제, 대수학, 세포이 항쟁에 관한 노트 정리를 성실하게 그리고 상당히 재미없게 해냈다. 2010년에 나는 런던 교외에서 뿐만 아니라 난징, 오사카, 뭄바이에서도 많은 학생들이 여전히 똑같이 하고 있다는 생각이 들었다. 그건 모두 상당히 슬픈 일이다. 그리고 모두 그럴 필요가 없다.

만약 내가 중등학교 졸업생을 위한 평가 준비의 책임을 맡을 수 있게 된다면! 현재 우리는 신성시되는 백과전서적 전통에서, 그들이 다양한 교과에서 축적한 지식을 측정하기 위해 시험을 치르고 있다. 만약 내가 평가 책임자라면, 나는 학교가 그들의 배후로서 무엇을 했는가에 더 많은 비중을 두게 할 것이다. 그들은 계속 자신의 대수학을 공부할 것인가? 아니면 그들은 내가 했던 것을 할 것인가? 나는 내 삶의 나머지를 위해서 (졸업자격시험에서 출중한 성적을 받았음에도 불구하고) 다시는 그 교과를 가까이하지 않았다. 만약 어떤 학교의 모든 학생들이 소설 읽기, 공작 활동, 과학, 학교에서 그들이 상당히 재미를 느꼈던 공동체 참여, 아마 이것들에서 새로운 영역으로 번져 나가 마찬가지로 몰입할 수 있는 것을 수행하고 있다면, 나는 그 학교에 최고 등급을 줄 것이다.

라무스와 그의 계승자들이 창안해 낸 교수법 혁명은 위대한 일들을 성취하였다. 그것의 여파는 오늘날 우리에게 익숙해진 세계적 흐름을 도왔고 결코 적은 부분이 아니다. 그것의 전성기에, 그것은 고전적 교과서와 참고서에 몰두하는 널리 퍼진 정설의 진보적인 대안이었다. 그 후예들이 라틴어와 그리스어 중심의 학교교육을 오래전에 제압해 냈다. 세계화된 오늘날 그것의 흔적은 새로운 정설을 만들어 내는 다른 영향들과 조화를 이루며 남아 있다. 이제는 이것을 우리 시대에 더 잘 맞는 무언가로 대체할 시간이다.[2]

미주

1. 서 론

1 McCulloch, G. (2007). *Cyril Norwood and the Ideal of Secondary Education.* London: Palgrave Macmillan, pp. 125-126. 또한 제5장의 p. 198 참조

2 영어, 수학, 과학, 외국어, 역사, 지리는 2010년 11월 영국 연립정부의 학교 백서(Schools White Paper)에서 제안한 새로운 '잉글랜드 바칼로리아(English Baccalaureate)' 시험의 과목으로 지정되었다. 이 시험은 16세에 치르는 것이며, 중등학교의 관심을 흔히 말하는 핵심 영역에 쏟도록 만든다.

3 이런 노선에서 프랑스 교육체제를 비판한 책으로는 Gumbel, P. (2010). *On achève bien les écoliers.* Paris: Grasset이 있다. 이 책을 알려 준 제니 브레인(Jenny Brain)에게 감사한다.

4 이 책의 후반부에서 그런 결론을 다시 다룬다. 제6장의 p. 217 참조

5 이때의 학생들은 요즈음 대학생보다 몇 년 더 일찍 대학에 들어갔다. 라무

스는 그의 파리 소재 프레슬 칼리지(Collège de Presles)에서 남자아이들이 15세에 MA 수준에 도달한 것을 자랑스러워했다. 제2장의 p. 66 참조

6 이 책에서 나는 '포스트라무스주의'라는 용어를 라무스 자신의 프로젝트에서 생겨난, 그리고 케커만, 알스테드, 코메니우스 및 그들의 동료들이 참여한 교육운동을 가리키는 데 사용한다.

7 제4장의 p. 125 참조

8 p. 91에서 인용한 찰스 웹스터의 발언과 일치한다.

9 유니테리언 강사였던 길버트 웨이크필드(Gilbert Wakefield, 1756~1801)는 고전을 소홀히 하면서 3년 안에 모든 백과전서를 소화하도록 만드는 아카데미들의 시도를 비난했다(McLachlan, 1931, p. 33). 제4장의 p. 118 참조

10 p. 120 참조

11 그러나 1960년대에 종교 기반적 정당화들이 조금 되살아난 증거가 있다. 제6장의 pp. 221-224 참조

12 1990년에 발표한 두 가지 글에서 해밀턴은 그의 책(*Towards a Theory of Schooling*. London: Falmer, pp. 43-49)을 인용한다. 여기서 그는 '교육과정'이라는 용어의 기원을 언급한다.

2. 1550~1630년

1 나는 그것이 유일한 근원이라고 주장하는 것은 아니다.

2 그것은 얇고 가벼운 여러 권으로 출판되었다. 그 교과의 간략한 설명, 여러 장들의 해설과 연관된 일련의 라무스주의식 지도들, 그리고 (자료를 정리하고, 학습한 것을 검사할 간편한 방법을 제공하는) 질문과 해답을 중심으로 만든 부록이 거기에 들어 있다.

3 이론적 지식과 실천적 지식의 구분은, 그 이후로도 케커만과 알스테드가 속하는 포스트라무스주의 전통의 칼뱅주의 교육과정 제작자들에게 특별히 중요한 것이었다. 그들에게 두 가지 지식의 성취는 종교적 이유에서 중

요한 것이었다(p. 79 참조).

4 나중에 알겠지만, 에임스(Ames)의 저작은 셰리프헤일스, 라스멜, 뉴잉턴
   그린 II 등과 같은 초기 비국교도 아카데미에서 공부했던 것들에 속한다
   (McLachlan, 1931, p. 79). 제3장의 주 15와 18 참조

5 더 자세한 내용은 McCrie(1846, p. 266) 참조

6 에버딘(Aberdeen)에서 공부했던 텍스트로는 라무스의 변증법과 알스테
   드의 산수 및 기하 요약집(2학년), 케커만과 알스테드의 경제학과 정치학
   (3학년), 알스테드의 수학 요약집(p. 83에서 언급한 자연철학 교과들이 여
   기에 포함됨; Hotson, 2007, p. 193 참조) 그리고 케커만의 형이상학이 있
   다. Aberdonenses, F. (1854). *Selections from the Records of the
   University and King's College Of Aberdeen, 1494~1854*. Aberdeen,
   pp. 230-231 참조(이 참조사항에 대해 하워드 핫슨에게 감사한다). 이런
   텍스트들의 명칭은 라무스의 연구의 지속성뿐만 아니라 케커만과 알스테
   드를 통해서 발전된 라무스주의 전통에 대한 친숙성을 보여 준다.

7 제5장의 p. 140 참조

3. 1630~1700년

1 파인골드(M. Feingold)는 '논리 공부의 개인화'에 관한 그의 언급과 일관
   되게 다음과 같이 말한다(Feingold, 1997, p. 294). 강사들의 일차적 목표
   는 "학생들이 텍스트를 선정할 수 있는 확실한 저자들의 목록을 만드는
   것"이었다. 그중에서 "어떤 사람들(특히 로버트 샌더슨과 프란시스 뷔헤
   를스테이크)는 다른 사람들보다 더 대중적이었다." 이들이 모두 케커만의
   추종자들이었다는 점은 우연이 아닐 것이다(1608년 이후 옥스퍼드의 링
   컨 칼리지의 펠로우였던 칼뱅주의자 샌더슨과 그의 『Logicae Artis
   Compendium』(1618)은 『Routledge Encyclopaedia of Philosophy』(1998,
   p. 717을 참조). 옥스퍼드 학부생들은 강사들의 도움을 받아 스스로 선택
   하도록 했었는데 분명하고, 접근하기 쉽고, 체계적인 교과 입문서들을 좋
   아했음은 놀라운 일이 아니다. 이런 입문서들은 교과의 주요 특징들을 개

관할 필요가 있는 신입생들을 고려하는 교육적 전통 안에서 만들어진 것이었다. 이와 같은 라무스주의/포스트라무스주의 전통 속에서 이 시기에 이르러 핵심 원칙이 된 것은, "아리스토텔레스나 고전 작가들과 같이 비체계적인 저자들을 곧바로 읽는 일은 입문용 요약집(compendium)으로 마음의 준비가 되어 있고, 더 높은 수준의 시스템(systema)에 의해 기초가 닦아진 이후에나 권장한다는 것"이다(Hotson, 2007, p. 281). 학문을 계속하지 않을 옥스퍼드 학부생들의 경우에는 샌더슨의 요약집과 같은 것만 필요했을 것이다. 샌더슨과 뷔헤를스데이크와는 별도로, 강사들의 추천도서 목록이나 학생들의 도서목록 혹은 편지 속에 들어 있는 다른 저자들 중에는 라무스, 케커만, 히어보드(Heereboord), 알스테드가 포함된다(Feingold, "The Humanities", pp. 294-295).

2 그가 애호했던 더 짧은 것은 뷔헤를스데이크(Burgerdijk)의 『논리학(Logic)』이었다. 이 책은 '공통적으로 인정받고 수용되었던' 것이었을 뿐만 아니라 케커만, 몰리너스(Molinus) 혹은 라무스의 것보다 더 좋은 것이라고 생각했다(Feingold, "The Humanities", pp. 293-294). 홀드워스가 제시했던 공부의 윤곽에 대한 간단한 설명으로는 Cremin, L. A. (1970). *American Education: The Colonial Experience 1607~1783.* New York: Harper, pp. 204-205 참조. 이것은 4년 과정으로 나누어지며, 오전과 오후의 공부가 3개월마다 달라진다. 여기서 다루어진 내용은 논리학, 윤리학, 로마사(1학년), 물리학과 형이상학(2학년), 아리스토텔레스의 *Organon, Physics, Ethics* (3학년), 천문학, 심리학, 기상학(4학년)이다. 라틴어와 그리스 문학의 일부는 전 학년에서 다루어진다.

3 또한 pp. 105-109 참조.

4 "따라서 우리는 하트립, 듀어리, 코메니우스를 가리켜 1630년대 잉글랜드 지역 정당의 철학자들이라고 공정하게 기술할 수 있다."(Trevor-Roper, 1967, p. 258)

5 또한 p. 106 참조

6 그것은 문법과 수사학에만 기반을 두었던 문법학교들의 교육과정과 대조적인 것이었다. 이 교육과정에는 근대적인 교과들이 거의 없었다(Watson,

1909, pp. xxii, 530). 구체적으로 그런 교과들이 없었다는 증거로는 다음을 참조. Watson, F. (1902). *The Curriculum and Text-Books of English Schools in the First Half of the Seventeenth Century.* London: Transactions of the Bibliographical Society. (쓰기 p. 173, 산수 p. 173, 외국어 p. 175, 지리 p. 179, 역사 p.180, 음악 p. 180)

7 교육자인 프레드 클라크 경(Sir Fred Clarke)도 이런 주장을 했다. p. 124 참조

8 제4장의 pp. 124-134 참조

9 Henry Langley's Tubney (1660s), Thomas Cole's Nettlebed (1666), & John Shuttlewood's Sulby (late 1670s). (이 강사들의 간략한 전기는 그들의 DNB 참조)

10 이들은 다음과 같다. 각 경우 설립자의 이름과 설립연도를 내가 포함시켰다. John Woodhouse's Sheriffhales (1663), Theophilus Gale's Newington Green (I) (ca. 1666), Samuel Jones's Brynllwarch (1668), Richard Frankland's Rathmell (1670), Matthew Warren's Taunton (1670?), Edward Veal's Wapping (1670s), Samuel Cradock's Wickhambrook (1672?), Thomas Doolittle's Islington (1672), Charles Morton's Newington Green (II) (by 1675), Francis Tallents & James Owen's Shrewsbury (1680?/1700), Thomas Brand's & John Ker's Bethnal Green (ca. 1685), Timothy Jollie's Attercliffe (1691), Joseph Hallett's Exeter (1690), Isaac Chauncy's Hoxton (1701).

11 세리프헤일스, 라스멜, 위캠브룩, 뉴잉턴 그린 II, 슈루즈버리, 베스날 그린, 그리고 아마도 브리넬워치와 뉴잉턴 그린 I.

12 다른 경우들은 미미한 기록 밖에 없다. 간혹 4년 혹은 5년 과정도 있는 것처럼 보이지만 매우 폭넓은 교육과정이 있었다는 증거는 없다(Taunton, Exeter). 또한 학문적 수준이 낮았음을 보여 주는 증거도 있다(Islington, Attercliffe). 와핑(Wapping)에 대해서는 성직자 학생들을 위한 것이었고, 존 웨슬리의 부친인 사무엘이 거기서 논리와 윤리를 공부했다는 점만 알 수 있다. 천시(Chauncy)가 세운 혁스톤(Hoxton)에 관해서는 4년제라

는 점 이외에 첫 해의 교육과정에 관한 기록을 찾지 못했다.

13 앞서 언급한 대로, 에드워드 빌(Edward Veal)은 와핑에 이 아카데미를 세웠던 일로 박해를 받았다. 다른 사례는 다음에서 찾을 수 있다. Wykes, D. (2006). "The contribution of the Dissenting Academies to the emergence of Rational Dissent." In K. Haakonssen (Ed.), *Enlightenment and Religion: Rational Dissent in Eighteenth Century Britain.* Camridge: Cambridge University Press. 1700년대 초반에도 비국교도 아카데미들은 일부 지역에서 크게 의혹을 받았다. 예를 들어, 세커버렐(Sacheverel)은 "공화주의라는 위험한 원리로 젊은이들을 타락시키며" 또 "무신론으로 기울어진 책들"이라고 공격했다(Owen, 1704, Pamphlets 9. 16. 17).

14 법률가가 될 사람들에게는 법학과 함께 히브리어, 그리스어도 가르쳤다(John Woodhouse, DNB).

15 사용되었던 교과서에 관해서도 자세히 알 수 있다. 이 중에는 히어보르트(Heereboord)의 주석이 들어있는 뷔헤를스데이크(Burgersdijck)의 『논리학(Logic)』이 있다. 뷔헤를스데이크의 책은 앞에서 언급했다. 라무스의 책도 읽었을 것이다. 그의 『변증법(Dialectic)』은 다운네임(Downame)의 영어 주석과 함께 논리학 과정의 일부로 개인 공부를 위해 추천되었던 책이다. 케커만에 기반한 샌더슨(Sanderson)의 요약집도 마찬가지다(앞의 주 1 참조). 에임스(Ames)의 『Medulla Theologica』는 신학생들을 위한 정규 강좌의 기초였다(John Woodhouse, DNB; 에임스에 관해서는 p. 81 참조).

16 와트의 학교 공책에 따르면, 로우는 뷔헤를스데이크 … 그리고 … 히어보르트를 통해서 논리를 가르쳤다. 로우의 아카데미의 교육과정에는 또한 대수, 기하, 원뿔곡선론, 프랑스어가 포함되었다. 대부분의 수업은 라틴어로 했다. 그 아카데미는 자유로운 탐구를 격려하는 것으로 명성이 높았다(Thomas Rowe, DNB).

17 뷔헤를스데이크와 히어보르트에 관한 참고문헌도 마찬가지다.

18 에임스에 기반을 둔 주별 신학 논쟁(1674) 및 논리학 논쟁(1675)에 관한 언급을 찾아볼 수 있다(McLachlan, 1931, p. 64 참조).

19 비국교도의 전통 안에서 성령론(pneumatology 혹은 기학 pneumatics)은 영혼학(science of spirits)이었다. 신의 마음과 인간의 마음을 다루었다. 오늘날 우리가 알고 있는 심리학이라는 과학의 전신이었고, 이로부터 19세기에 심리학이 나타났다(White, 2006a, pp. 100-103). 또한 제5장의 p. 158 참조.

20 라스멜에서 공부했던 클렉(Clegg)의 설명에 따르면, "우리는 논리학에 들어갔다… 강사는 라무스주의자였으나 아리스토텔레스와 라무스의 논리를 같이 읽었다… 나의 공부는 형이상학, 성령론으로 계속되었는데 거기서 나는 3년을 지냈다"(McLachlan, *English Education Under the Test Acts*, p. 67). 이 시기에 이 아카데미에서 학생들이 사용했던 책에는 논리학, 물리학, 성령론, 형이상학, 신학, 윤리학, 법학, 역사, 전기에 관한 저술이 있었다. 논리학의 책은 특히 라무스의 것(다윈네임의 주석이 포함됨), 영어와 라틴어(히어보르트의 주석)로 된 뷔혜를스데이크의 것, 그리고 밀턴의 것(아마도 라무스의 논리학을 그가 요약한 것)이었다(pp. 68-69).

21 캘러미의 설명에 따르면 크래독은 대략 20명의 학생을 가르쳤는데 "시민 생활을 준비하는 신학과 과학 학생들의 인원이 거의 똑같았다"(Bogue & J. Bennett, 1808-1812, p. 61).

22 p. 70 참조

23 모튼이 1697년에 하버드 칼리지의 부총장이 된 후에 그것은 여기서 1728년까지 자연철학의 표준이 되었다(Charles Morton, DNB).

24 하버드에서 라무스주의/포스트라무스주의 아이디어가 확산되면서, 모튼이 이 칼리지의 부총장이 되었다는 사실과 그의 『물리 체계』가 표준이 되었다는 점은 그런 증거에 추가될 수 있다.

25 아마 스코틀랜드를 거쳤을 것이다. pp. 82-83 참조

26 'praecognita'라는 용어는 케커만의 작업에서 핵심 개념이고 알스테드가 발전시켰다(Hotson, 2007, pp. 148, 150, 170, 177-182). 그것은 한 학문 안에 담겨 있는 것들(*systemata*)과 구별되는 것으로서 그 학문의 성격을 가리킨다. 이로부터 베니언의 '영지학'은 이 교과의 가장 일반적인

특징을 인식론적으로 설명해 놓은 것과 비슷한 것임을 짐작할 수 있다.

27 히어보르트의 활용은 라무스주의/포스트라무스주의 영향을 보여 주는 것이고, 커(Ker)가 더블린에서 아마도 트리니티 칼리지에서 비국교도들을 가르쳤다는 사실도 마찬가지다. 트리니티 칼리지는 라무스주의의 센터였고 원래 형태의 라무스주의와 비슷한 것이었다(Hoston, 2007, p. 36).

28 이런 패턴은 1602년 단치히에서의 캐커만의 과정과 다르지 않다. 다만, 거기서 3년 과정의 첫해에 자연철학과 논리학을 가르쳤다는 점은 다르다 (Hoston, 2007, p. 154).

29 옥스퍼드에서 "학예 분야에서 대학공개강의의 소멸(Feingold, "The Humanities", p. 293)"은 논리학을 공부하는 학생들로 하여금 자기 자신에 의존하도록 만들었고, 대학 강사들은 그들에게 이 교과의 입문용 요약집을 읽도록 지도했다. 그리하여 "강사의 기능은 더 많은 정보를 얻을 수 있는 '현자' 혹은 진도를 체크하는 '관리자'로서, 더욱 지도적인 것이 되었다."(Feingold, "The Humanities")

30 강사들에 관한 자세한 내용은 McLachlan, *English Education Under the Test Acts.* Whiting, C. E. (1931). *Studies in English Puritanism from the Restoration to the Revolution 1660~1688.* London: SPCK. 그리고 이 절에서 언급한 자료들은 DNB 소개 참조

31 이미 언급한 아카데미들 이외의 다른 아카데미들의 강사에 대한 설명은, 간혹 언급한 경우는 있지만, 남겨 두고자 한다. 그들의 이름 이외에는 자료가 거의 없다(Bogue & Bennett 참조).

32 Cradock & Tallents

33 Button, Cole, Gale, Hickman, Jones, Langley, & Morton

34 Veal & Ker

35 Talents, Cole, & Langley

36 여기에는 케임브리지의 크라이스트 칼리지나 임마누엘 칼리지와 같은 것들이 포함되는데, 라무스주의와의 연결은 16세기까지 거슬러 올라간다. 케임브리지에서 프랭크랜드는 크라이스트 칼리지의 학생이었고, 우드하

우스와 셔틀우드는 트리니티 칼리지의 학생이었으며, 크래독은 임마누엘 칼리지의 펠로우였으며(홀스워스가 학장이 되었던 1637년에 임명됨), 게일과 히크맨은 옥스퍼드 맥달리나 칼리지의 펠로우였다. 옥스퍼드에서 청교도들의 근거지는 토마스 브랜드와 사무엘 존스가 교육받았던 머튼 칼리지, 그리고 에드워드 빌의 크라이스트 처치 칼리지였다.

37 윌리엄 통(William Tong)은, 더럼에 임명되기도 했다. 하트립의 절친한 동료로서 그와 함께 이 대학을 세웠다. 왕정복고 이후에 이즐링턴에 여학생을 위한 아카데미를 세웠다(Webster, 1975, pp. 237, 243). 게다가 하트립의 옥스브리지 협력자들과 아카데미 강사들은 서로 연결되었다. 테오필루스 게일은 1650년대에 옥스퍼드의 맥달리나 칼리지의 펠로우였고, 그 당시 학장이었으며 1630년대에 하트립과 듀어리와 긴밀하게 협력했던 토마스 굿윈의 추종자였다. 굿윈의 아들과 또 다른 사람도 피너(Pinner)에서 아카데미를 운영했다.

38 듀어리의 아이디어가 초기 아카데미들의 교육과정의 모델이었을지 모른다는 웹스터의 제안이 나에게는 약간 의문스럽다. 듀어리의 『학교개혁론』(pp. 48-50)에 들어 있는 교육과정은 13~20세의 젊은이를 위한 것이었다. 이들은,

> 모든 과학의 저자들을 읽음으로써 토대를 닦고, 모든 과학의 정수와 방법을 관찰하는 법에 대해 지도를 받고, 이를 통해 스스로 하나의 백과전서를 쌓도록 하였다.

듀어리의 교육과정에 들어 있는 10가지 항목을 순서대로 살펴보면 다음과 같다.

[1] 농업(라틴어 저자들에 기반을 둔)

[2] 플리니(Pliny)의 자연사, 기상 연구, 광물

[3] 건축, 공학, 축성법, 화약, 무기, 군사훈련, 항해

[4] 그리스와 라틴 계통의 도덕철학

[5] 경제학, 시민정부론, 자연적 정의, 국제법의 형평성

[6] 수학(광학과 회계 포함)

[7] 자연철학과 의학

[8] 외과수술

[9] 논리학, 수사학, 시 짓기

[10] 일상생활에 쓸모있는 역사 공부(듀어리는, 음악 작곡, 히브리어 읽기, 신학 공부와 같은 보다 일반적으로 설득적인 활동을 포함시키지 않고 있음을 밝힌다). 초기 아카데미들과 확실히 중복되고 있으나, 초기 아카데미들에는, 내가 아는 한, 농업, 건축(등), 의학 혹은 외과수술에 관한 강좌가 없었다. 듀어리의 교육과정은 초기의 대다수 아카데미들에게서 나타나는 것보다 상당히 실천적인 경향을 보여 준다. 이 점은, 모튼의 뉴잉턴 그린 II는 예외이지만, 나중에 밝혀질 것이다.

39 Dury, J. (1958, first published ca. 1650). *The Reformed School*, 주 pp. 79-81, 그리고 Milton, J. (1895/1644). *Tractate of Education*. Morris, E. E. (Ed.). London: Macmillan, pp. 12-19 참조

40 p. 78 참조

41 p. 70, p. 79 참조

42 제5장의 p. 158 참조

43 여기서 우리는 가르침에 대한 베이컨식 접근방법의 증거를 보게 된다. 이것은 듀어리의 동료인 코메니우스도 공유했던 것인데 여기서는 자연 세계에 대한 감각적 접촉이 강조된다.

44 제2장의 p. 71 참조

45 마지막으로 듀어리가 포스트라무스주의 사상가들과 연관성을 갖고 있었음을 보여 주는 것은 그가 사용한 용어인 'precognitions' (Dury, 1958, p. 60), 혹은 논리 수업을 논의할 때의 'praecognita' 였다. 이런 용어는 논리학의 성격과 가치를 인간의 능력들과 연관지어 이해하는 것과 관계가 있다. 학자는 더 구체적인 내용보다 그런 능력을 먼저 습득해야 한다는 것이다. 이런 아이디어와 언어는 케커만으로부터 나왔고, 알스테드가 이어받았다(이 책의 pp. 70-71 참조). 듀어리가 사용하기도 했던 'precepts' 라는 용어도 마찬가지다(pp. 61-62). 이것은 일단 precognitions가 숙달된

후에 핵심 내용들과 관계를 갖게 된다. 케커만이 도입한 *'praecepta'* 라는 용어에 대해서는 Hotson, 2007, p. 148ff을 참조하라.

4. 18세기

1 그는 1670년대 후반 뉴잉턴 그린 I에서 테오필루스 게일과 공부했을 것이다.

2 독립교회파이고 헌신적인 칼뱅주의자였던 프랭크랜드와 비슷하게 졸리는 가난한 학생이었고, "회의론과 무신앙으로 기울어지기 쉬운" 수학을 못 가르치도록 했다고 한다(Timothy Jollie, DNB). 물론 그의 학생들은 수학을 몰래 공부했다. 그럼에도 불구하고 1714년 그가 사망할 때까지 약 백 명의 학생을 교육시켰다. 그중에는 케임브리지 수학교수가 된 학생도 있고, 캔터베리 대성당 주교가 된 토마스 시커도 있었다.

3 시대의 변화를 보여 주는 한 가지 예가 있다. 가장 초기의 아카데미에서 학생들이 공부했던 뷔헤를스데이크(Burgersdijk)의 *Logic*은 홀즈워스가 최고의 논리학 교과서라고 추천했었는데(제3장의 주 2 참조), 이윽고 반 세기 이후에는 아주 다르게 평가되었다. 필립 도드리지는 킵워스에서 그의 선생이었던 존 예닝의 강좌에 대해서, 6~8회의 강의에서 뷔헤르스데이크를 뛰어넘었으며 "그런 유형의 저자에 대한 경멸이 다른 저자들의 권위와 전혀 관계없이 나타났고, 그리고 무의미한 허튼 소리의 오랜 강좌로부터 해방된 우리의 행복감을 생생하게 느낄 수 있었다."(Doddridge, 1728, p. 9)고 말한다. 도드리지의 혹평에도 불구하고, 포스트라무스주의 전통에 속하는 케커만의 작품의 이런 요약집은 1626년에 그것이 처음 출간된 후에도 거의 한 세기 동안이나 사용되었다.

4 오늘날 중등학교 시간표와의 유사성은 주목할 만하다. 매일 공부에 쏟는 시간은 더 길어졌을 것이지만, 시간마다 전혀 다른 교과로 바뀌면서 짧은 시간에 지식을 집중적으로 주입하는 점은 똑같다(Comenius, 1907, pp. XXIX, 17 참조). 비국교도 전통은 이에 대해 나름의 이유를 갖고 있었다. 이런 이유는 한편으로 시간 낭비의 최소화(청교도들의 시간 평가에 대해

서는 Thompson, 1982 참조), 그리고 다른 한편으로 지식을 분류하여 배우기 쉬운 부분으로 나누는 포스트라무스주의 전통을 반영한다. 후자에 대해, 백과전서적인 노선에 따라 배열된 교육과정이 그런 종류의 시간표가 없이 운영될 수 있을지는 정말 어렵다. (제3장 p. 102의 이에 대한 논평 참조) 오늘날 이런 종류의 시간표를 위해서 어떤 합리적 이유를 내세울 수가 있겠는가? 이런 시간표는 우리가 당연하게 받아들이고 있는 제도가 되었고, 학생들의 동기 유발을 위해서, 비국교도 교사들과 대조적으로 더 많은(이론적) 관심을 우리가 쏟고 있는데 이는 별로 효과가 없다. 어떤 소재에 대한 흥미가 생길지라도, 45분 간격으로 흥미가 나타나는 경향은 없다. 용감한 학교들은 대안을 모색하지만 대개는 기존 방식을 고수하는 길을 따른다.

5 사무엘 베니언이 한 가지 예다. 그는 글래스고 칼리지에서 공부했고, 1706년부터 슈루즈버리에서 강의했다. p. 99 참조

6 흥미롭게도, 감리교를 가리키는 'methodist' 는 라무스가 그의 교수법을 기술하는 데 사용했던 '방법' 이라는 용어에서 나왔다(p. 61 참조). 웨슬리는 이 점을 몰랐던 것 같다(Ong, 1953, p. 2).

7 '비국교도 교육기관' 은 스코틀랜드 장로교의 기관들을 포함한다. 킹스우드 학교는 비국교도 기관은 아니지만 노샘프턴 아카데미를 모델로 삼았다는 점을 이미 지적했다.

5. 19세기

1 머서는 "19세기 초반에는 아카데미들이 일반인이나 성직자의 학생들에게 교육을 제공하는 자유로운 기관이 되지 못하고, 이교도를 양산하지 않을까 두려워하면서 혁신과 진보적 방법에 대해 적대적인 교파적 학교가 되었다는 사실"(Mercer, 2001, p. 57)을 언급한다.

2 한 가지 예로, 논리학과 마음철학의 최초 교수(1830~1866)는 존 호퍼스 경(Rev. John Hoppus)이었다. 그는 독립교회파 성직자로서 로더햄 독립교회파 칼리지(Rotherham Independent College), 에딘버러 대학교와

글래스고 대학교에서 교육을 받았다(Bellot, 1929, p. 109).

3 '사립(proprietary)'과 '사설(private)'이라고 부르는 학교들은 실제로 국가가 운영하지 않은 사학이었다. '사립학교'는 주식회사식으로 운영했고, 부유층 가정을 위한 것이었다. 그중에서 말보로(Marlborough), 웰링턴(Wellington), 헤일리버리(Haileybury), 클리프턴(Clifton), 런던 시티(City of London) 등과 같은 학교는 그 이후 오늘날까지 유명한 '퍼블릭 스쿨(public school)'이 되었다. 소위 사설학교는 규모가 더 작고, 중산계급 중에서 비교적 덜 부유한 집단의 후원을 받는 경향이 있었다.

4 엄청난 영향력을 미쳤던 골상학자 및 교육이론가인 조지 콤(1788~1858)의 과학에 기반을 둔, 폭넓은 교육과정은 다른 책(Stewart & McCann, 1967, pp. 282-285)에서도 진술되고 있다. 이 시기에 백과전서적·과학적 교육과정을 제안했던 모든 사람들과 똑같이, 콤의 틀에도 무기력한 지식이 가득했다는 점도 언급되고 있다. 학생들은 대량의 사실과 정보에 친숙해지도록 기대되었고, 콤은 이런 지식이 모든 이에게 실제로 유용할 것으로 가정했다(p. 284). 에딘버러의 칼뱅주의 가정에서 태어난 콤은 교육을 "창조주의 제도들을 발견하고 복종하는 능력의 증진"에 기여하는 일이라고 보았다(White, 2006a, pp. 106-107). 그는 골상학적 발견 사실이 밝혀 주는 뇌의 다양한 능력들을 훈련, 발휘시키는 것이 교육과정의 일부라고 주장했다(Stewart & McCann, 1967, p. 282). 이 시기의 능력 심리학의 의의에 대한 더 많은 정보는 p. 158 참조

5 이에 대해서는 pp. 153-164 추가 참조

6 p. 173 참조

7 뉴잉글랜드의 교육에 대해서는 p. 174 참조

8 이 문제에 대한 보다 충실한 설명은 p. 168 참조

9 톤턴 보고서의 제안은 처음에는 실현되지 못했으나, 이 교육과정의 매력은 1860년대에 아주 인기를 끌면서 훌륭한 사립학교로 파고들기 시작했다(Roach, 1986, p. 239). 클라렌든 보고서에서도 (역사나 신학과 함께) 고전은 교육과정에서 절반 이상의 시간을 차지하는데 수학, 자연과학, 프랑스어나 독일어, 음악이나 그리기 시간도 있어야 한다고 제안했다(p. 240).

10 이 절은 White, J. (2006a). *Intelligence, Destiny and Education: The Ideological Roots of Intelligence Testing.* London: Routledge, pp. 129-132에서 인용

11 모든 아카데미를 조사했던 맥라클란(1931)에 의거하여 판단해 볼 때, 정기 시험이 아주 널리 퍼진 것은 독립교회파(회중파) 교육기관에서다. 이런 점은 여러 가지 아카데미들, 즉 카마던(pp. 56, 59), 킵워스(p. 139), 노샘프턴(pp. 204-205), 혹스턴(pp. 239-240), 블랙번(pp. 272-274)에 대한 그의 설명에서 언급된다. 이것은 전국적인 회중파 재단이 지원했던 학생들이 '인문 학습과 신학 지식에서' 해마다 시험을 받도록 정해져 있었다는 사실에서 비롯되었음은 분명하다(McLanchlan, 1931, p. 3). 그 이후 아카데미들에서 외부 평가자에 의해 매년 시행되었던 시험은 보통 이틀 동안 지속되었고, 다양한 영역들이 시험에 포함되었다. 예를 들어, 1817년 로더햄 아카데미에서는, 시험관의 보고서에 따르면, 히브리어에서 세 반과 고전에서 일곱 반이 시험을 치렀다고 한다. 그 뿐만 아니라,

> 네 명의 학생은 시리아어를 공부했고, 몇 명은 프랑스어를 공부했다. 다른 과목도 있었는데 신학, 논리, 교회사, 성서비평, 성서 강독, 설교와 웅변, 그리고 수학도 어느 정도, 약간의 화학 그리고 자연철학의 분야도 있었다 (p. 205).

영어(p. 205), 지리와 역사(고대 및 근대 그리스, p. 274)는 일부 아카데미에서 시험을 치렀던 과목이다.

12 1911년에도 홈스(E. G. A. Holmes)는 그의 고전적 텍스트 『What Is and What Might Be』에서 스콜라적 시험과 '구원의 한 가지 조건으로 자신의 영혼 상태를 시험한다는 종교적 생각'이 서로 연결되어 있다는 아이디어를 탐구하였다(Holmes, 1911, pp. 59-60).

13 트롤롭(A. Trollope, 1861/1984, p. 136)은 폭넓은 학교 교과에 기반을 둔 공무원 시험의 적절성에 대해 비난을 퍼부었다. "요즈음 젊은이는 최소한 세 가지 근대어를 알지 못하면 하사관에도 들어갈 수 없으며, 또한 선택 과목으로 삼각법도, 그리고 성서 신학이나 한 가지 고대어도 잘해야 한다."

14 "그런 요인들에 따라 그들의 미래가 어디로 열리는가를 지각하기 시작하면서 그들은 자기 아들을 위해 더 나은 교육과 전문직 훈련을 제공하려고 열중했다. 끊임없이 정교해지는 전문직에 숙달하기 위해서 이들은 엄격한 학문적·전문적 시험을 통과하는 데 필요한 끈기와 자기단련을 발달시켜야 했다. 다른 길이 없었기 때문에 그들은 그럴 준비가 갖추어져 있었다" (Checkland, 1964, p. 303). 회계를 위한 이론 필기시험은 1880년에 도입되었다(Dore, 1997, p. 18). 공학은, 1818년에 왕립 토목공학회가 설립되면서 전문화되었으며 그 훈련과정은 도제와 개인공부에 의해 계속되었지만, 1840년대부터 공학이 대학의 정규 과목이 된 후 그것은 "중산계급 구성원이 능력을 갖추게 되는 지름길"이었다(Dore, 1997, pp. 18-19).

15 p. 120 참조

16 p. 147 참조

17 19세기의 미국 자료에서도 비슷한 다른 사례를 찾아서 나중에 제시한다.

18 p. 173 참조

19 영국의 우파 싱크탱크인 시비타스(*Civitas*)를 위해 쓴 소책자(*Liberal Education and the National Curriculum*, 2010)에서 데이비드 콘웨이는, 중학교 교육과정을 위한 아놀드의 논변은 1988 국가교육과정에 구체화되어 있는 비슷한 틀을 위한 정당화를 제공해 준다고 주장한다. "아놀드가 제안한 교육과정을 위해서 끌어들인 그와 같은 순전히 세속적인 고려사항들은, 그러므로, 국가교육과정 자체를 위한 이유에 해당된다." (또한 pp. 45, 48-50, 100ff 참조)

20 p. 200 참조

21 p. 199 참조

22 제3장의 p. 301, 주 19 참조

23 일반 교육에 관한 매튜 아놀드의 정당화를 비판했던 사항은 여기서도 연관성을 갖는다. 아놀드의 논변 형식은, 그 내용은 차치하고, 이런 것과 유사하다. 그것은 사람들의 타고난 특성들에 관한 사실적, 즉 심리학적 전제로부터 '무엇을 가르쳐야 하는가'에 관한 윤리학적 결론을 도출하려는

것이었다.

24 주 20에서 언급했던 데이비드 콘웨이의 책(*Liberal Education and the National Curriculum, 2010*)에서 그는 다음과 같이 주장한다. "국가 교육과정의 진정한 원천"(p. 42)은 라무스 혹은 비국교도 아카데미들과 아무 관계도 없고, 오직 매튜 아놀드의 두 가지 저술(*A French Eton or Middle-Class Education and the State*, 1864; *Higher Schools and Universities in Germany*, 1868)과 관계가 있다. 그는 나의 논문인 「The Puritan origins of the 1988 school curriculum」(White, 2006b)을 인용하면서, 내가 국가교육과정의 기원을 비국교도 아카데미들과 그 이면에 있는 라무스주의 아이디어의 교육과정에서 찾고 있다고 본다 (Conway, *Liberal Education and the National Curriculum*, 27, 32, 37). 여기서 그는 내가 그 글에서 강조했고, 이 책에서 더욱 자세하게 밝혀낸 사항을 간과하고 있다. 이 사항이란, 나의 명제는 비국교도 아카데미들에 한정된 것이 아니라 더 폭넓게 확대된 것이라는 점이다. 나의 명제는 급진적 프로테스탄티즘의 또 다른 교육적 발전도 포괄하는 것이다. 스코틀랜드와 프러시아에서 나타난 교육발전도 여기에 포함된다. 또한 나는 종전의 논문에서도 "청교도/비국교도들의 교육적 아이디어와 실천은 이 이야기 속에서 유일한 역할은 아니어도 주된 역할을 했다."(White, in Moore, *Schooling, Society and Curriculum*, 46)고 조심스럽게 주장했다. 나는 이보다 더 신중한 주장을 이 책에서 펼치고 있다. 이런 신중성은 국가교육과정의 "진정한 원천"에 관한 콘웨이의 주장과는 전혀 다른 것이다. 그가 사용하는 이런 표현은 연구방법 측면에서 경계해야 할 말이다. 어떤 역사적 사건이건 간에 어떻게 하나의 진정한 원천이 있을 수 있겠는가? 이 책에서 나는 그런 과정에서 아놀드의 역할을, 특히 톤턴 보고서와의 관련 속에서 인정했다(p. 145 참조). 그러나 아놀드의 두 책의 영향력을, 그가 무시하는 톤턴 보고서 자체의 교육과정에 관한 제언들의 영향보다 더 크게 보고 있는 이유를 나는 알지 못하겠다. 그에게는 더 심각한 문제점이 있다. 아놀드가 잉글랜드에 도입하기를 원했던, 그리고 1988년 국가교육과정에서 실제로 반복되었다고 콘웨이가 보고 있는 프러시아의 학교교육과정[모국어, 라틴어나 근대 주요 외국어의 개요, 역사·

산수 · 기하 · 지리 · 자연지식의 개요(Conway, 2010, p. 48; Arnold, 1964, pp. 175-176을 인용)에 기반을 둔 교육과정] 그 자체가 포스트라무스주의 교수법과 결부된 급진적 프로테스탄티즘의 산물이라는 것을 콘웨이는 깨닫지 못하는 것 같다. 프러시아의 **실과학교**의 기원에 대한 나의 언급(p. 173)을 참조하라. 콘웨이의 책에서 간단하게 5쪽으로 구성된 제4장의 제목은 "국가교육과정의 기원으로 간주되는 청교도적 기원에 대하여"이다. 이것은 앞에서 언급했던 무어의 『Schooling, Society and Curriculum』 속에 수록된 나의 글을 비판한 것이다. 그의 주요 논변은, "그들의 청중으로 하여금 스스로 생각하도록 장려하기보다는 그들에게 엄청난 양의 정통적인 정보를 전수하는 것"(White, in Moore, *Schooling, Society and Curriculum*, p. 47)에 대한 관심을 내가 청교도나 혹은 동류의 교파에게서 찾았던 문장에 관한 논변이었다. 이 책의 논변에서 분명히 드러나듯이 내가 콘웨이와 일치하는 점은, 독립적 사고에 대한 청교도들의 관심에 대해서 (최소한 어떤 맥락에서) 할 이야기가 더 있다는 점이다. 또한 콘웨이는, 비국교도 아카데미들이 기예를 가르치지 않았던 이유는, 내가 제안하는 것처럼, 그 강사들이 미적 향유를 지식 획득보다 훨씬 하위로 보았기 때문이어서가 아니라, 당시의 대학들이 기예를 가르치지 않아서 아카데미들도 이런 점을 그대로 따랐기 때문이라고 주장한다(p. 32). 아카데미들이 대학교의 교육과정을 모방했다는 점에 대해서는 나는 다른 의견을 갖고 있다. 그 반대로 아카데미들이나 그 고객들은 자신들의 접근방식을 새로운 출발로서 옳은 것이라고 보았다(또한 나는 기예라는 용어를, 콘웨이처럼 시각예술만을 포함시키지 않고, 모든 예술을 포함하는 뜻으로 사용한다). 나에게 반대하는 콘웨이의 또 다른 주장(pp. 33-34)은 "그들(청교도)이 과학에 쏟았던 초기의 관심은 그런 지식이 구원을 위해 필요했다는 믿음으로부터 나왔다고 가정하는 데에는 아무런 역사적 근거가 없다."는 것이다. 실제로 내가 썼던 문장은 그보다 더 폭넓은 것으로, "청교도 공동체들에게 지식의 습득은 구원에 필요한 한 가지 길이었다."(White, in Moore, *Schooling, Society and Curriculum*, p. 46)는 것이다. 이 문장에 대한 역사적 증거는 이미 pp. 78-79, 108-109 등에서 제시했다. 이상의 세 가지 비판은 의문스러운 것으로 볼 수 있겠으나

여하튼 간에 콘웨이가 부정적으로 생각하는 나의 보다 일반적인 주장, 즉 근대적 교육과정의 한 가지 원천은 16세기와 17세기의 라무스주의로부터 고무된 칼뱅주의 교육개혁으로까지 추적될 수 있다는 점에 대해서는 아무런 손상을 주지 못한다.

25 라틴어뿐만 아니라, "역사, 지리, 수학(상당히 높은 수준까지), 근대어(특히 독일어와 영어), 그리기, 음악, 무용, 펜싱이 특별히 강조되었다" (Barnard, 1992, p. 177).

26 우리는, 예컨대 뉴톤적 사고가 이런 과정들에서 얼마나 이해되었는지를 모르며, 그리고 철학과정의 나머지 과목들처럼 물리학도 라틴어로 가르쳤을 것이라는 점도 유념해야 한다(Palmer, 1985, p. 16).

27 이 점은 p. 171의 (3)에서 언급된다.

28 10세까지의 학교교육에 대한 그의 계획안에는 역사, 지리, 간단한 기계 공부, 수학, 초급 천문학이 포함되었으며, 10세 이후에서는 라틴어, 프랑스어, 경제지리, 역사, 철학, 윤리학이 포함되었다(Barnard, *The French Traditon in Education*, pp. 238-241).

29 이것은 예카테리나 2세를 위해 쓴 것이었으나, 1813년부터 1814년까지는 프랑스에서 출간되지 못했다.

30 이것은 프랑스어, 산수, 기하, 역사, 헌법지식, 체육, 고대어와 근대어, 종교공부, 도덕교육을 포함했다(Barnard, 1969, pp. 73-74).

31 즉, "수학ㆍ실험물리ㆍ화학, 자연사, 과학적 방법과 심리학, 정치경제와 법률, 인민의 철학적 역사, 위생, 기예와 수공, 일반문법, 아름다운 문장, 고대 언어, 학교 소재지에 가장 적합한 근대어, 그리기와 제도"(*Barnard, Education and the French Revolution*, p. 171).

32 "단계적인 교육과정은 없어지고 그 대신, 대체로 2년 동안 각기 지속되는 서로 관계가 미약한 과정들의 계열로 대체되었다. 게다가 과정들 자체의 내부에는 아무런 정합성이나 상호조정이 없었다. 예를 들면, 12세에서 14세의 아이들은 제도, 자연사, 고대 언어를 공부할 수 있었으나 14세에 그것들은 수학과 실험과학으로 자주 바뀌었다. 이런 교과들을 2년간 공부

한 후에 그들은 일반문법, 문학, 역사로 되돌아갔을 것이다."(Barnard, *Education and the French Revolution*, p. 189)

33 p. 140과 p. 146 참조

34 p. 102 참조

35 이 책에서 최근과 현재의 영국 교육체제에 남아 있는 라무스주의 아이디어의 유산이 어떤 것인가를 밝히고 있는 것처럼, 트리치와 맥나이트 (Triche & McKnight, 2004)는 "방법 추구: 피터 라무스의 유산(The quest for method: The legacy of Peter Ramus" (*History of education, 33*, p. 1)"에서 이 책과 비슷한 방향에서 미국에 관해 더 폭넓게 고찰한다. 제1장의 p. 55 참조

36 프랭클린의 필라델피아 칼리지에서는 고학년 학생들에게 "수사학과 철학에 관한 폭넓은 체계적 공부로 보완된 고전, 수학과 과학, 역사와 정치"를 가르쳤다. 학장과 부학장은 모두 스코틀랜드 대학에서 교육을 받았다 (Cremin, 1970, p. 404).

37 스틸 자신의 말에 따르면, "우리는 거대한 시스템의 부분일 뿐이고, 우리가 사용하는 원소들은 우리 자신의 것이 아니다. 오늘 우리가 마시는 물과 우리가 먹는 음식은 이전에도 수백 수천 번 사용되었을 것이며, 최하층의 거지나 미천한 벌레들도 사용했을 것이다."(Reese, 1995, p. 109) 천문학 교과서에서는, 항해와 과학을 위한 실제 용도뿐만 아니라, 학생들에게 "우주의 신성한 조화 속에 들어 있는 지혜, 힘, 자선, 장대함"을 보여 줄 수 있는 잠재력을 언급하기도 했다(Reese, 1995, p. 110).

38 듀이는 특히 어머니인 루시나(Lucina)의 영향을 받았다. 루시나의 헌신은 "개인적 자기성찰에 대한 오래된 보수주의의 강조(착한 사람이 됨, 엄격한 개인적 도덕성을 갖춤) 그리고 성서에 대한 느슨한 해석, 사회복지를 통한 자선과 개혁주의적 충동에 대한 강렬한 자유주의적 강조"(Martin, 2002, p. 21)가 서로 결합된 것이었다. 듀이는 나중에 어머니의 경건성에 대해서 거칠게 저항했다. 특히 어머니의 반복된 질문, "너는 예수와 같이 옳으냐?"가 자신에게 영향을 미쳤기 때문이다. 어머니의 노력은 결국 듀이로 하여금, '죄'와 죄책감을 다루는 모든 도덕성으로부터 그리고, 전통적인

칼뱅주의 기독교가 그랬던 것처럼, 믿는 자를 그의 신으로부터 분리시키는 온갖 종교관으로부터 소외되도록 만들었다(Ryan, 1995, p. 47).

39 그 마지막 절도 흥미로운 것이다. "현재의 상황에서 스콜라 철학의 방법은 대부분의 사람들에게 다음과 같은 지식 습득의 방법을 의미한다. 이 방법은 구별하고 정의를 내리고 구분하고 분류하는 일을, 경험과 관련되는 아무 목적도 없이 그저 그 일 자체를 위해 하는 것이다… 교육에서 형식도 야이론은 스콜라 철학의 방법에서 자연적으로 파생되는 교육이론이다." (Dewey, 1916, p. 399)

40 철학적인 교과들이 언제나 학교교육에서 누락되었다는 말은 아니다. 웨슬리의 킹스우드 학교(1749년 설립)에서는, p. 131에서 언급한대로, 다른 것들과 더불어 수사학, 논리학, 윤리학을 가르쳤다.

41 시간이 지나면서 다른 교과들도 이런 핵심에 추가되었다. 예를 들면, 미술이나 음악과 같은 심미적 교과, 그리고 우리 시대에 들어와서는 잉글랜드 국가교육과정 속에 현재 들어 있는 개인의 잘삶, 경제적 잘삶, 시민성 등과 같이 보다 개인적이고, 시민적인 교과들이 그것이다.

42 옥스퍼드와 케임브리지의 근대사에서 학부과정이 전공 체제로 변화한 것에 대해서는 다음을 참조하라. Soffer, R. N. (1994). *Discipline and Power: The University, History, and the Making of An English Elite 1870~1930*. Stanford: Stanford University Press, ch. 3.

43 17세기에 듀어리와 같은 학자들은 지적 능력을 강화시키는 일을 인간의 내면에 신의 이미지를 '되살리는' 프로젝트의 일부로 보았다. p. 109 참조

44 이 두 가지의 가능한 원천들이 서로 독립적인 것은 아니라고 생각할 근거가 있을 것이다. p. 171 참조

6. 1900~1988년

1 린제이(A.D. Lindsay)는 키일 대학교(원래는 the University College of North Staffordshire)의 설립을 도왔고, 1879년 글래스고에서 태어났으며 글래스고 아카데미, 그래스고 대학교, 옥스퍼드 대학교에서 교육받았다.

린제이 자신은 연합자유교회 총회장의 자녀였다. 갈레(Gallie, 1960)는 그를 "그의 칼뱅주의 선조들의 용어에서, 그는 '선민'의 일원이 되는 것에 의미(비록 억압적 형태가 결코 아니라 하더라도)를 부여하였다."(pp. 145-146)라고 언급하였다. 린제이는 1950년에 키일에 관해 다음과 같이 썼다. "몇 가지 방식에서, 우리의 경험은 지난 세기 말에 여전히 존재했던, 오래된 글래스고 MA의 기억을 통해 영감을 받았다."['전통적인' 스코틀랜드 MA는… 7교과들을 포함한다. 즉, 인문학(라틴어), 그리스어, 수학, 형이상학을 포함한 논리학, 도덕철학, 자연철학(물리학), 그리고 영어](Mountford, 1972, p. 130).

2 여기서 여학생들의 교육에 대한 언급을 논평할 만하다. 1904년의 구조는 중등교육 수준에서 여학생은 실습교과를 제외하고 남학생과 동일한 교육과정을 따라야 한다는 견해를 공식적으로 승인하였다. 19세기 후반의 대부분 동안, 중산계급 여학생의 교육은 상당히 달랐는데, 학문적인 것이 아닌 '장식을 한, 정숙한, 결혼을 할 수 있는 존재'가 되는 것을 지향하였고, 그 대부분이 가정에서 이루어졌다(Dyhouse, 1981, pp. 41-43). 1904년 이후에야, 1909년에 가정 교과들을 과학 그리고 산수가 아닌 수학으로 대체하는 것을 15세 이상 소녀들에게 허용하기 위해서 그 규정들이 개정되었다(p. 165).

7. 21세기

1 Aldrich, R. (1988). "The national curriculum in historical perspective" In D. Lawton & C. Chitty (Eds.), *The National Curriculum*. London: Institute of Education University of London, p. 22.

2 선호하는 교과목록은 사실상 톤턴을 넘어 1858년에 개정된 런던 대학교의 입학시험과 유사성을 보인다(Harte, 1986, p. 105). 이 시험은 라틴어, 수학, 영국사를 포함한 영어, 근대 지리학, 자연과학 2개, 그리스어(1874년까지), 프랑스어 혹은 독일어를 요구하였다(Spens Report, 1938, p. 39).

3 우리가 제5장에서 살펴본 바와 같이, 매튜 아놀드의 아이디어는 톤턴 위
   원회의 영향을 받은 프러시아의 실과학교를 그가 경험한 것에서 도출되
   었다. 중등학교 저학년을 위해서 아놀드가 제안한 교육과정은 "모국어,
   기초 라틴어, 기초 주요 근대어, 기초 역사, 기초 산수와 기하, 기초 지리,
   기초 자연지식"(Arnold, 1964, p. 300)으로 구성되었다. 싱크탱크인 시비
   타스를 위해서 콘웨이가 출간했던, 국가교육과정에 관한 책(Conway,
   2010)에서, 우리가 이 책의 제5장(주 19, 24 참조)에서 언급했던 것처럼,
   국가교육과정을 위한 원리를 제공해 주는 것으로서 아놀드의 교육과정
   아이디어를 지지하는 것과 2010년 7월 1일에 개혁 콘퍼런스 연설에서 연
   립정부 교육부장관 닉 깁이 '매력적인 논문'으로 환영하기도 했던 것을
   모두 언급하고 있다. 이것이 영국 바칼로레아 교과들에 관한 설명의 일부
   가 될 수 있는가?

4 데이비드 콘웨이(*Liberal Education and the National Curriculum*,
   11)는 국가교육과정에서의 고전적인 편향성에 대한 나의 비판[J. White
   (2007). *What Schools Are for and Why?* IMPACT paper 14,
   Philosophy of Education Society of Great Britain, 7-8]에 관한 이슈를
   다루고 있다. 그는 내가 언급하고 있는 부분을 인용하고 있다. "학문적이
   고 교과 중심 교육과정은 중산계급이 만들어 낸 것이다… 그 효과는, 의도
   적인 것이 아니라 하더라도, 중산계급 배경이 아닌 많은 아이들이(그것이
   만들어 낸) 높은 학문적 학교 문화에 적응하는 것을 어렵게 만들어 왔다."
   이 인용은 부정확한데, 점선으로 생략한 부분은 그다음 단락이 1988년 국
   가교육과정의 효과에 관한 것이란 사실을 모호하게 만들고 있다. (괄호 안
   의 구절도 만들어 낸 말이다.) 아무튼 콘웨이 자신은 이렇게 쓰고 있다.
   "일반적으로 아이들이 자란 배경이 사회적으로 우월하면 할수록 그들이
   전통적 교육과정을 공부하기가 더 쉬울 것이라는 점은 아마 사실일 것이
   다. 따라서 보다 우월한 배경에서 자란 아이들이 더 열악한 배경에서 자란
   아이들보다 그런 교육과정에 대한 평가에서 더 나은 결과를 보일 것이란
   점도 아마 맞을 것이다. 그러나 그 사실은 결코 전통적 교과중심 교육과정
   이 더 열악한 배경에서 자란 아이들에게 불리하게 편파적인 것이라는 사
   실을 성립시키지 않는다."(p. 71) 그건 분명하다. 내 자신이 기록했듯이,

의도하지는 않았으나, 1988년 교육과정에 이 보편적인 전통적 교육과정을 결합시켜 만든 것의 효과는 더 열악한 배경의 아이들을 더 어렵게 만드는 것이 되었다.

5   잘삶 목적과 관련된 더 자세한 내용은 다음 책을 참조. White, J. (2011). *Exploring Well-being in Schools: A Guide to Making Children's Lives More Fulfilling.* London: Routledge. (이지헌, 김희봉 공역 (2014). 잘삶의 탐색. 서울: 교육과학사)

8. 전통적 교육과정을 넘어

1   준자율적인 비정부 조직

2   p. 128 참조

3   로즈 보고서는 2007 QCA 목적으로부터 이것을 채택하였지만, 알렉산더 보고서는 그 자체의 독자적인 내용을 만들었다.

4   나는 이것의 구체적 예를 p. 282에서 들었다.

5   pp. 229-230 참조

6   보다 정확하게 말하면, 과거 30여 년은 이 주제에 대한 관심이 급증하는 것으로 보였다. 그 이전의 수십 년 동안의 무관심한 시기를 거쳤는데, 그때는 잘삶의 본질이 아닌 도덕성의 본질이 윤리학에 관한 철학자들의 저술에서 가장 관심을 끄는 주제였다.

7   이것의 구체적 내용은 앞의 p. 265에서 핵심이 언급되었다.

8   모든 사람을 위한 무임금 노동시간을 포함한 노동시간을 어떻게 주당 21시간으로 줄일 수 있는지에 관한 설득력 있는 설명에 대해서는 New Economic Foundation의 2010 팸플릿 『21 Hours』(이것은 http://www. newecono mics.org/publications/21-hours에서 다운로드 가능함) 참조하라.

9   교육과 일에 관한 더 자세한 내용은 다음을 참조. White, J. (2005). *The Curriculum and the Child.* London: Routledge, ch. 11.

결론

1 제4장의 p. 56 참조

2 이 장의 일부에서 나는 다른 글들에 나타난 자료들을 활용하였다. 주로 다음과 같은 자료들이다. White, J. (2007). *What Schools Are for and Why?* IMPACT paper 14, Philosophy of Education Society of Great Britain, 그리고 Education and well-being. In I. Boniwell & S. David (Eds.)(2014), *The Oxford Handbook of Happiness*. Oxford University Press. 그리고 The Curriculum. In Much Improved: Should Do Even Better, New Visions for Education Group, 2010. (http://www.newvisionsforeducation.org.uk/config/nvpublications.php?pubRef=MISDEB/ep10.inc&pubTitle=the%20curriculum 참조)

참고문헌

Adams, J. (1897). *The Herbartian Psychology Applied to Education.* London: Isbister & Heath.

Adamson, J. W. (1930). *English Education 1789~1902.* Cambridge: Cambridge University Press.

Aldrich, R. (1988). The national curriculum in historical perspective. In D. Lawton & C. Chitty (Eds.), *The National Curriculum.* London: Institute of Education University of London.

Allen, B. M. (1934). *Sir Robert Morant.* London: Macmillan.

Arnold, M. (1863-1864). A French eton. In P. Smith & G. Summerfield (Eds.) (1969), *Matthew Arnold and the Education of the New Order.* Cambridge: Cambridge University Press.

Arnold, M. (1964). *Schools and Universities on the Continent* (Arnold's Report to the Taunton Commission of 1868). Ann Arbor: University of Michigan Press.

Bacon, F. (1920). *Instauratio Magna.* London: Apud Joannem Billium.

Bain, A. (1879). *Education as a Science.* London: Kegan Paul.

Barnard, H. C. (1922). *The French Tradition in Education.* Cambridge: Cambridge University Press.

Barnard, H. C. (1969). *Education and the French Revolution.* Cambridge: Cambridge University Press.

Bellot, H. H. (1929). *University College, London 1826~1926.* London: University of London Press.

Bennett, J. (1830). *History of Tewkesbury.* London: Longman.

Bevington, D. (Ed.) (1998). *Troilus and Cressida.* London: Arden Shakespeare.

Board of Education. (1904). *Regulations for Secondary Schools.* London: HMSO.

Bogue, J., & Bennett, J. (1808-1812). *History of the Dissenters.* London: Westley and Davis.

Bowen, J. (1981). *A History of Western Education, Vol. 3.* London: Methuen.

Bramall, S., & White, J. (Eds.) (2000). *Why Learn Maths? Bedford Way Papers 123.* London: Institute of Education.

Brett-James, N. G. (n.d.). *The History of Mill Hill School 1807~1923.* Reigate: Surrey Fine Art Press.

Brown, C. G. (2001). *The Death of Christian Britain.* London: Routledge.

Brown, S. W. (1952). *Leighton Park: A History of the School.* Reading: Leighton Park.

Burt, C. L. (1955). The evidence for the concept of intelligence. *British Journal of Educational Psychology, 25*, part 3. Reprinted in S. Wiseman (Ed.) (1973), *Intelligence and Abilitiy.* Harmondsworth: Penguin.

Checkland, S. G. (1964). *The Rise of Industrial Society in England 1815~1885.* London: Longman.

Chitty, C. (2008). The UK national curriculum: An historical perspective. *Forum, 50, 3.*

Clarke, F. (1923). *Essays in the politics of Education.* Oxford: Oxford University Press.

Clarke, F. (1940). *Education and Social Change: An English Interpretation.* London: Sheldon Press.

Comenius, J. A. (1638/1907). *The Great Didactic* (Trans. M. W. Keatinge). London: Adam and Charles Black.

Comenius, J. A. (1658). *Orbis Sensualis Pictus Republished 1896.* London: Pospisila.

Conway, D. (2010). *Liberal Education and the National Curriculum.* London: Civitas.

Craig, E. (Ed.) (1998). *Routledge Encyclopedia of Philosophy.* London: Routledge.

Cremin, L. A. (1970). *American Education: The Colonial Experience 1607-1783.* New York: Harper.

DCSF/QCA. (2007). *The National Curriculum: Statutory Requirements for Key Stages 3 and 4.* London: DCSF & QCA.

Dearden, R. F. (1968). *The Philosophy of Primary Education.* London: Routledge and Kegan Paul.

DES. (1977). Curriculum 11-16. *Working Papers by HM Inspectorate.* London: HMSO.

Dewey, J. (1897). My pedagogic creed. *The School Journal, 54, 3.*

Dewey, J. (1916). *Democracy and Education.* New York: Macmillan.

DfE. (2010). *The Importance of Teaching: The Schools White Paper 2010.* London: Department for Education.

DfEE/QCA (1999). *National Curriculum Handbook for Teachers* (Two Versions: Primary and Seecondary). London: DfEE and QCA.

Doddridge, P. (1728). *Notes on An Educational Method* (GB 0096 MS 609).

University of london Library.

Doll, W. E. (2002). Ghosts and the curriculum. In W. E. Doll & N. Gough (Eds.), *Curriculum Visions*. New York: Peter Lang.

Doll, W. E. (2005). The culture of method. In W. E., Doll, M. J. Fleener, & D. Trueit, & J. St. Julien (Eds.), *Chaos, Complexity, Curriculum, and Culture*. New York: Peter Lang.

Doll, W. E. (2008). Complexity and the culture of curriculum. *Educational Philosophy and Theory, 40*, 1.

Dore, R. (1997, first published 1976). *The Diploma Disease: Education, Qualification and Development*. London: Institute of Education University of London.

Duke, B. (2009). *The History of Modern Japanese Education*. New Brunswick: Rutgers Uiversity Press.

Durkheim, E. (1977). *The Evolution of Educational Thought: Lectures on the Formation and Developement of Secondary Educaton in France*. London: Routledge and Kegan Paul.

Dury, J. (1958, first published ca. 1650). *The Reformed School*. H. M. Knox (Ed.). Liverpool: Loverpool University Press.

Dyhouse, C. (1981). *Girls Growing Up in Late Victorian and Edwardian England*. London: Routledge and Kegan Paul.

Eaglesham, E. J. R. (1967). *The Foundations of 20th Century Education in England*. London: Routledge and Kegan Paul.

Elliott, R. K. (1986). Richard Peters: A philosopher in the older style. In P. H. Hirst & P. A. White (Eds.) (1998), *Philosophy of Education: Major Themes in the Analytic Tradition*. London: Routledge.

Farrar, F. W. (Ed.) (1867). *Essays on a Liberal Education*. London: Macmillan.

Fasti Aberdonenses (1854). Selections from the Records of the University and King's College of Aberdeen, 1494-1854. Aberdeen: Printed for the

Spalding Club.

Feingold, M. (1997). The humanities. In N. Tyacke (Ed.), *The history of The University of Oxford, Vol. IV*, Ch. 5. Oxford: Clarendon Press.

Gagliardo, J. G. (1991). *Germany Under the Old Régime*. London: Longman.

Gallie, W. B. (1960). *A New University: A. D. Lindsay and the Keele Experiment*. London: Chatto and Windus.

Gardner, H. (1999). *The Disciplined Mind*. New York: Simon and Schuster.

Goodson, I. (1985). *Social histories of the Secondary Curriculum: Subjects for Study*. London: Falmer.

Goodson, I. (1987). *School Subjects and Curriculum Change*. London: Falmer.

Gordon, P., & Lawton, D. (1978). *Curriculum Change in the Nineteenth and Twentieth Centuries*. London: Hodder and Stoughton.

Grafton, A., & Jardine, L. (1986). *From Humanism to the Humanities*. London: Duckworth.

Graves, F. P. (1912). *Peter Ramus and the Educational Reformation of the Sixteenth Century*. New York: Macmillan.

Grendler, P. F. (1989). *Schooling in Renaissance Italy: Learning and Literacy 1300-1600*. Baltimore: Johns Hopkins University Press.

Grendler, P. F. (2002). *The Universities of the Italian Renaissance*. Baltimore: Johns Hopkins University Press.

Gumbel, P. (2010). *On achève bien les ècoliers*. Paris: Grasset.

Gunn, S., & Bell, R. (2002). *Middle Classes: Their Rise and Sprawl*. London: Cassell.

Hamilton, D. (1989). *Towards a Theory of Schooling*. London: Falmer.

Hamilton, D. (1990a). *Curriculum History*. Geelong: Deakin University.

Hamilton, D. (1990b). *Learning about Education: An Unfinished Curriculum*. London: Open University Press.

Hans, N. (1951). *New Trends in Education in the Eighteenth Century*.

London: Routledge and Kegan Paul.

Harte, N. (1986). *The University of London 1836-1986*. London: Athlone Press.

Harvard Report. (1946). *General Education in a Free Society*. Cambridge, MA: Harvard University Press.

Hearnshaw, L. S. (1979). *Cyril Burt: Psychologist*. London: Hodder and Stoughton.

Hill, C. (1965). *Intellectual Origins of the English Revolution*. Oxford: Clarendon Press.

Hirst, P. H. (1965). Liberal education and the nature of knowledge. In P. H. Hirst & P. A. White (Eds.) (1998), *Philosophy of Education: Major Themes I the Analytic Tradition*. London: Routledge.

Hirst, P. H. (2008). In pursuit of reason. In L. Waks (Ed.), *Leaders in Philosophy of Education: Intellectual Self Portraits*. Sense Press (USA).

Hirst, P. H., & Peters, R. S. (1970). *The Logic of Education*. London: Routledge and Kegan Paul.

Hirst, P. H., & Peters, R. S. (Eds.) (1998). *Philosophy of Education: Major Themes in the Analytic Tradition*. London: Routledge.

Holmes, E. G. A. (1911). *What Is and What Might Be*. London: Constable.

Hotson, H. (1994). Philosophical pedagogy in reformed Central Europe between Ramus and Comenius. In M. Greengrass, M. Leslie, & T. Raylor (Eds.), *Samuel Hartlib and Universal Reformation*. Cambridge: Cambridge University Press.

Hotson, H. (2005). The instauration of the image of God in man. In M. Pelling & S. Mandelbrote (Eds.). *The Practice of Reform in Health, Medicine and Science 1500~2000*. Aldershot: Ashgate.

Hotson, H. (2007). *Commonplace Learning: Ramism and Its German Manifestations 1543~1630*. Oxford: Oxford University Press.

Jordan, E. (1999). *The Women's Movement and Women's Employment in Nineteenth Century Britain.* London: Routledge.

Kamin, L. J. (1974). *The Science and Politics of IQ.* Harmondsworth: Penguin.

Kliebard, H. (1986). *The Struggle for the American Curriculum 1893–1958.* Boston: Routledge and Kegan Paul.

Knox, H. M. (1953). *Two Hundred and Fifty Years of Scottish Education 1696–1946.* Edinburgh: Oliver and Boyd.

Leach, C. (2006). Religion and rationality: Quaker women and science education 1790–1850. *History of Education, 35,* 1. London University Calendar 1844. London: Taylor.

MacBeath, J. (2000). Mathematics for all: The way it spozed to be? In S. Bramall & J. White (Eds.) (2000), *Why Learn Maths? Bedford Way Papers 13.* London: Institute of Education.

Mack, P. (1998). Ramus, Petrus 1515–1572. In E. Craig (Ed.). *Routledge Encyclopedia of Philosophy, Vol. 8.* London: Routledge.

Martin, J. (2002). *The Education of John Dewey.* New York: Columbia University Press.

McCrie, T. (1846). *Lives of the Scottish Reformers.* By Thomas M'Crie, William Veitch, James Wallace, James Ure Xenia (Ohio): The Board of the Calvinistic Book Concern.

McCulloch, G. (2007). *Cyril Norwood and the Ideal of Secondary Education.* London: Palgrave Macmillan.

McKnight, D. (2003). S*chooling, the Puritan Imperative, and the Molding of An American National Identity: Education's "Errand into the Wilderness."* Mahwah, NJ: Lawrence Erlbaum.

McLachlan, H. (1931). *English Education Under the Test Acts: Being the History of nonconformist Academies 1660–1820.* Manchester: Manchester University Press.

McLachlan, H. (1943). *Warrington Academy: Its History and Influence*. Manchester: Chetham Society.

Mercer, M. (2001). Dissenting academies and the education of the laity 1750–1850. *History of Education, 30*, 1, 35–38.

Miller, P. (1939). *The New England Mind: The Seventeenth Century*. New York: Macmillan.

Milton, J. (1895/1644). *Tractate of Education*. In E. E. Morris (Ed.). London: Macmillan.

Montgomery, R. J. (1965). *Examinations*. London: Longman.

Morgan, J. (1986). *Godly Learning: Puritan Attitudes towards Reason, Learning, and Education 1560~1640*. Cambridge: Cambridge University Press.

Morgan, V. (2004). *A History of the University of Cambridge, Vol. II. 1546~1750*. Cambridge: Cambridge University Press.

Morison, S. E. (1936). *Harvard College in the Seventeenth Century*. Cambridge, MA: Harvard University Press.

Mountford, Sir J. (1972). *Keele: An Historical Critique*. London: Routledge and Kegan Paul.

Newman, J. H. (1854). *The Idea of a University*. In I. Ker (Ed.)(1976). Oxford: Clarendon Press.

Norwood Report. (1943). *Curriculum and Examinations in Secondary Schools*. London: HMSO.

Ong, W. J. (1953). Peter Ramus and the naming of Methodism. *Journal of the History of Ideas, 14,* 2.

Ong, W. J. (1958). *Ramus: Method and the Decay of Dialogue*. Chicago: University of Chicago Press.

Owen, J. (1704). Defence of the Private Academies against Mr. Sacheverel's Misrepresentation of 'em Dr. Williams' Library, Pamphlets, 9.16.17.

Palmer, R. R. (1985). *The Improvement of humanity*. Princeton: Princeton

University Press.

Parker, I. (1914). *Dissenting Academies in England*. Cambridge: Cambridge University Press.

Penn, W. (1901). *Some Fruits of Solitude*. London: Edward Arnold.

Peter, R. S. (1966). *Ethics and Education*. London: Allen and Unwin.

Peters, R. S. (1973). The justification of education. In P. H. Hirst & P. A. White (Eds.) (1998), *Philosophy of Education: Major Themes in the Analytic Tradition*. London: Routledge.

Phenix, P. H. (1961). *Education and the Common Good*. New York: Harper.

Pollard, F. E. (1926). *Bootham School 1823~1923*. London: Dent.

Popkewitz, T. (1987). *The Formation of School Subjects: The Struggle for Creating an American Institution*. London: Falmer.

Price, M. H. (Ed.) (1986). *The Development of the Secondary Curriculum*. London: Croom Helm.

Priestley, J. (1765). *Essay on a Course of Liberal Education for Civil and Active Life*. London: Henderson.

Pritchard, F. C. (1949). *Methodist Secondary Education*. London: Epworth.

Rawls, J. (1971). *A Theory of Justice*. Cambridge, MA: Harvard University Press.

Reese, W. J. (1995). *The Origins of the American High School*. New Haven: Yale University Press.

Reid, T. (1941, first published 1785). *Essays on the Intellectual Powers of Man*. London: Macmillan.

Roach, J. (1986). *A History of Secondary Education 1800~1870*. London: Longman.

Ryan, A. (1995). *John Dewey and the High Tide of American Liberalism*. New York: Norton.

Sell, A. (2004). *Philosophy, Dissent and Nonconformity 1689~1920*.

Cambridge: James Clarke.

Seth, S. (2007). *Subject Lessons: The Western Education of Colonial India.* Durham: Duke University Press.

Simon, B. (1960). *Studies in the History of Education, Vol. 1. The Two Nations and the Educational Structure 1780~1870.* London: Lawrence and Wishart.

Simon, J. (1979). Private classical schools in eighteenth-century England: A critique of Hans. *History of Education, 8, 3.*

Skilbeck, M. (1984). *School-Based Curriculum Development.* London: Harper and Row.

Smith, J. W. A. (1955). *The Birth of Modern Education: The Contribution of the Dissenting Academies 1600~1800.* London: Independent Press..

Smith, P., & Summerfield, G. (1969). *Matthew Arnold and the Education of the New Order.* Cambridge: Cambridge University Press.

Spens Report. (1938). *Report of the Consultative Committee on Secondary Education with Special Reference to Grammar and Technical High Schools.* London: HMSO.

Stewart, W. A. C., & McCann, W. P. (1967). *The Educational Innovators, Vol. 1. 1750~1880.* London: Macmillan.

Strawhorn, J. (1983). *750 Years of a Scottish School: Ayr Acadumy 1233~ 1983.* Ayr: Alloway.

Strong, J. (1909). *A History of Secondary Education in Scotland.* Oxford: Clarendon Press.

Swift, A. (2003). *How Now to Be a Hypocrite.* London: Routledge.

Tanner, D., & Tanner, L. (1990). *History of the School Curriculum.* New York: Macmillan.

Taunton Report. (1868). *Report of the Schools Inquiry Commission.*

Tawney, R. H. (1922). *Secondary Eduation for All.* London: Allen and

Unwin.

Thompson, E. P. (1982). Time, work-discipline and industrial capitalism. In A. Giddens & D. Held (Eds.), *Classes Power and Conflict.* London: Macmillan.

Thompson, K., & White, J. (1975). *Curriculum Development: A Dialogue.* London: Pitman.

Trevor-Roper, H. (1967). Three foreigners: The philosophers of the puritan revolution. In H. Trevor-Roper (Ed.), *Religion, the Reformation and Social Change.* London: Macmillan.

Triche, S., & McKnight, D. (2004). The quest for method: The legacy of Peter Ramus. *History of Education, 33,* 1.

Trollope, A. (1861/1984). *Framley Parsonage.* London: Penguin.

Tyacke, N. (1997). *The History of the University of Oxford.* Oxford: Clarendon Press.

Vlaeminke, M. (2000). *The English Higher Grade Schools: A Lost Opportunity.* London: Woburn.

Watson, F. (1902). *The Curriculum and Text-Books of English Schools in the First half of the Seventeenth Century.* London: Transactions of the Bibliographical Society.

Watson, F. (1909). *The Beginnings of the Teaching of Modern Subjects in England.* London: Pitman.

Watts, R. (1998). *Gender, Power and the Unitariansin England 1760~1860.* London: Longman.

Webster, C. (1970). *Samuel Hartlib and the Advancement of Learning.* Cambridge, MA: Cambridge University Press.

Webster, C. (1975). *The Great Instauration: Science, Medicine and Reform 1626~1660.* London: Duckworth.

Wesley, J. (1749). A short account of the school in Kingswood. In A. G. Ives (Ed.) (1970), *Kinswood School in Wesley's Day and Since* (pp. 11-

18). London: Epworth.

White, J. (1973). *Towards a Compulsory Curriculum.* London: Routledge and Kegan Paul.

White, J. (1974). Intelligence and the logic of the nature-nurture issue. *Proceedings of the Philosophy of Education Society of Great Britain 8:1.* also In P. H. Hirst & P. A. White (1998), *Philosophy of Education: Major Themes in the Analytic Tradition.* London: Routledge.

White, J. (Ed.)(2004). *Rethinking the School Curriculum.* London: Routledge.

White, J. (2005). *The Curriculum and the Child.* London: Routledge.

White, J. (2006a). *Intelligence, Destiny and Education: The Ideological Roots of Intelligence Testing.* London: Routledge.

White, J. (2006b). The Puritan origins of the 1988 school curriculum in England. In A. Moore (Ed.), *Schooling, Society and Curriculum.* London: Routledge.

White, J. (2007). *What Schools are for and Why?* IMPACT Paper 14. Philosophy of Education Society of Great Britain.

White, J. (2011). *Exploring Well-Being in Schools: A Guide to Making Children's Lives More Fulfilling.* London: Routledge.

Whiting, C. E. (1931). *Studies in English Puritanism from the Restoration to the Revolution 1660~1688.* London: SPCK.

Williams, B. (1981). *Moral Luck: Philosophical Papers 1973~1980.* Cambridge, MA: Cambridge University Press.

Williams, K. (2000). *Why Teach Foreign Languages in Schools?* Impact Paper 5. Philosophy of Education Society of Great Britain.

Williams, R. (1961). *The Long Revolution.* London: Chatto and Windus.

Wykes, D. (2006). The contribution of the Dissenting Academies to the emergence of Rational Dissent. In K. Haakonssen (Ed.),

Enlightenment and Religion: Rational Dissent in Eighteenth Century Britain. Camridge: Cambridge University Press.

Yeo, R. (1996). Ephraim chambers's cyclopaedia(1728) and the tradition of commonplaces. *Journal of Historical Inquiry, 57.*

Young, M. R. D. (Ed.). (1971). *Knowledge and Control.* London: Collier-Macmillan.

찾아보기

[인 명]

Comenius, J. A. 30, 31, 32, 36, 72, 73, 76, 79, 88, 120, 121, 131, 148

Cradock, S. 96, 105

Cromwell, O. 87

D

Dearden, R. F. 199, 228

Dewey, J. 24, 43, 106, 107, 108, 120

Doddridge, P. 36, 113, 115, 122, 137

Doll, W. 55

Duff, A. 185

Dunster, H. 102

Durkheim, E. 154, 156, 170, 207

Dury, J. 32, 87, 161

F

Farrar, F. W. 160

Feingold, M. 86

Franke, A. H. 172

Frankland, R. 37, 95, 114

Franklin, B. 45, 173

G

Gale, T. 94, 105

Gardner, H. 183

Goodson, I. 196

Goodwin, T. 81

Grafton, A. 54

Grendler, P. F. 164

H

Hamilton, D. 54

Hans, N. 37, 126

Hirst, P. H. 181, 199, 224, 226, 228

Holdsworth, R. 86

Hotson, H. 56

J

Jardine, L. 54

Jennings, J. 114

Jollie, T. 114

Jones, S. 95

K

Keckermann, B. 30, 69

Ker, J. 99

L

Langley, H. 105

저자 소개

존 화이트(John White, 1934~   )

존 화이트는 런던 대학교 교육전문대학원의 교육철학 명예교수다. 그는 이 대학교에서 1965년부터 활동하였고, 그 이전에는 영국과 프랑스의 중등학교와 대학에서 가르치기도 했다.

그의 학문적 관심은 학습자의 마음, 교육목적들 간의 관계 그리고 교육목적의 학교교육과정에의 적용 등이다. 1980년대 초에 이르기까지 그의 교육과 저술은 1960년대 중반에 시작된 중등교육 개혁운동에 크게 기여하였다. 여기서 그의 핵심 관심사는 국가 수준의 공통 학교교육과정의 윤리학적 기반이 무엇인가에 있었다.

그러나 영국에서 교육개혁에 대한 정치적 반동이 나타나고, 국가교육과정이 퇴보적인 방향으로 만들어짐에 따라 그의 활동은 철학에 기반을 둔 교육정책 비판으로 기울었다. 또한 옛 소련이 붕괴된 후에 러시아와 동구의 학자들과 교류하는 데 힘을 쏟기도 했으나, 그 이후의 상황 변화로 인하여 그의 자유민주주의적 기대는 무너지고 말았다.

2000년에 런던 대학교 교육철학 정교수직에서 물러난 후에 그의 저술 활동이 오히려 더 활발해졌다. 학교교육의 목적에 대한 그의 철학적·정책지향적 연구가 지속적으로 나타났을 뿐만 아니라, 심리학과 역사학에 대한 그의 전문적 식견을 바탕으로 지능 문제, 전통적인 학교교육과정 문제, 시험 문제, 사학 문제 등에 관한 연구 성과물이 연이어 출간되었다.

논문들은 제외하고 몇 가지 주요 저서만을 살펴보아도 그의 왕성한 연구가 오랜 시간에 걸쳐서 어떤 방향으로 전개되었는지를 짐작할 수 있다.

『필수 교육과정을 지향하며』(1973), 『교육개혁가로서의 철학자들』(공저, 1979), 『교육과 좋은 삶』(1990), 『세속적 세계의 교육과 개인의 잘삶』(교수취임 강연, 1995), 『교육과 일의 목적: 일과 학습의 새로운 철학』(1997), 『하워드 가드너의 다중지능론』(1998), 『새로운 국가 교육과정은 그 목적에 충실한 것인가?』(공저, 2000), 『아동의 마음』(2002), 『교육과정과 아동: 존 화이트의 선집』(2005), 『하워드 가드너: 다중지능의 신화』(2005), 『지능, 운명, 교육: 지능검사의 이데올로기적 뿌리』(2006), 『학교는 무엇을 위해, 왜 존재하는가』(2007), 『잘삶의 탐색』(2011), 『중등교육과정의 발명』(2011), 『목적 기반 교육과정: 학교교육에서 인간의 잘삶의 의의』(2013), 『시험은 누구에게 필요한 것인가?』(2014), 『사교육, 무엇이 잘못인가?』(2015)

그의 저서 중에는 이스라엘, 그리스, 일본, 중국 그리고 우리나라에서 번역된 책이 많으며, 그중에서 『지능, 운명, 교육: 지능검사의 이데올로기적 뿌리』(2006)와 『중등교육과정의 발명』(2011)은 각각 이듬해에 영국교육학회로부터 우수학술상을 수상했다. 그의 교육철학적 업적을 기념하기 위해서 2015년에 『교육, 철학, 잘삶: 존 화이트의 업적에 대한 새로운 전망』이 출간되었다. 교육철학에서 그가 쌓은 업적을 '교육목적에서 잘삶의 의의'를 밝히는 데에서 찾는 이도 있고, 교육목적론에서 자유민주주의의 가치를 밝히는 데에서 찾는 이도 있다. 한마디로 '교육목적과 교육과정의 관계'야말로 존 화이트가 지난 50여 년간 자신의 인생을 바쳐서 연구해 온 주제라고 볼 수 있을 것이다.

역자 소개

이지헌(Jee-hun Lee)

현 전남대학교 교육학과 교수

주요 저서/역서
개인, 공동체, 교육 1, 2, 3(공저, 교육과학사, 1996, 1997, 1997), 교육목적론(공역, 학지사, 2002), 하버마스, 비판이론, 교육(공역, 교육과학사, 2002), 하버마스의 비판이론과 담론교실(공역, 우리교육, 2003), 대학교양교육에 대한 분과학문의 성찰(공저, 전남대학교출판부, 2005), 대학의 최신 교수-학습 방법(공역, 학지사, 2006), 학문의 의무(공역, 학이당, 2007), 토론: 수업을 위한 도구와 기법(공역, 학이당, 2008), 행복과 교육(공역, 학이당, 2008), 신입생 교육(공역, 학이당, 2009), 가르침이란 무엇인가?(역, 교육과학사, 2011), 철학이 있는 교육, 교육을 찾는 철학(역, 학이당, 2011), 교육철학1: 이론과 역사(역, 학지사, 2013), 교육철학2: 가치와 실천(역, 학지사, 2013), 교육철학 및 교육사(공저, 학이당, 2014), 잘삶의 탐색(공역, 교육과학사, 2014), 과로사회를 위한 존 화이트의 교육철학-일, 학습 그리고 잘삶-(공저, 학지사, 2016)

김희봉(Hee-Bong Kim)

현 목포대학교 교육학과 교수
  한국교육철학학회 이사

주요 저서/역서
교육목적론(공역, 학지사, 2002), 대학의 최신 교수-학습 방법(공역, 학지사, 2006), 학문의 의무(공역, 학이당, 2007), 토론: 수업을 위한 도구와 기법(공역, 학이당, 2008), 행복과 교육(공역, 학이당, 2008), 잘삶을 위한 교육(학지사, 2009), 교육의 역사와 철학(학이당, 2012), 잘삶의 탐색(공역, 교육과학사, 2014)

주요 논문
잘삶의 통합적 이해와 교육적 함의(2009), 선호주의적 잘삶과 본래성 교육(2011), 도덕적 책임과 본래성 교육(2012), 교육에서 존중의 재음미(2013), 존 화이트의 교육목적론에서 잘삶의 의미 변화(2014), 교사의 덕목으로서 프로네시스(2015)

중등 교육과정, 그 역사와 철학

The Invention of the Secondary Curriculum

2016년 6월 15일 1판 1쇄 인쇄
2016년 6월 20일 1판 1쇄 발행

지은이 • John White
옮긴이 • 이지헌 · 김희봉
펴낸이 • 김진환
펴낸곳 • (주)**학지사**

　　　　04031 서울특별시 마포구 양화로 15길 20 마인드월드빌딩
대표전화 • 02)330-5114　　　팩스 • 02)324-2345
등록번호 • 제313-2006-000265호

홈페이지 • http://www.hakjisa.co.kr
페이스북 • https://www.facebook.com/hakjisa

ISBN 978-89-997-0962-3 93370

정가 15,000원

이 도서의 국립중앙도서관 출판시도서목록(CIP)은 서지정보유통지
원시스템 홈페이지(http://seoji.nl.go.kr)와 국가자료공동목록시스템
(http://www.nl.go.kr/kolisnet)에서 이용하실 수 있습니다.
(CIP제어번호: CIP2016013450)

교육문화출판미디어그룹 **학지사**

심리검사연구소 **인싸이트** www.inpsyt.co.kr
원격교육연수원 **카운피아** www.counpia.com
학술논문서비스 **뉴논문** www.newnonmun.com